KB092231

무한경쟁의
수레바퀴—
1960~1970년대
학교와 학생

무한경쟁의 수레바퀴:
1960~1970년대 학교와 학생

한국 근현대 학교 풍경과 학생의 일상 07

초판 1쇄 인쇄 2018년 7월 1일 **초판 1쇄 발행** 2018년 7월 5일
지은이 이기훈 **펴낸이** 이영선 **편집 이사** 강영선 김선정 **주간** 김문정
편집장 임경훈 **편집** 김종훈 이현정 **디자인** 김회량 정경아
독자본부 김일신 김진규 김연수 정혜영 박정래 손미경 김동욱

펴낸곳 서해문집 **출판등록** 1989년 3월 16일(제406-2005-000047호)
주소 경기도 파주시 광인사길 217(파주출판도시) **전화** (031)955-7470 **팩스** (031)955-7469
홈페이지 www.booksea.co.kr **이메일** shmj21@hanmail.net

이기훈 © 2018
ISBN 978-89-7483-943-7 94910
ISBN 978-89-7483-896-6 (세트)
값 23,000원

이 도서의 국립중앙도서관 출판예정도서목록(CIP)은 서지정보유통지원시스템 홈페이지(http://seoji.nl.go.kr)와
국가자료공동목록시스템(http://www.nl.go.kr/kolisnet)에서 이용하실 수 있습니다.(CIP제어번호: CIP2018018128)

이 저서는 2013년 대한민국 교육부와 한국학중앙연구원(한국학진흥사업단)의
한국학총서 사업의 지원을 받아 수행된 연구임(AKS-2013-KSS-1230003)

進賢
한국학

한국 근현대
학교 풍경과
학생의 일상
07

이기훈
지음

무한경쟁의 수레바퀴—
1960~1970년대 학교와 학생

서해문집

오늘날 한국의 교육은 1876년 국교 확대 이전 전통시대 교육과는 판이하다. 19세기 후반부터 오늘날에 이르기까지 일본을 거치거나 직접 들어온 서구의 교육이 미친 영향이 적지 않기 때문이다.

이러한 교육은 한국인의 물질적 생활방식을 바꾸었을 뿐더러 가치관마저 송두리째 바꿨다. 그것은 오늘날 학교의 풍경과 학생들의 일상생활에서 엿볼 수 있다. 매일 일정한 시각에 등교해 교사의 주도로 학년마다 서로 다르게 표준화된 교과서를 학습하고 입시를 준비하거나 취직에 필요한 역량을 키운다. 또한 복장과 용모 지도에서 볼 수 있듯이 여전히 남아 있는 일제 잔재와 군사문화의 일부가 학생들의 일상생활을 통제한다.

그러나 한국의 교육은 서구의 교육과는 동일하지 않다. 그것은 단적으로 해방 후 한국교육의 양적 성장에서 잘 드러난다. 초등교육은 물론 중등교육·고등교육의 비약적인 팽창은 세계교육사에서 유례를 찾아볼 수 없을 정도로 엄청난 규모를 보여 준다. 그리하여 이러한 경이적인 팽창은 한국의 경제성장에 기여했을 뿐만 아니라 사회 전반에 걸친 압축적 근대화에 견인차 역할을 수행했다. 아울러 이러한 성장은 직간접적으로 국민들의 의식에도 영향을 미쳐 산업화와 함께 민주화의 동력이 되었다.

그런데 오늘날 한국교육은 급속한 양적 성장을 거친 결과 만만치 않은 과제를 안고 있다. 사회의 양극화와 더불어 교육의 양극화가 극심해져 교육이 계층 이동의 사다리이자 자아실현의 디딤돌이 되기는커녕 사회의 양극화를 부채질하고 학생들의 삶을 황폐화시키고 있다. 고등학생은 물론 초등학생·중학생들도 입시 준비에 온 힘을 기울임으로써 학생은 물론 학부모, 학교, 지역사회의 일상생활이 입시 전쟁에 종속되어 버렸다.

도대체 1876년 국교 확대 이후 한국의 교육에서 어떠한 변화가 일어났기에 오늘날 이러한 현상이 일어났는가. 한국의 교육열은 어디에서 그 기원을 찾아야 하는가. 고학력자의 실업률이 나날이 증가함에도 이른바 학벌주의가 여전히 기승을 부리는 이유는 무엇인가. 그럼에도 야학으로 대표되는 제도권 바깥 교육이 비약적인 경제성장에도 끈질기게 살아남으며 한국교육에서 차지하는 비중이 낮지 않음은 무슨 까닭인가. 또 이러한 비제도권 교육은 한국의 압축적 근대화에 어

떻게 영향을 미쳤으며, 비제도권 교육의 양적·질적 변동 속에서 학생
들의 일상생활은 어떻게 변화했는가. 그 과정 속에서 학생들은 어떻
게 자신의 꿈을 실현했으며, 한편으로는 어떻게 좌절했는가. 아울러
한국의 교육 현상은 유교를 역사적·사상적 기반으로 하는 동아시아
각국의 교육 현상과 어떻게 같고 또 다른가.

　이 총서는 이러한 문제의식에서 역사학자·교육학자 10명이 의기
투합해 저술한 결과물로서 다음과 같은 점에 중점을 두었다. 먼저 근
현대 학교의 풍경과 학생의 일상생활을 공통 소재로 삼아 전통과 근
대의 충돌, 일제하 근대성의 착근과 일본화 과정, 해방 후 식민지 유
제의 지속과 변용을 구체적으로 고찰함으로써 한국적 근대성의 실체
를 구명하고자 했다. 더 나아가 한국의 교육을 동아시아 각국의 근현
대교육과 비교하고 연관시킴으로써 상호작용과 반작용을 드러내고
그 의미를 추출하고자 했다.

　따라서 이 총서는 기존의 연구 성과를 디딤돌로 삼되 새로운 구성
방식과 방법론에 입각해 다음과 같은 부면에 유의하며 각 권을 구성
했다. 첫째, 한국 근현대교육제도의 변천 과정을 통시적으로 고찰하
면서 오늘날 한국교육을 형성한 기반에 주목했다. 기존의 한국 근현
대 교육사에 대한 저술은 특정 시기·분야에 국한되거나 1~2권 안에
개괄적으로 정리하는 것이 보통이었다. 그러나 이러한 저술은 한국근
현대교육의 흐름을 파악하는 데 도움을 줄 수는 있으나 자료에 입각
해 통시적이고 종합적으로 이해하기에는 아쉬운 점이 적지 않았다.

특히 대부분의 저술이 초등교육에 국한된 나머지 중등교육과 고등교육, 비제도권 교육에 대한 서술은 매우 소략했다. 그리하여 이 총서에서는 기존 저술의 이러한 한계를 극복하기 위해 일반 대중의 눈높이를 염두에 두면서 초등교육은 물론 중등교육·고등교육을 심도 있게 다루었다. 다만 대중적 학술총서의 취지를 살려 분량을 고려하고 초등교육·중등교육·고등교육 각각의 기원과 의미에 중점을 둔 까닭에 개괄적인 통사 서술 방식에서 벗어나 특정 시기를 중심으로 구체적으로 서술했다.

둘째, 이 총서의 가장 큰 특징은 기존 연구에서 거의 다루지 않은 학생들의 일상을 미시적으로 탐색하면서 한국적 근대의 실체를 구명하는 데 있다. 따라서 이 작업은 교육제도와 교육정책에 치중된 기존 연구 방식에서 벗어나 삶의 총체성이라 할 일상 문제를 교육 영역으로 적극 끌어들였다고 하겠다. 물론 학생의 일상은 교육사 전체에서 개관하면 매우 작은 부분일 수 있다. 그러나 이들 학생의 일상은 국가와 자본, 사회와 경제 같은 거대한 환경에 따라 규정될뿐더러 학생이 이러한 환경과 상호작용하면서 자신의 체험을 내면화함으로써 새로운 세계를 열어가는 기반이라는 점에서 그 의미가 적지 않다. 그리하여 한국 근현대 시기 학생의 일상에 대한 서술은 일상의 사소한 경험이 사회 구조 속에서 빚어지는 모습과 특정한 역사 조건 속에서 인간 삶이 체현되는 과정으로 귀결된다. 나아가 이러한 서술은 오늘날 한국인의 심성을 만들어낸 역사적·사회적 조건을 구명하는 계기를 제공할 것이다. 이에 이 총서는 문화연구 방법론을 활용하기 위해 기존 역사 자료 외에도 문학 작품을 비롯해 미시적인 생활 세계를 담은 구술 채록과 증언 자료, 사진, 삽화 등을 적극 활용했다.

셋째, 이 총서의 마무리 저술에서는 학제 작업의 장점을 살려 일본·타이완과 같은 동아시아 국가의 교육과 비교·연관함으로써 동아시아적 시야 속에서 한국 근현대교육의 위상과 의미를 짚어보고자 했다. 왜냐하면 일본과 타이완, 한국은 유교를 기반으로 하면서도 각각 제국주의와 식민지라는 서로 다른 처지에서 전통과 다르면서도 공히 자본주의 체제를 내면화하면서 급속한 경제성장과 정치적 권위주의의 병존, 1990년대 이후의 민주화 여정에서 볼 수 있듯이 서구와 서로 다른 동아시아적 특색을 구비했기 때문이다. 따라서 동아시아 속에서 비교·연관을 통한 한국교육에 대한 재검토는 이후 한국교육의 방향을 국민국가 차원에서 벗어나 동아시아적·지구적인 차원에서 모색하는 데 중요한 시사점을 제공할 것이다.

그럼에도 이 총서는 기존 연구 성과를 밑거름으로 삼아 집필되었기 때문에 각 권마다 편차를 보인다. 지금에서야 새롭게 주목받기 시작한 일상생활 영역과 오래 전부터 연구돼 온 영역 간의 괴리로 인해 연구 내용과 자료가 시기마다, 학교급마다, 분야마다 균질하지 않기 때문이다. 다만 총서의 취지와 주제를 적극 살리기 위해 이러한 차이를 메우려고 노력했다는 점도 부기하고자 한다. 그리하여 이 총서가 한국 근현대교육사를 한때 학생이었던 독자의 눈과 처지에서 체계적으로 이해할뿐더러 학생의 일상과 교육의 상호작용을 구체적으로 묘사하는 데 중요한 문화 콘텐츠로 활용되기를 기대한다. 또한 이 총서는 총10권으로 방대하지만 독자들이 이러한 방대한 총서를 통해 한국 근현대교육사의 속내를 엿보는 가운데 한국교육의 지나온 발자취를 성찰하면서 오늘날 한국교육이 나아가야 할 방향을 모색하는 데 기꺼이 동참해 주기를 고대한다. 이 자리를 빌려 이 총서를 발간할 수 있도록 지원해 준 한국학중앙연구원 한국학진흥사업단에 감사의 말씀을 드린다.

끝으로 총서 작업을 해오는 과정에서 저자들에 못지않게 교열을 비롯해 사진·삽화의 선정과 배치 등 온갖 궂은일을 도맡아 주신 출판사 편집진의 노고에 감사의 뜻을 표한다. 아울러 독자들의 따뜻한 관심과 차가운 질정을 빈다.

저자들을 대표해 김태웅이 쓰다

한국 현대사에서 학교란 무엇인가?

학교: 결정적 근대의 풍경

학교는 한국 현대를 가장 집약적으로 보여주는 결정적인 장소다. 물론 교육은 개인을 사회구성원으로 성장하게 하는 필수 과정이며, 근대의 학교는 어디서나 가장 중요한 교육제도로 근대적 인간과 사회구조의 형성과정에서 핵심적인 역할을 수행한다.[1] 그렇지만 유달리 한국에서 학교는 개인들의 삶에서 더 큰 위치를 차지하고 있으며, 학교에 대한 사회적 관심 또한 막대하다. 입시를 포함한 교육제도는 현대의 한국인들이 가장 관심을 기울이는 문제다. 또 학교는 현실 사회의 문제를 그대로 반영하는 거울이기도 하다. 오늘날 입시 경쟁은 사회의 과잉 경쟁을 그대로 반영하는 현상이며, 팽배한 학력주의는 사회적 인정과 생존을 위한 대중의 욕망과 생존전략을 반영하고 있다. 또 한국 근대 학교의 강력한 규율과 통제는 권력의 지배 방식을 보여주는 것이기도 하다.

그중에서도 중등교육이 이루어지는 중학교와 고등학교는 한국 교육의 특징과 역사적 변화를 가장 뚜렷이 보여준다. 20세기 후반 한국은 지구상에서도 교육이 가장 급격히 확대된 곳 중 하나였고, 1960~1970년대 중등교육의 확대가 그 기반을 형성했다. 단순히 숫자가 증가한 것이 아니었다. 교육수요의 증가는 치열한 경쟁을 유발했고 더 높은 학력을 얻고자 하는 욕구를 가져왔다. 최종 목표는 대학이었지만, 실질적인 경쟁이 일어나는 장소는 중학교와 고등학교였다. 이 책은 1960~1970년대 중고등학교의 안팎을 면밀히 고찰해 한국사회의 현대성이 어떻게 형성되었는지 성찰해 보고자 한다.

이 시기의 교육 폭발은 놀라운 수준이었다. 본문에서 본격적으로 살펴보겠지만, 1980년 고등학교 취학률은 1970년의 두 배 이상, 1960년의 세 배로 급증했다.[2] 1960년 무렵 예외적이고 특별했던 중등교육은 1970년대가 지나기 전에 보편적인 현상이 되었던 것이다. 이 20년 동안 중등교육은 한국인 대부분이 공유하는 경험으로 정착했고, 유년과 청소년기 대부분을 학교에서 보내는 것이 일반화되었다. 그동안 학교의 안팎에서 어떤 변화가 있었을까? 이 글의 첫 번째 목적은 이 변화를 면밀히 추적해 보는 것이다.

오늘날 우리의 관점에서는 당연한 것처럼 보이는 일도, 대부분 어느 시점에 출현한 역사적 현상일 뿐이다. 한때 당연했던 중학교나 고등학교의 서열도 일시적인 현상일 뿐이며, 일부 엘리트만 받았던 대학교육도 어느새 대중화되었다. 자녀 교육에 대한 과도한 투자나 교육 시장의 팽창도 늘 있던 일이 아니었다. 1960년대 초만 해도 신문들이 입학철이면 시중의 자금이 모두 학교로 쏠린다고 투덜거리는 정도였다. 그러나 곧 극심한 입시 경쟁 속에서 온갖 과외가 등장하고 1970년대가 되면 사교육 시장의 규모는 공교육을 능가하기 시작했다. 오늘날 한국의 교육 현실을 지배하는 현상들은 대체로 1960~1970년대 산업화 시기에 등장했고, 그조차도 수많은 곡절 속에서 변해왔다. 한국 문화의 본질적인 요소도 아니고, 고칠 수 없을 만큼 뿌리 깊지도 않다.

더는 이제 볼 수 없는 풍경도 적지 않다. 학교 자체가 사라지거나 이름과 성격이 바뀐 곳이 적지 않다. 학교가 폭발적으로 증가했지만 그 공간적 분포는 균질적이지 않았다. 1960~1970년대 학교의 분포 변화는 한국 사회의 급속한 성장과 변화를 단적으로 보여준다. 인구 증가와 교육열로 시골에도 학교가 세워졌지만, 급속한 이농으로 시골 학교들은 곧 위기를 맞이했다. 그러나 농촌 지역의 학교는 도시와 달리 지역공동체의 학교로서 학생과 교사, 그리고 주민들에게 매우 큰 의미를 가지고 있었다. 이 책에서는 이렇게 등장하고 사라진 풍경들의 역사적 의미를 함께 조명해보고자 한다.

과거가 꿈꾸었던 미래

교육은 미래를 위한 사회적 실천이다. 과거의 교육은 당시의 시점에서 미래를 전망하는 것이었고, 그 미래 전망을 오늘의 사회 현실에 비추어 보는 것은 우리 교육이 지금까지 해왔던 것을 평가하기 위해 필수적인 일이다. 이것은 교육정책의 문제만은 아니다. 한국사회의 다양한 계급·계층은 미래를 위한 전략으로 '교육'의 문제를 대해왔다. 근현대 한국의 교육열은 세계에서도 보기 드물 정도로 강렬했다. 학교의 서열화, 입시 경쟁, 과외 등은 이 책에서 다룰 중요한 주제이며, 또 적자생존의 경쟁을 추구해 온 한국 현대사회의 속성을 잘 보여주는 단면이다.

사회는 학교의 서열을 공인했고, 입시제도는 이 서열을 점점 더 강력하게 고착했다. 학벌은 무엇보다 먼저 엘리트를 양성하는 핵심 기제가 되었다. 일류 학교에 입학하기 위한 경쟁이 치열해지지 않을 수 없었다. 그런데 국가는 학교의 확대를 통해 더 많은 인력 양성을 추진했지만, 실제 교육 부문 투자에는 인색했다. 공교육의 역할이 충분하지 못하니 사교육이 기승을 부릴 수밖에 없었다. 치맛바람이니 교육열이니 하는 현상은 이렇게 형성된 학벌 경쟁의 아수라장에서 살아남기 위한 개별 가족들의 생존 전략이었다. 학교의 서열화를 막기 위한 평준화가 시행되었지만, 경쟁을 막지 못했다. 왜 그랬을까? 국가의 중등교육과 입시 정책, 그리고 개인과 가족의 선택, 사회의 교육문화는 지금까지 어떤 결과를 가져왔고, 앞으로 가져올 것인가? 한국의 공교

육은 이미 10여 년 전부터 이런 문제를 심각하게 고민해 왔지만 현실적인 답을 구하지 못하고 있다.[3]

이 책에서 다루는 과거는 오늘날의 우리 삶에 직결되어 있다. 사실 어른들이 개탄하던 많은 청소년 문제, 학생 문제는 그들이 당면했던 문제이기도 했다. 몇 년 전 졸업식에서 밀가루를 던지고 교복을 찢는 난장판이 큰 물의를 빚고 심지어 졸업식장에 경찰관들이 배치되는 일이 벌어진 적이 있다. 기성세대는 이런 모습을 보고 혀를 차며 그들이 겪었던 옛날 졸업식은 감사의 눈물과 헤어지는 아쉬움이 넘쳐나던 경건한 의식이었다고 회상한다. 그러나 실상 그렇지도 않았다. 교복을 찢고 밀가루를 뿌리는 것은 이미 30여 년도 전에 익숙한 풍경이었다. 아니 실제로는 1920년대부터 있던 풍습이었으니, 〈그림 1〉은 한 달만 있으면 졸업인데 이미 늦었다면서 교복을 찢고 있는 학생들의 모습을 보여준다. 1970년대에도 졸업식에서 교복 찢기 이벤트는 계속되었다. 1973년 1월 5일 《경향신문》에 따르면 서울시 교육위원회가 졸업식장에서 교모와 교복 찢기, 밀가루 뿌리기 등 퇴폐적인 풍조가 없도록 하라고 "각급 학교에 강력히 지시"했다고 한다. 교복 찢기 이벤트가 얼마나 널리 퍼져 있었는지 알 수 있다. 이런 행동이 사라진 것은, 1980~1990년대 교복 자율화 이후 학생들이 정말 교복을 입지 않고 등하교하던 동안이었다. 사실 교복 찢기를 없애는 방법은 간단하다. 교복을 없애면 된다. 물론 학업 스트레스와 생활의 통제가 있는 한 다른 형태의 졸업 이벤트가 생기겠지만. 어찌 보면 근대교육의 역사와

〈그림 1〉 1920년대 졸업생들의 교복 찢기(〈세태풍자〉, 《별건곤》 2-3, 1927)

맥을 같이하는 난폭한 졸업식, 학생들 스스로 만드는 탈출의 의례는 억압된 학창 시절에서 벗어나면서 발생하는 것이며, 현대 한국의 학교 풍경을 집약적으로 보여줄 따름이다.

이 책의 시각과 자료

지금까지의 연구

1960~1970년대의 교육정책이나 입시제도에 대한 연구는 적지 않은

편이다. 학문 분야별로 살펴보자. 역시 교육학계의 연구가 많다. 문교부 또는 교육부, 한국교육개발원 등 기관에서 한국 현대교육사를 정리한 책들도 나왔고, 여러 학자가 한국 근현대교육을 개괄적으로 정리하기도 했다.[4] 또 해방 이후의 각종 통계자료를 체계적으로 정리한 연구도 있었다.[5] 각각의 분야, 예를 들자면 교육정책이나 교육과정, 교사 양성제도, 또 초등교육이나 중등교육, 또는 고등교육에 대한 연구도 적지 않다. 그러나 최근 학교 의례에 대한 오성철의 주목할 만한 연구를 제외하고 '학교'와 '사회', 그리고 일상적 삶에 주목한 성과는 그다지 많지 않다. 특히 정책의 현실적인 의의·목적·효과에 주목한 나머지 역사적 과정과 그 속에서 살아간 학생, 교사, 그 가족들의 삶 그 자체에 대해서는 그리 주목하지 않았던 것도 사실이다.

사회학이나 교육사회학 분야에서는 '교육열'이라는 사회적 현상에 주목하면서 사회적 이동의 이상과 현실, 역동성의 변화 평등과 불평등의 관점에서 학교의 문제를 다루어 왔다.[6] 이 연구들은 대중의 생존 전략과 사회적 이동의 현실, 불평등의 합리화와 고착화 과정에 대해 적지 않은 연구 성과를 남겼으나, 사회적 현상으로 교육열에 집중하다 보니, 교육열의 주체가 되는 가족이나 유교적 전통과 같은 문제에 대해서만 주목해 왔다. 교사와 학생이 생활하는 학교에는 그다지 큰 관심을 가지지 못했던 것이다. 그런데 최근에는 다양한 매체를 통해 학생들의 일상생활과 의식을 복원하고 분석하는 문화연구가 부각되고 있다. 학생 잡지들을 분석해 당시 여학생층의 주체 형성에 대한

흥미로운 결론을 도출한 연구가 대표적이다.[7]

역사학계에서는 1960~1970년대 연구 자체가 최근에 시작되었다. 주로 〈국민교육헌장〉 등 교육이념에 대한 연구나 반공교육, 총력안보 체제의 구축과 학교교육에 대한 연구 등이 흥미롭다. 또 최근에는 평준화 정책의 실시와 그 영향에 관한 분석이 진행되기도 했다.[8]

최근에는 여러 분야의 연구자들이 공동으로 현대 생활문화사를 정리한 책을 발간해 공동 연구와 일상 문화적 접근의 좋은 본보기를 보여주고 있다. 다만 이 연구에서 학교나 학생, 교육 분야에 대한 연구는 몇 편의 논문 수준에서 머물러 있어 학교의 모습 전반을 파악하기는 어렵다.[9]

이 책은 지금까지 여러 분야의 연구들을 토대로 학교의 문제를 종합적으로 검토하며 정책과 현실, 개인의 형성과 변화, 사회과학적 분석과 역사학적 복원을 모두 동원해 당대를 복원하고 그 의미를 해석하고자 한다. 제도와 정책, 교육을 둘러싼 사회 현상을 전체적으로 포괄하되, 학교에서 살아가는 교사와 학생의 생활과 고민을 복원하고 오늘날 우리의 현실에 시사하는 바가 무엇인지 생각해 볼 것이다.

이 책의 시각: 학교의 일상과 변화, 다양성의 복원

학교와 학생의 역사들을 충실히 복원하는 것이 우선적인 목적이다. 가까운 과거라고 해도 사실을 발굴하고 복원하는 것은 그리 쉬운 일이 아니다. 특히 교육에 관련된 문제는 현실적인 이해관계와 밀접하게 관련되어 있는 만큼 당사자들에게 유리한 방향으로 인식될 가능성이 높다. 대표적인 것이 '평준화'다. '평준화'는 입시의 문제라기보다 학교교육의 목표와 방향을 어떻게 설정하고 운영할 것인지에 대한 원칙이지만, 대부분의 사람은 입시와 관련지어서만 생각한다. 부유한 사람과 가난한 사람, 학부모와 학생, 사립학교와 공립학교, 사교육기관 등 관련된 사람마다 자기 관점에서 '평준화'를 회고하고 평가한다. 이 책은 이런 여러 사람의 관심에 의해 더 왜곡된 학교의 여러 가지 제도가 실제로 어떤 목적으로 어떻게 실시되었는지 충실히 살펴보고자 한다.

학력주의 사회가 유지되어 오면서 대학 입시와 같은 제도가 가장 큰 문제가 되었지만, 학교 자체의 문제 또한 그 역사를 곰곰이 따져보아야 할 지점이 많다. 한국의 국가권력은 초등의무교육을 실시하는 데만 집중하고 중등교육 및 고등교육은 수익자 부담으로 떠넘기면서 폭발하는 교육수요를 사립학교들로 감당하게 했다. 당연히 사학재단에 대한 통제는 약화될 수밖에 없었을 것이고, 이것은 당시만이 아니라 오늘날까지 지속되고 있는 심각한 교육 문제이기도 하다. 학교의 설립과 운영의 실태, 국가의 지원과 감독 등 학교의 실체도 복원과 분석의 대상이다.

제도만이 아니라 학생과 교사들의 일상적인 삶도 복원하고자 한다. 지금까지 연구들이 대부분 경제적·사회적 재생산의 문제를 다루었지만, 이 책에서는 일상생활의 다양한 측면을 통해 규율 권력과 생활문화, 일탈·저항의 여러 측면에서 학교라는 대상에 접근할 것이다.[10] 학업 지도는 물론이거니와 학생 생활에 대한 일상적 통제와 규율, 학교 내부의 권력관계, 일탈과 저항의 다양한 양상을 도출하고 분석할 것이다.

과거를 재현하는 것이 기본 목표지만, 과거는 고정된 것이 아니다. 이 시기의 특징 중 하나가 급격히 변화한다는 것이며, 변화를 추적하고 그 의미를 따져 봐야 한다. 제도와 정책만이 아니다. '학생'이라는 집단을 바라보는 사회적 시선, 학생들 스스로의 자의식도 변하고 있으며 학교를 바라보는 안팎의 관점도 급격히 변화하고 있다. 이 변화 과정이 또 한국 현대의 중요한 사회적 특징이다.

또 다양한 관점에서 문제에 접근하고자 노력할 것이다. 기존에도 권력 중심의 시각에서 벗어나고자 하는 노력은 있었다. 해방 이후 본격화된 이른바 교육열이 지위 획득과 관련된 대중의 생존 경쟁이며 전략이라는 시각이 대표적이다.[11] 입시나 교육열과 같은 개별 문제에서 벗어나 학교와 교육 문제 전반을 권력의 정책적 시각이 아닌 다양한 사람의 입장과 관점, 특히 학생들의 시각에서 접근하는 것이 필요하다. 학교를 대하는 각 계급의 사회적 전략에 대해서는 이미 검토되었지만, 학교 내부의 권력과 지배의 관계라는 점에서, 또 학교에서 배제된 자들의 관점에서 학교를 바라보고자 한다. 학교 밖에서의 동경과 비교, 학교에서의 일탈과 저항을 통해서 새롭게 이 시기의 학교를 조망할 필요가 있다. 1960~1970년대는 한국사회가 가장 역동적으로 변화한 시기이며, 사실은 학교의 변화도 그 변화의 일부다. 따라서 이런 변화와 학교의 변화를 연결해 설명하는 것이 중요한 연구의 목적이다.

자료의 확보와 분석

먼저 학교에 대한 정책과 학생 및 학교 현황을 파악하기 위해 기존 통계자료, 법령 및 보고서, 정책자료 등을 정리·활용했다. 또한 교육 관련 통계자료들을 수집·분석했다. 1965년부터 문교부(1997년 이후에는 교육부)가 간행한 《교육통계연보》, 각 도 교육위원회에서 발간한 연도별 통계자료, 한국교육개발원에서 간행한 《한국교육 60년 성장에 대한 통계적 분석》 등 일련의 통계자료와 분석 논문들을 수집·정리했다. 정책의 실제 실행과 결과를 파악하는 데는 국사편찬위원회, 《동아일보》·《조선일보》 등 신문 및 잡지 데이터베이스들이 크게 도움이 되었다.

한편 사진과 동영상 자료들도 적극 수집·분석했다. 국가기록원 소장의 문서와 사진자료, 민주화운동기념사업회의 오픈아카이브, 한국잡지 정보관 등 자료 소장기관에서 사진, 멀티미디어 자료, 잡지 등을 조사·수집했다. 직접 책에 제공할 수는 없었지만, 1970년대 하이틴 영화나 〈말죽거리 잔혹사〉와 같은 이후의 영화들도 참고자료로 활용할 수 있었다.

그리고 학생들의 실제 생활을 파악하기 위한 자료를 수집했다. 학생과 교사들이 직접 작성한 기록들을 통해 당시의 일상생활을 파악하는 것이 중요하기 때문이었다. 이 시기 많은 학교에서 매년 교지를 발간했다. 교지들에 수록된 많은 글은 학교 운영의 실상과 학생들의 일상생활, 의식을 반영한다. 학교의 교육 방향이나 행사 등을 소개하는 글, 교사진의 소논문과 훈화 등을 통해 학교에서 어떤 방면의 교육 활동에 중점을 두었는지 알 수 있다. 또 학생들이 쓴 독후감, 소논문, 수필, 시 등은 학생들의 지적 관심이 어떻게 변했는지 알 수 있는 자료들이며, 현장학습 체험기이나 기행문, 설문조사 등에서도 일상생활과 의식의 변화를 파악할 수 있었다. 교지는 물론 교사들의 지도를 받으며 만든 책이지만, 의외로 학생들의 솔직한 감상이나 내면을 반영하고 있다.

1960~1970년대는 영화·드라마·광고 등 동영상이 본격적으로 쏟아져 나온 시점이며, 잡지와 신문에서도 사진들을 대량으로 사용하기 시작한 시기다. 기존의 텍스트 중심의 관점에서 벗어나 시청각 매체들을 적극적으로 활용하고자 했다. 또 이 시기는 본격적으로 대중문화와 매체가 발달하는 시기이기도 하다. 각종 주간지·월간지들이 쏟아진 것은 물론이려니와 학생 대상 잡지, 특히 중고등학생 잡지(대표적인 것이 1952년 창간되어 1979년까지 발행한 《학원》, 1965년부터 1990년까지 나온 월간 《여학생》 등이다) 등이 발간되었으므로 이런 매체들도 활용했다.

2018년 7월
이기훈

차례

I

학교의 팽창과 경쟁의 신화

2

1등부터 꼴찌까지: 입시와 '평준화'

3

학교 안의 권력, 학교 밖의 권력

4

학교의 일상: 교사와 학생

학교의 팽창과
경쟁의 신화

I

I

학교의 시대,
학생의 시대:
중등교육의 보편화

교육 팽창의 추세

초등학교 의무교육과 중학교교육의 확대

1960~1970년대 한국교육의 가장 큰 특징은 급격한 팽창이다. 폭발
적 성장은 이 시기 한국사회의 전반적 특징이지만, 교육 팽창은 경제
성장의 결과나 부산물이 아니라 한국 현대사회의 고유한 특성을 형
성하는 요인이 되었다. 1960년대 초 30퍼센트, 20퍼센트에 머물던 중
학교와 고등학교 취학률이 1970년대 말에는 70퍼센트 중반, 60퍼센
트 대에 이르게 된다. 중학교 교육과 고등학교교육은 보편적 현상이
되었다. 학교는 청소년 세대의 일반적인 생활공간이 되었고, '학력'이
가지는 사회적 의미도 변했다. 일단 학교의 확대 과정을 살펴보자.

이 급격한 교육 팽창의 주인공은 '베이비붐 세대'다. 1953년 한국 전쟁이 끝나고 떠났던 사람들도 제자리를 찾아 돌아오면서 전쟁의 상처가 채 가시기도 전인 1955년부터 출산율이 급격히 상승하고 인구가 급증했다. 이때부터 산아제한 정책으로 출산율이 눈에 띄게 둔화하는 1963년까지 약 9년간 출생한 사람들을 흔히 베이비붐 세대라고 지칭한다.

이 세대가 학교에 다니기 시작하면서 초등교육이 의무화되었고,[1] 중학교와 고등학교에 입학할 무렵에는 입시제도에 커다란 변화가 일어났다. 1968년 7월 중학교 입시가 철폐되었는데, 1950년대 중·후반에 출생한 사람들이 중학교에 진학할 때였다. 곧이어 1974년부터 인문계 고등학교의 평준화 정책이 시행되었는데, 1950년대 말에 태어난 사람들이 고등학교에 진학할 시점이었다.

베이비붐 세대가 학교에 다니는 동안 입시와 교육제도에 큰 변화가 생긴 직접적인 원인은 학생 수의 급격한 증가였다. 그러나 좀 더 근본적으로는 사회가 전체적으로 교육이 더 많이 필요한 구조로 변화하고 있었기 때문이다.

우선 산업화가 진행되면서 노동시장에서는 점점 더 많은 기능인력이 필요했다. 경제성장이 진행되고 새로운 산업이 발달할수록 그 수요는 더 확대되었다. 1962년 239달러에 불과했던 1인당 국민총생산(GNP)은 1971년 437달러로 늘었고, 이 기간의 경제성장률은 평균 9.7퍼센트였다. 1977~1981년에는 불황이었지만 5.8퍼센트의 경제성장률을 기록했다. 1979년에는 1인당 국민총생산은 1640달러로 급증했다. 1960년 28.0퍼센트에 머물렀던 도시인구 비중은 1979년 54.3퍼센트가 되었다. 도시에 사는 것이 한국인의 표준이 된 것이다. 농림어업이 GNP에서 차지하는 비중은 1962년 36.6퍼센트에서 1981년 15.8퍼센트로 줄었다. 그 자리는 광공업과 사회간접자본과 기타 서비스가 차지했다.[2]

2~3차 산업이 성장하고 도시화가 진행되자 이전보다 더 많이 교육받은 인력이 필요해졌다. 가장 먼저 공업 분야에서 기계를 능숙하게 다룰 수 있고 시간 규칙에 익숙하며 산업 사회의 노동 규율에 단련된 노동자들이 더욱 많이 필요해졌다. 1960년대 각광받은 섬유 산업 같은 경공업 분야에서는 비교적 학력 수준이 낮은 저임금 노동자가 많이 필요했지만, 정부가 1970년대 중화학공업화를 추진하면서 산업현장에서는 고등학교 이상의 전문 기술교육을 받은 기능인력 수요가 급격히 팽창했다. 또 사회 전체적으로 행정과 교육 서비스가 급속히 팽창하면서 전문 지식과 기능을 더 많이 갖춘 인력에 대한 수요가 크게 늘어났다.

한편 교육을 받는 학생이나 시켜야 하는 학부모들도 더 많은 교육 경험이 필요했다. 이미 포화 상태에 달한 농촌의 전통적인 공동체를 떠나 도시로 향한 사람들은 자녀들의 교육으로 상승 이동의 꿈을 이루려고 했다. 입학시험을 통해 얻을 수 있는 '학벌'은 큰 사회적 자산이 되었다. 실제 가난한 가정 출신의 학생이 일류 학교에 합격할 가능

〈표 1〉 국민학교 수와 학생 수, 취학률의 변화

연도	학교 수(개)	학생 수(명)	취학률(%)	신축 교실(개)
1954	4,053	2,678,374	82.5	457
1955	4,205	2,947,436	89.5	7,062
1956	4,274	2,997,463	89.9	–
1957	4,369	3,170,982	91.1	2,923
1958	4,461	3,316,389	92.5	3,758
1959	4,576	3,558,142	96.4	2,840

출전: 강성국 외, 《한국교육 60년 성장에 대한 교육지표 분석》, 한국교육개발원, 2005, 35쪽: 한국교육개발원 편, 《한국교육 60년 성장에 대한 통계적 분석》, 한국교육개발원, 2005, 17~18쪽 재구성.

성이 높지 않았지만, 상승의 욕망이 집중되면서 입시는 점점 초과열의 양상을 보였다.

역대 정부도 꾸준히 교육확대 정책을 시행했다. 1960년대 이전 이미 초등교육은 보편화되었다고 봐도 좋을 것이다. 한국전쟁이 끝나자 정부는 〈의무교육 6개년 계획(1954~1959)〉, 〈의무교육 시설확충 1차 5개년 계획(1962~1967)〉을 추진했다. 1957년 국민학교 취학률이 90퍼센트를 넘자 의무교육의 실시를 선언했고, 이후 1959년 국민학교 취학률이 96.4퍼센트를 넘었다.

그런데 이렇게 의무교육을 받은 국민학생들이 1960년대 대거 졸업하면서 중학교 입시 경쟁이 격화되었다. 국민학교 졸업생 수에 비해 중학교의 수가 크게 늘어나지 않았기 때문이었다. 중학교 취학률은 여전히 낮았고, 특히 여학생 취학률이 낮았다. 1962년 남학생 취학률이 58.2퍼센트인 데 비해 여학생 취학률은 19.6퍼센트에 불과했다.[3] 1950년대 정부의 학교 건설이나 학급 증설이 국민학교에 집중되어 있었기 때문이기도 했다.

이러다 보니 중학교 입시는 더욱 치열해졌다. 입시제도도 여러 번 바뀌었지만 경쟁은 나날이 치열해졌고, 서울에서는 5대 공립(경기·서울·경복·용산·경동)이니 5대 사립(중앙·양정·배재·휘문·보성)이니 하는 말이 생겨날 정도였다. 중학교 입시 문제에서 오답 시비가 법정으로 번진 무즙 파동이니 창칼 파동은 이때 벌어진 일이었다(중고교 입시와 학교 서열의 문제는 2편에서 상세히 다룰 것이다).

지방도시도 입시 경쟁은 치열했다. 〈그림 2〉를 보면 목포 시내 중학교 합격자 수와 수석 및 장학생 합격자 명단, 그리고 서울과 광주의 이른바 명문 중학교인 경복중·배재중·한성중·서울사대부중·덕수중·성동중·광주서중의 합격자 명단을 자랑스럽게 실었다.

어린이들을 과도한 입시 공부에 몰아넣는 중학교 입시의 문제점은 일찍부터 지적되었고 1956년 이후 한때 중학교에서 무시험 전형이 실시되기도 했다. 그러나 중학교의 서열에 손을 대지 않고, 학교별 입학 평가는 그대로 진행하되 입학시험을 치르지 않고 내신으로 평가하는 전형이었으니 입학 경쟁은 여전했다. 또 무시험 전형만으로 학생을 뽑는 학교는 얼마 되지도 않았고, 시행한다 해도 무시험 전형과 시험을 같이 치르는 학교가 많았다. 결국 1961년부터 중학교 입시 공동 출제가 실시되면서 시험입학제도로 복귀했다.[4]

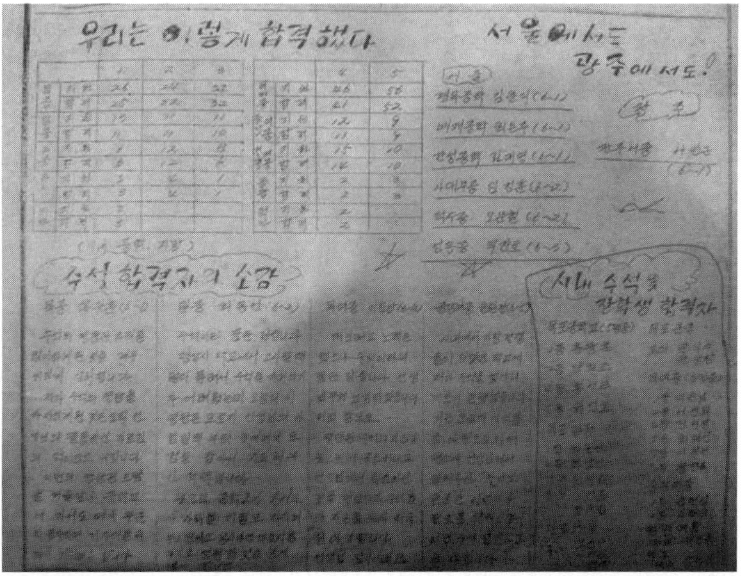

〈그림 2〉 1965년 12월 15일 목포북교국민학교 교지 《메아리》특별호(북교초등학교 역사관 소장)

중학교 입학 경쟁이 극에 달하자 1967년 국민학교 교장들이 중학 입시의 폐지를 건의했고, 1968년 4월 대한교육연합회(이하 대한교련)가 무시험 추첨제를 근간으로 하는 〈중학교 입시제도 개혁안〉을 발표했다. 정부가 이를 받아들여 1968년 7월 15일 문교부는 중학교 입학시험을 폐지하고 학군을 설치해 추첨으로 학생을 배정하는 〈중학교 무시험 진학안〉을 발표했다. 흔히 '일류 중학교'라고 하던 전국 40개 학교는 아예 연차적으로 폐교하고 그 시설은 고등학교로 전용하기로 했다. 이 조치로 여름방학 동안 입시 준비에 시달리던 많은 어린이가 해방되었고, 이들이 첫 '뺑뺑이 세대'가 되었다. 1969년 서울에서 먼저 실시하고 다음 해인 1970년에는 부산·대구·광주·인천·전주에서, 그리고 1971년에는 전국으로 확대한다는 것이었다.[5]

입시가 폐지되면서 중학교는 평준화되었다. 먼저 서울 시내의 이른바 경기중학교·서울중학교 같은 공립 명문 학교들을 아예 폐교했으며 교사들도 전근되었다. 중학교의 시설, 교육환경, 교사 등을 실제로 '평준화'하는 것은 쉽지 않은 일이라 한참 부실한 교육이 문제가 되었다.

그러나 일단 무시험 입학과 평준화가 실시된 이후 중학교 수, 학급 수, 학생 수는 급격히 늘기 시작했다. 〈표 2〉에서 보듯이 1980년 중학교의 수는 1960년의 두 배가 되었고, 학생 수는 더욱 크게 늘어나 4.6배가 되었다.

〈표 2〉 중학교와 중학생

연도	중학교 수(개)			중학생 수(명)		
	국공립	사립	계	국공립	사립	계
1960	–	–	1,053	–	–	528,593
1965	695	513	1,208	418,059	333,282	751,341
1970	910	698	1,608	677,518	641,290	1,318,808
1975	1,248	719	1,967	1,203,560	823,263	2,026,823
1980	1,351	749	2,100	1,513,894	958,103	2,471,997

출전: 강성국 외,《한국교육 60년 성장에 대한 교육지표 분석》, 한국교육개발원, 2005, 38~41쪽.

〈그림 3〉 중학교 추첨 광경(《경향신문》 1969년 2월 1일)
수동식 추첨기에 은행을 넣고 돌려서 나오는 번호대로 학교가 배정되었다.

일단 중학교 입시 철폐와 평준화를 선언하기는 했지만, 당시 중학교 시설이나 교사 수급 상황은 평준화를 감당할 상황이 아니었다. 당장 학급 수가 턱없이 부족했다. 입시제도가 사라졌으니 어떻게 하든 희망자는 입학하게 해야 하는데, 정작 중학교의 교실과 교사는 엄청나게 모자랐다. 예를 들어 부산의 경우 평준화를 선언한 다음 해인 1969년 중학교에 진학할 것으로 추정되는 학생이 4만 2220여 명이었다. 무조건 한 학급에 70명씩을 배정한다고 해도 604학급이 필요했다. 그런데 부산의 기존 57개 공사립중학교의 학급을 모두 다 합쳐도 490개 밖에 되지 않으니 적어도 110개 이상이 부족한 형편이었다. 이 해 공립 6개 학교와 사립학교 4개를 신설해 학생들을 입학하게 할 예정이었으나, 8월까지도 일부 학교는 건물을 지을 땅도 확보하지 못한 상황이었다.[6] 당장 학생들을 수용해야 될 판이니 교육재정으로 직접 중학교를 설립해야만 했다. 정부가 공립중학교를 세워 학생들을 수용하기 시작했고, 이에 따라 1970년대 중학교의 공립학교 비중이 크게 늘어났다.

이렇게 학생 수가 크게 늘어나면서 실제로 중학교에 다닐 연령대의 청소년 중 실제 학생의 비율인 취학률도 급증했다. 중학교 취학률은 1970년까지만 해도 36.6퍼센트로 국민학교를 졸업하고도 중학교에 다니지 못하는 청소년들이 훨씬 더 많았지만, 1975년에는 56퍼센트로 학교에 다니는 청소년의 수가 더 많아졌고, 1980년에는 73퍼센트로 1970년의 두 배 이상이 되었다.

중학생 수의 증가 양상을 전라남도를 중심으로 구체적으로 살펴보자. 〈그림 4〉는 1963년부터 1980년까지 전남 지역 중학생 수의 변화를 그래프로 표시한 것이다.

우선 학생 수의 폭발적인 증가가 눈에 띈다. 1963년 공사립을 합쳐서 7만 명이 채 되지 않았던 전남 지역의 중학생 수는 1969년 10만

〈표 3〉 중학교 취학률의 추이

(단위: %)

연도	1970	1975	1980
취학률	36.6	56.2	73.3

출전: 고선, 〈센서스 자료를 이용한 초·중·고 취학결정요인 분석, 1960~1990〉, 《한국교육》 39-4, 2012, 86쪽; 박지웅, 〈한국 중등교육의 팽창과 분화에 관한 분석〉, 한국교원대 석사학위논문, 2010, 22쪽.

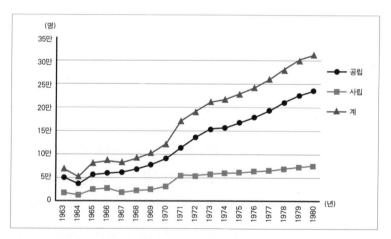

〈그림 4〉 전남 지역 중학생 수의 변화(전라남도 교육위원회, 《전남교육통계연보연보》, 전라남도교육청, 1976, 72쪽, 1981, 75쪽)

명을 넘어섰고, 1973년에는 20만 명을 돌파했으며, 1980년에는 31만 2870명을 기록했다. 20년도 되지 않는 기간에 4배가 넘게 늘었다. 그런데 이 늘어난 학생을 대부분 공립중학교가 수용했다는 점이 중요하다. 원래 공립중학생이 더 많았지만 1971년 이후 사립학교 재학생 수는 그다지 늘어나지 않았지만, 공립중학교 재학생은 1980년까지 거의 5배 가깝게 늘어나면서 학생 수의 폭발적 증가를 주도했음을 알 수 있다.

중학교교육이 확산되었지만, 그 과정은 매우 차별적이었다. 남학생이 먼저 늘고 여학생 수가 비로소 확대되었으며, 도시보다 농촌 지역이 훨씬 느리게 진행되었다. 전남 지역의 경우에도 1970년대 중학생 수 증가의 가장 중요한 원인은 여학생들의 중학교 진학이 늘고 농촌 지역에서 공립중학교가 늘어난 것이었다. 〈표 4〉는 전남 지역의 성별 진학률 추이를 정리한 것이다.

1971년 전라남도의 남자 국민학교 졸업생의 진학률은 70퍼센트 정

〈표 4〉 전라남도 국민학교 졸업자의 성별 진학률

(단위: 명)

남자	1971년	1980년	여자	1971년	1980년
국민학교 졸업자	63,382	56,129	국민학교 졸업자	53,267	54,316
중학교 진학자	44,157	53,672	중학교 진학자	26,593	49,241
진학률(%)	69.67	95.62	진학률(%)	49.92	90.66

출전: 전라남도 교육위원회, 《전라남도 교육통계연보》, 전라남도 교육통계연보, 1972, 114~115쪽, 1981, 132~133쪽 재구성.

도였는데, 여학생의 진학률은 50퍼센트도 되지 않았다. 그런데 1980년에는 남녀 모두 90퍼센트 이상의 중학교 진학률을 보였다. 특히 남학생의 경우 95퍼센트 이상 중학교에 진학했다.[7] 이는 중학교는 어떻게든 졸업해야 한다는 의식이 확산된 결과이기도 했다.

이전과 달리 1970년대 초가 되면 국민학교 졸업 정도의 학력으로는 농촌에서조차 제대로 일을 구할 수 없었다. 1971년 전남의 국민학교 졸업생 중 취업자는 3.5퍼센트인 1574명에 불과했고 나머지 비진학자들은 무직(19.2퍼센트)이거나 미상(9.8퍼센트)이었다. 농사나 집안일을 돕게 하거나 식모로 보내기도 했겠지만, 그다지 가계에 도움이 되지 못했을 것이다. 또 점차 중학교는 당연히 가는 것이라는 생각이 확산되면서 어떻게든 중학교라도 졸업하게 하는 것이 일반화되었다.

도시와 농촌을 비교해 보자. 전남의 각 시군별 중학교 진학률은 〈표 5〉와 같다.

1971년의 경우 광주·목포·순천·여수 등 도시 지역과 나머지 농촌 지역의 중학교 진학률 격차가 두드러진다. 광주와 목포는 80퍼센트가 넘었고 여수와 순천도 75퍼센트 이상인데, 나머지 농촌 군들은 대부분 60퍼센트에 이르지 못했고 완도나 승주·곡성 같이 도서벽지 지역은 50퍼센트 미만이었다. 이런 도시와 농촌의 격차는 10년 동안 크게 줄어든다. 1980년에도 도시 지역이 거의 95퍼센트 수준으로 더 높았지만 농촌 지역도 거의 90퍼센트 이상의 학생이 중학교에 진학했다. 강진이나 고흥의 경우는 거의 목포에 육박하는 진학률을 보이

〈표5〉전라남도 시군별 중학교 진학률

(단위: %)

시군	1971년 진학률	1980년 진학률
광주	80.6	97
목포	80	94.7
여수	75	95.7
순천	74	96.7
광산	56.1	96.2
담양	56.3	93.1
곡성	49.4	90.6
구례	59.9	92.3
광양	54.5	96.7
여천	48.7	92.3
승주	47.1	91.5
고흥	54.9	93.7
보성	63.1	93
화순	49.9	90.2
장흥	54.3	92.5
강진	66	94.6
해남	59.4	92.7
영암	56.4	90.3
무안	62.6	94.3
나주	60	90.4
함평	59.1	91.5
영광	55.4	87.6
장성	59.3	92.6
완도	46.3	92.6
진도	51	87.5
신안	55.6	90.3

출전: 전라남도 교육위원회, 《전라남도 교육통계연보》, 1972, 114~115쪽, 1981, 132~133쪽 재구성.

기도 했다. 섬이 많아 통학이 어려운 신안이나 완도에서도 90퍼센트 이상이 중학교에 진학했다.

농어촌 지역에도 곳곳에 학교가 크게 늘어난 탓도 있겠지만, 학교를 보내지 않으면 사람 노릇을 할 수 없다는 인식이 확대된 것이 큰 이유였다. 이제 부모들은 어떻게 해서든 자녀를 학교에 보내야 했고, 교육은 농촌과 섬마을을 떠나는 가장 큰 이유가 되었다. 역설적으로 농어촌과 도서벽지의 교육이 확대되는 것이 이농현상을 더욱 가속화하는 원인이 되었다.

고등학교교육의 확대

〈표 6〉에서 보듯 1960~1970년대를 거치면서 1960년대 중반 한국사

〈표 6〉 고등학생 수의 증가

연도	1955	1960	1966	1970	1975	1979
남학생(명)	217,015	196,394	283,948	371,444	694,563	915,993
지수	100	91	130.8	171.2	320.1	422.1
여학생(명)	43,598	66,969	142,583	218,983	428,454	649,362
지수	100	153.1	326.9	502.2	982.7	1,498.4
고등학생(명)	260,613	263,363	426,531	590,427	1,123,017	1,565,355
전체	100	101.1	163.7	226.5	430.9	600.6

출전: 차재영, 〈고교평준화 시책이 고등학교 교육기회의 불균등 해소에 미친 영향〉, 이화여대 석사학위 논문, 1981, 39쪽 재구성.

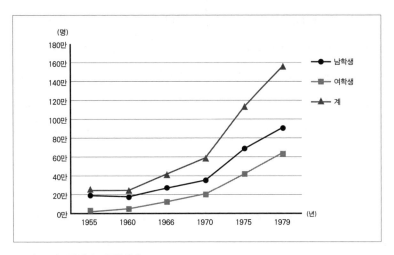

〈그림 5〉 연도별 남녀 고등학생 수

회에서 40여만 명에 불과하던 고등학생은 1979년 150만 명 이상으로 크게 늘어났다. 1955년부터 1979년까지 고등학생 수의 변화를 살펴보자. 지수는 1955년을 100으로 삼았을 때 상대적인 변화다.

지수의 변화를 살펴보면, 1966년까지는 163.7로 늘어나는 데 불과하지만 1975년이 되면 430, 1979년에는 600 이상이 된다. 특히 여학생 수가 크게 늘어, 1970년 502.2에서 1979년 거의 1500 가까이 급상승했다. 1955년보다 15배, 1970년보다 3배가 늘어난 셈이다. 여학생들이 고등학교교육을 받게 된 것이 이 시기 고등학교교육의 확산에 큰 역할을 한 것을 알 수 있다.

이에 따라 해당 연령에서 고등학교에 다니는 청소년의 비중을 나타내는 고등학교 취학률도 크게 늘어나게 된다. 〈그림 6〉에서 보듯 1950년대 중반 20퍼센트에도 미치지 못한 고등학교 취학률이 1970년 이후 급증하면서 1970년대 후반 50퍼센트를 돌파하고 1980년대 60퍼센트를 넘었다. 이 정도면 고등학교교육이 일반화되었다고 해도 좋을 것이다. 1960년대 초까지 귀하고 특혜받는 존재였던 '여고생'은 20년이 지나기 전에 청소년기의 여성들이 당연히 거쳐 가야 하는 인생의 한 단계가 되었다. 성과 지역적 차이에도 교육기간의 확대, 교육경험의 보편화가 급속히 진행되었다. 그러나 이런 중등교육, 특히 고등학교교육의 일반화는 여기에 소외된 가난한 청소년층이 겪는 고통이 더욱 심화된 것을 의미하기도 한다.

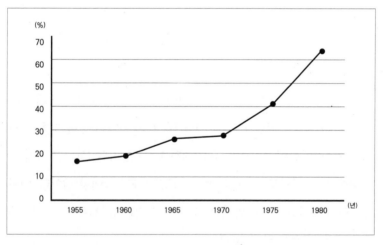

〈그림 6〉 고교 취학률의 변화(송혜정 · 강태중, 〈고등학교 팽창과 실업계 교육 쇠퇴〉, 《한국교육문제연구소 논문집》 17, 1989, 181쪽 재구성)

여학생 수가 상대적으로 급격히 늘어나기는 했지만 비교의 출발점인 1955년의 여학생 수가 지나치게 적었기 때문이었고, 실제로는 여전히 남학생의 수가 많았다. 아직도 고등학교교육에서 성적 차별은 컸다.

그러나 〈그림 7〉과 〈그림 8〉에서 보듯이 1955년 17퍼센트에도 미치지 못했던 여학생 비율이 1979년이 되면서 40퍼센트를 넘어섰다. 1970년대 말에는 여전히 대학 진학에서는 큰 차이가 있었지만 여학생도 고등학교까지 교육을 받는 것이 일반적인 추세가 되었음을 알 수 있다.

고등학교에 진학하는 학생 수는 점점 늘었다. 〈표 7〉은 1960~1970

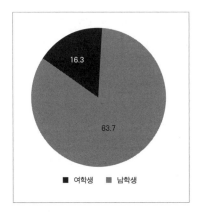

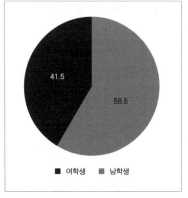

〈그림 7〉 1955년 고등학교의 남녀 학생비 (차재영, 〈고교평준화 시책이 고등학교 교육기회의 불균등 해소에 미친 영향〉, 이화여대 석사학위논문, 1981, 42쪽 재구성)

〈그림 8〉 1979년 고등학교의 남녀 학생비 (차재영, 〈고교평준화 시책이 고등학교 교육기회의 불균등 해소에 미친 영향〉, 이화여대 석사학위논문, 1981, 42쪽 재구성)

〈표7〉 진학률 추이

(단위: %)

연도	중학교	고등학교	대학
1965	54.3	69.1	32.3
1970	66.1	70.1	26.9
1975	77.2	74.7	24.9
1980	95.8	84.5	22.5

출전: 교육부·한국교육개발원 편,《통계로 본 한국교육의 발자취》, 교육부·한국교육개발원, 1997.

년대 상급학교 진학률의 변화를 나타낸 것이다. 중학교는 초등학교
→중학교, 고등학교는 중학교→고등학교, 대학은 고등학교→고등교
육기관(대학, 전문대학 등) 진학률을 나타내며, (당해 연도 졸업자 가운데
진학자)/(당해 연도 졸업자)×100을 지수로 만든 것이다. 1980년 중
학교 진학률이 95.8퍼센트, 고등학교 진학률이 84.5퍼센트에 달했다.
전체 청소년의 80퍼센트 이상이 고등학교에 다녔다. 1965년까지만
해도 실제 청소년의 65퍼센트 가량이 고등학교 문턱도 밟아 보지 못
했던 것에 비하면, 엄청난 성장이다. 더욱 주목한 일은 이런 교육 팽
창이 15년 만에 이루어졌다는 점이다. 그야말로 폭발적인 교육 성장
의 시대였다.

이렇게 고등학교교육이 확대되면서 고등학교에서 대학에 가는 진
학률이 오히려 떨어지는 현상도 나타났다. 대학이 줄어든 것이 아니
라 중등교육 이수자의 수가 급격히 늘어나면서 대학 정원이 이를 따

라가지 못한 것이다. 정부도 고등교육보다는 실업교육, 특히 공업계 교육을 강조해 1960~1970년대 내내 실업계 고등학교 설립을 권장했다. 1969년도 문교부 계획은 1974년까지 실업계와 인문계 고등학교의 설립 비율을 6 대 4로 하는 것이었다.[8] 그러나 정부의 의도와는 달리 1970년대 초에 잠깐 실업계 고등학교의 수가 인문계를 앞지르기도 했으나, 전체적으로는 여전히 인문계 고등학교가 더 많았다.

1970년대는 수많은 고등학교가 신설되었다. 1970년대 신설 학교들은 사각형의 콘크리트 교사와 화단, 사열대와 운동장 정도만을 갖추었다. 간혹 오래된 학교 중에는 제대로 된 조경을 갖춘 곳도 있었겠지만, 이 무렵 급히 설립된 사립고등학교 가운데는 운동장과 기본적

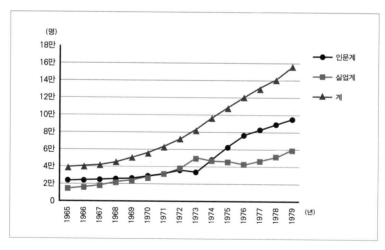

〈그림 9〉 1960~1970년대 고등학생 수의 변화(한국교육개발원 편, 《한국교육 60년 성장에 대한 통계적 분석》, 한국교육개발원, 2005, 31~34쪽)

인 교사 시설을 갖추기도 급급한 학교가 많았다. 고등학교교육에 대한 수요가 급격히 늘어나면서 학교와 학급 수를 늘려야 했지만 정부는 그 정도로 교육 투자를 늘릴 의지도, 정책적인 수단도 없었다. 국공립학교를 늘릴 수 없었으므로 교육 당국은 사립고등학교를 늘려서 수요를 충족해야 했고 그만큼 설립 기준은 느슨해졌다. 이렇게 사립고등학교가 늘면서 1965년 54.9퍼센트였던 국공립고등학교의 비율은 1980년 49.0퍼센트까지 떨어졌다.

전라남도를 예를 들어 고등학교 수의 변화를 살펴보자. 1963년 일반계와 실업계를 모두 합쳐 61개에 불과하던 고등학교는 1970년에는 92개, 1980년에는 149개로 거의 2.5배 증가했다. 1971년 64퍼센트에 불과하던 중학교에서 고등학교 진학률이 1980년에는 79.9퍼센트까지 증가했고, 특히 여학생들의 진학률이 72.25퍼센트까지 늘어났다. 1963년에는 고등학생 가운데 여학생의 비율이 불과 28퍼센트였는데, 1980년에는 고등학교 1학년 가운데 여학생이 2만 5359명으로 37.6퍼센트까지 늘어났다.

1960년대와 1970년대 청소년층을 대상으로 한 인구통계학적 연구들은 한국에서 중등교육과 고등교육이 이 시기에 어떤 변화를 겪었는지 잘 보여준다.[9] 정범모와 김호열은 1962년 국민학교에 입학한 학생들이 대학에 들어가는 1975년까지 인구 통계를 추적했다. 그 결과 이 학생 가운데 60퍼센트는 중학교를 졸업하지 못했고, 40퍼센트 정도가 중학교에 다녔고 그중에서 25퍼센트 정도가 고등학교에 진학했다.

대학에 들어간 학생은 약 10퍼센트에 불과했으며 대학 진학자의 70퍼센트가 남학생이었다. 김기석은 10년 뒤인 1972년 국민학교에 입학한 학생들이 대학에 진학하는 과정을 살펴보았다. 이번에는 약 86퍼센트가 중학교에 진학했고 70퍼센트가 고등학교에 진학했다. 10년 사이에 중학교 취학률은 2배, 고등학교 취학률은 2.5배가 늘어났다.

이에 따라 청소년 인구 중에서 취업자의 비중도 달라졌다. 일단 1970년대 후반까지 14세에서 19세 사이 청소년 가운데 취업자 수는 계속 늘어 1966년 약 100만 명이었던 취업자가 1975년 180만 명으로 늘었으나, 1980년에는 100만 명 수준으로, 1987년에는 65만 명 수준으로 크게 감소했다. 청소년기 대부분을 학교에서 보내는 현대 한국 성장기의 표준이 이 무렵 형성된 것이다.

그런데 1970년대 중반 이후 고등학교교육에서도 중요한 변화가 발생했다. 〈그림 10〉을 보면 1973~1975년에 그래프가 급격히 변화했다. 이 무렵 국공립과 사립을 막론하고 인문계 고등학교의 수가 거의 두 배 가량 늘어나면서 고등학교 수의 증가를 이끌었다. 그런데 이 시기는 실업계 고등학교가 급격히 줄어드는 시점이기도 하다. 실업계 사립고등학교는 대폭 줄어들었고, 심지어 국공립고등학교도 약간이기는 하지만 감소했다.

농업고등학교가 계속 감소한 것이 실업학교 감소의 한 원인이기는 하지만, 이 무렵 이런 변화를 가져온 중요한 정책적 변화는 고등학교 평준화였다. 광주시가 전라남도와 분리되지 않았을 때였으므로 광주

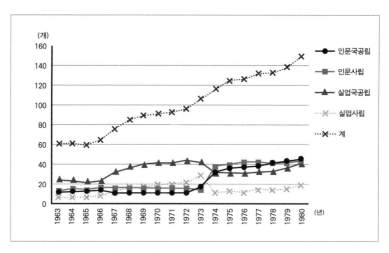

〈그림 10〉 전남 지역 고등학교 수의 변화(전라남도 교육위원회,《전남교육통계연보》, 전라남도교육청, 1972, 42쪽, 1981, 68쪽)

시에서 평준화가 시행된 이후 상업고등학교 등 실업계 학교들이 인문계로 전환하고 인문계 학교들이 다수 신설되었던 것이다.

고등학교평준화와 인문계 고등학교의 증가

논리적으로 평준화 자체가 고등학교 확대의 직접 원인이라고 할 수는 없다. 오히려 고등학교평준화가 교육 팽창의 결과에 가깝다. 베이비붐 세대가 점점 진학하면서 교육수요가 폭증했고 또 경제개발계획이 10여 년 시행되면서 산업 인력에 대한 요구가 크게 늘어났다. 또 교육이 빈곤에서 탈출하는 길이라는 믿음이 사회적으로 확산된 것도 고등학교교육의 확대에 큰 영향을 미쳤다. 교육 팽창이 진행되면서 학력 경쟁이 점점 더 상향되고 대학교육의 수요가 늘어나는 와중에 서열화된 고등학교 체제가 만들어내는 입시 경쟁의 부작용을 사회적으로 감당할 수 없는 지경에 이르렀으며 그 대책으로 평준화가 단행되었다. 고등학교평준화라고 하지만 실제로는 대입을 목표로 하는 인문계 고등학교의 평준화이며 그것도 대도시 지역에 한정된 것이었다. 또 고등학교평준화가 대학 입시의 열풍을 더욱 강화하며 인문계 고등학교 설립을 촉진해 인문계 중심의 고등학교 체제를 만든 것도 사실이다.

중학교 입시가 큰 사회문제를 일으켜 결국 1968년 폐지되었지만, 고등학교 입시 경쟁이 더욱 극심해졌다. 과외 열풍이 불고 '중3병'이 극에 달했다. 결국 1971년부터 고등학교평준화 문제가 거론되기 시작했다. 1972년 1월 박정희 대통령이 문교부 연두 순시에서 일류 고등학교·대학 진학에 따른 폐단을 없애기 위한 획기적인 방안을 마련하라고 지시하자, 1973년 2월 당시 민관식 문교부 장관이 새로운 입시제도를 발표했다. 실업계 고등학교는 종래의 선발 시험제를 유지하지만, 인문계 고등학교는 학교별 입시를 철폐하고 전체 정원에 해당하는 학생들을 연합고사를 실시해 선발하며, 합격자들을 학군 내 학교에 추첨해 배정한다는 것이었다. 또 이 새로운 입시제도는 1974년 서울·부산부터 실시해 점차 확대할 것이라고 했다. 문교부의 입시개혁안은 학교의 평준화와 지역 간 격차 시정을 최대 목표로 삼으며, 실업교육 강화, 교육비 부담 경감, 일류병 불식, 건전한 교육 풍토의 조성을 목적으로 한다고 밝혔다.

그리하여 1973년 하반기부터 1974년 고등학교 입학 학생들을 대상으로 서울과 부산에서 새로운 입시제도가 실시되었다. 그리고 다음 해인 1975년 광주·인천·대구로 평준화가 확산되었으며, 1979년부터 수원·춘천·청주·대전·전주·마산·제주 등 7개 도시까지 추가 적용되었다.

1973년 서울의 경우 11월에 먼저 실업계 고등학교에 대한 원서를 받았으며, 1.8 대 1의 경쟁률을 보였다. 실업계에 대한 전기 입시 합격자는 후기 인문계 고등학교에 지원할 수 없었다. 우수한 학생을 실업계로 유치하기 위한 대책이기도 했는데, 전기 탈락자들은 후기에 지원할 수 있었다. 후기 인문계 고등학교 지원자들이 시교육청 단위의 연합고사를 치르면 성적순으로 입학 정원만큼 합격자를 뽑아 학교마다 배정했다. 전기에 입학 정원만큼 학생을 뽑지 못한 학교들은 후기 배정이 끝나면 추가로 모집할 수 있었다.[10]

그런데 이런 고등학교평준화를 제대로 실시하기 위해서는 실제 고등학교의 시설과 설비, 교원의 평준화가 이루어져야 했다. 우선 기본 교육시설에 문제가 있는 학교는 시설 확충을 요구하거나 학급을 감축하게 했으며 학생 배정을 중지하기도 했다. 심한 경우에는 폐교까지 단행되었지만 1974~1975년 중 실제 폐교된 학교는 단 3곳에 불과했다. 또 교원 재교육과 무자격 교사 정리를 통해 교육의 평준화를 이루려 했다. 그러나 고등학교는 사립학교의 비중이 높아 중학교평준화

같은 단기간의 효과를 보지는 못했다.[11]

또 다음에서 자세히 살펴겠지만 평준화는 입시 열풍을 약화하지 못했다. 사실 고등학교평준화가 실시되었다고는 하지만, 정확하게는 학교별 입시제도가 철폐되었을 뿐이었다. 평준화란 교육의 평준화여야 했다. 따라서 실제로 평준화가 이루어지기 위해서는 적어도 해당 지역 내에서, 나아가서는 전국적인 규모에서 고등학교의 시설, 교사의 수준, 교육 프로그램, 사회적 지원 등이 평준화되어야 했다. 그러자면 고등학교교육이 공공 차원에서 실시되어야 했지만, 이 무렵의 한국 정부는 그럴 재정적 여유도, 정책적 수단도, 관철할 의지도 없었다.

특히 1970년대 대학교육에 대한 수요가 크게 늘어나면서 도시의 인문계 고등학교도 크게 늘어났다. 교육수요가 나날이 팽창했고 특히 상위 교육기관에 대한 진학 수요가 폭발했는데, 이에 대한 대응은 사립학교에 맡기는 방법을 택했으니 실질적인 교육의 평준화가 진행될 리 만무했다. 공적 교육원리를 강화할 것 같은 원칙을 세웠지만, 실제 이 교육을 수행하는 것은 시장 논리에 충실한 사학재단들이었으니 고등학교교육의 진정한 '평준화'를 바라는 것은 무리였다. 평준화되었다고 하지만 실질적인 교육 격차는 계속 확대되었다.

교육 팽창과 사립학교
팽창하는 교육수요에 대응하기 위해 정부는 사립학교의 설립을 쉽게 인가해주었다. 특히 1970년대 이후 인문계 고등학교를 중심으로 사립학교가 늘었다. 교육 당국은 고등학교 입시철에 서울시 교육감이 실업계 지원을 권장하는 편지를 학부모들에게 직접 보냈고 언론도 실업계 고등학교의 밝은 미래를 소개하는 특집 기사를 실었지만, 학생과 부모들이 대학 진학을 위해 인문계 고등학교를 선택하는 것을 막을 수 없었다. 고등학교에서 인문계 고등학교의 비중은 점점 더 커졌고, 고등학교교육이 가지는 사회적 의미도 바뀌었다.

1960~1970년대 초까지 한국의 인문계 고등학교는 명목상으로는 진학을 위한 준비 교육기관이었지만, 실질적으로는 졸업하면 취업하는 종결 교육기관이었다. 실업계 고등학교는 말할 것도 없거니와 인문계 고등학교 졸업생들도 대학 진학이 아닌 다른 길을 선택하기도 했다. 그러나 중학교평준화 이후 대도시를 중심으로 고등학교교육·대학교육에 대한 사회적 수요가 급격히 늘어나기 시작했다.

1973년 전국 중고등학교의 절반 정도가 사립학교였지만, 서울과 부산에서는 이미 사립학교가 공립학교의 2배 이상으로 늘어난 상태였다.[12] 평준화 이후 이런 추세는 더욱 확대되었다. 전통적인 명문 고등학교가 사라지자, 학교가 주도하는 입시 위주 교육으로 성과를 올리는 이른바 신흥 명문들이 대도시에서 등장했다. 학교 입장에서는 학생들의 적성 개발이나 실질적인 직업교육보다 시험 대비 훈련에 집중하는 것이 비용도 훨씬 덜 들고 학교의 이름을 알릴 수 있는 길이었다. 또 이런 학교들의 교육방침은 학벌 경쟁에 뛰어든 학부모들의 적극적인 지지를 받았다. 대도시 주거 지역을 중심으로 인문계 고등학교가 크게 늘어나면서 고등학교교육의 팽창의 중심이 되었다.

또 정부가 중학교는 공립을 늘려서 교육수요를 맞추었지만, 고등학교까지 공립을 늘릴 재정적인 여력이 없었던 것도 사립학교가 늘어난 원인이었다. 특히 실업계 고등학교는 실습시설을 갖추고 전공과목 교사, 실기 교사 등도 배치해야 했으므로 사립학교의 설립과 유지가 힘들었지만, 인문계는 학교 건물과 운동장, 최소한의 교사만 갖추면 설립할 수 있었다.

사학재단의 문제는 1960년대 말부터 심각한 수준이었다. 1960년대는 아예 탈세와 축재를 노리고 만든 사학재단들이 학교를 제대로 운영하지도 않아 말썽을 일으켰다. 실제로 사학재단이 범죄를 저지르는 사례까지 나타났다.

교육수요가 폭증하면서 1960년대 이후 사립중고등학교는 쉽게 인가가 났고, 학교를 설립하고 나면 학생들은 어지간하면 정원을 채웠다. 이에 따라 교육적인 목적이나 사회 기여가 아니라 돈벌이를 위한 수단으로 사립학교를 세우는 경우가 꽤 많았다. 재단은 땅을 사들이고 건물을 지어 기본재산을 확보한 다음 교사와 학생들을 모집했다. 그야말로 학교를 지어만 놓았던 것이다. 실제 운영은 학생들이 내는 돈에만 의존하는 것이 일반적이었다.

공납금도 매년 크게 올랐다. 1965년 이후 중고등학교 공납금은 매년 20퍼센트 수준으로 인상되었다. 문제는 이 인상분이 인플레이션을 따라잡지 못했고, 정부는 사립학교의 공납금을 더 올리는 것을 막았다. 재단 전입금은 거의 없었다. 1973년 서울의 명문이라는 사립고등학교도 연 수입 5200만 원 중 재단 전입금은 200만 원에 불과했다. 이 무렵 사립중고등학교 예산의 80~85퍼센트가 교직원 인건비로 지출되었고, 경력 많은 교사가 많으면 그 비중이 늘었다. 역사가 오랜 고등학교들은 인건비가 지출의 90퍼센트까지 차지했다. 결국 일반 경상비가 10~20퍼센트에 불과했으니 학교 관리가 제대로 될 리가 없었다.[13]

사립학교의 재정은 점점 악화되었다. 1969년 대한사립중고등학교 교장연합회의 조사에 의하면 이미 중학교는 매년 350만 원, 고등학교는 620만 원의 적자를 내고 있었고, 그대로 부채가 되어 쌓였다. 일부 재단은 수표를 남발하다 부도를 내기도 했고 교내 시설이 차압될 위기에 놓이는 일도 많았다.[14]

평준화 이후 사립학교와 공립학교의 공납금이 일원화되면서 부실 사학들은 더욱 심각한 위기를 맞았다. 사립학교와 공립학교의 교원 봉급을 평준화하고 공납금 액수와 비슷하게 맞춰야 했기 때문이다. 정부는 공립학교의 공납금을 점차 사립학교 수준으로 인상하는 것을 기본 방향으로 삼았지만, 이미 폭발적인 인플레이션 시대에 공납금에만 의존하던 사립학교들로서는 재정 부담이 점점 커졌다.

처음 정부는 은행 융자를 알선하고 그 이자 정도는 국고에서 보조할 수 있다는 입장이었지만 전면적인 국고보조 없이는 학교 운영이 어려운 지경이었다.[15] 공납금에만 의존한 것이 가장 큰 문제였다. 1971년 서울 시내 사립중고등학교 재단 124개 중 법정 기준액의 절반을 채우지 못한 사학재단이 25개나 되었다. 재단을 설립해서 허가를 받을 때는 기부하겠다고 서류를 갖춘 다음 실제로 소유권을 옮기지는 않고 버티는 경우가 비일비재했다.[16]

결국 정부가 1971년부터 사립중학교에 대해 인건비와 운영비를 지원하기 시작했다. 1971년부터 1973년까지는 공사립중학교 수업료 평준화에 따른 차액을 지원했고, 1974년부터 1976년까지는 인건비 증가액과 수업료 인상액의 차액을 지원했다. 1977년부터는 공립학교를 기준으로 수요 금액과 실제 수입의 차액, 즉 '재정결함분'을 보조하기 시작했다.

고등학교의 평준화는 더 많은 문제를 불러일으켰다. 고등학교도 공사립학교의 공납금을 동일한 수준으로 하자 사립학교는 인건비와 운영비가 부족해졌다. 그런데 예전 명문 사립고등학교가 새로 개교한 학교보다 운영이 더 어려웠다. 새로 신설된 학교는 젊은 교사가 많아 지출하는 급여도 많지 않았고 새로 지은 건물이니 유지비도 덜 들었다. 이에 비해 오래된 사립학교에는 호봉 높은 교사가 많았고 오래된 건물 등의 유지관리 비용 등 일상적인 지출은 많았지만 수입의 구조는 별 차이가 없으니 경영에 어려움을 겪을 수밖에 없었다. 사립학교들은 지속적으로 국고 지원의 확대를 요청했고 결국 정부가 사립학교 운영비 지원, 장기 자금 대출 등을 명시한 〈사립학교 육성 방안〉을 제

출해 1979년부터 재정 결함 지원 사업을 시작했다.[17]

그러나 재정 지원 사업이 시행되는 중에도 사학재단의 적자는 심각했다. 1978년 서울 시내 사립중학교의 69.3퍼센트, 사립고등학교의 32.3퍼센트가 적자 상태에 놓여 있었다.[18]

재정적자가 아니라 불투명한 운영도 문제였다. 사립학교재단 이사장들의 전횡은 극심했다. 이사장이 교장을 겸하고 가족과 친척들을 교사로 임명하는 족벌 경영은 물론이거니와, 심지어는 술집 주인이 파산한 학교법인을 인수하고 술집을 학교 수익재산으로 등록해 세금을 면제받기도 했다. 이 재단 이사장은 학교 자금을 술집 운영비로 유용하다 구속되었다.[19]

앞의 예는 극단적인 사례지만, 사립학교재단들의 변칙적인 운영은 이전부터 늘 있었다. 경쟁 입시가 있을 때는 도시의 명문 사립학교들에서 부정 편입학 시비가 끊이지 않았다. 1972년 문교부는 전국 사립고등학교에서 정원 외 입학에 대한 자진 신고를 받았는데, 전국 422개 학교 중 131개교에서 부정 편입학이 행해진 것이 밝혀졌다. 농촌 학교들도 있었지만 대부분 서울 등 대도시의 명문 사학이었다. 이들 학교는 운동부나 재단 관계자 교직원 자녀들을 정원 외로 입학하게 하거나 1인당 10만 원에서 100만 원까지 찬조금을 받고 입학하게 했다. 일부 사립학교는 이 찬조금을 공납금으로 해결할 수 없는 학교 시설의 확충이나 운동부 양성에 사용하기도 했으나 재단 운영자들이 사적으로 유용한 경우도 적지 않았다. 부정 편입학한 학생 수는 6082명에 달했다.[20] 이 소동 이후에도 부정 편입학 문제는 끊이지 않아 1973년에도 일부 학교 관계자들이 수사를 받았으며, 문교부가 특별 감사를 실시하기도 했다.[21]

평준화가 되고 나서도 사립학교 운영의 문제는 계속 말썽이었다. 정부의 재정 지원을 받으면서도 일부 사립학교에서 무자격 교사의 임용, 교원에 대한 부당한 간섭과 해임, 교비의 부당한 전용이나 횡령 등이 빈번하게 일어났다. 문교부는 사립학교와 법인에 대한 감사를 실시해 1976년 한 해만 무자격 교사 218명을 해임하고 12억 5000만 원을 추징하거나 변상하게 했지만,[22] 사립학교 운영을 투명하게 할 수는 없었다. 교육수요가 폭발적으로 늘어가는 와중에 학생 정원의 축소나 폐교 등의 조치를 취할 수 없었고, 정부의 지원을 받으면서도 학교 현장에서는 강압적인 입시 위주 교육이 점점 더 확산되었다.

인문계와 실업계: 정부의 고등학교 정책과 실제

1960년대 4년제 일반 대학의 학생 수는 10만 명을 조금 넘는 수준이었다. 1975년에야 비로소 20만 명을 넘기 시작했으니, 100만 명이 넘는 고등학생 수에 비하면 아주 적었다. 대부분의 학생에게는 고등학교가 학교교육의 최종 단계였으므로, 많은 수가 졸업 후 취업을 위해 실업계를 선택했다.[23] 그러나 앞서 언급했듯이 실업계, 특히 공업계 고등학교는 비용이 많이 들었으므로 그 수가 많지 않았다. 상대적으로 많은 학교가 몰려 있는 도시에도 상업학교가 많았고, 농촌 지역에는 농업고등학교나 종합고등학교가 설립되었다. 인문계 고등학교가 있는 도시로 유학 갈 형편이 되지 않는 농촌 학생들은 가까운 농업고등학교나 종합고등학교로 진학해야 했다. 고등학교 교육기회가 오늘날처럼 보편화되지는 못했으므로 학교 선택의 폭도 좁을 수밖에 없었다.

정부도 실업계 중등교육에 대한 적극적인 지원을 천명했다. 5·16 쿠데타로 집권한 군사정권은 1961년 '대학 정비'를 표방하면서 대학을 통합하고 학생 정원을 대폭 감축하겠다고 했다.[24] 대신 실업교육의 강화를 적극 내세웠는데, 1961년 8월 집권 1년 동안의 성과 가운데서도 실업교육 강화를 꼽을 정도였다.[25] 실제로 실업계 고등학생들에게 장학금 등 혜택을 늘렸다. 실행되지는 못했으나 실업교육 장려를 위해 일반 고등학교도 80퍼센트를 종합고등학교로 해서 인문계 학급과 실업계 학급의 비율을 3 대 7로 하겠다는 방침이 나오기도 했다.[26]

그러나 실제로는 인문계 고등학교의 수가 늘어나는 것을 막지는 못했다. 대학을 졸업해야 얻을 수 있는 전문직, 관리직이 사회적으로 훨씬 나은 대우를 받았기 때문이었다. 1960년대에도 실업계와 인문계를 막론하고 고등학생 사이에서 대학을 졸업해야 가질 수 있는 직업에 대한 선호도가 압도적으로 높았다. 1964년 경기공업고등학교·선린상업고등학교·용산고등학교·서울고등학교 학생들을 대상으로 한 직업 선호도 설문조사에서 80개의 직업을 주고 각각 점수를 매기게 해 평가 순위를 도출했다. 그 결과 대기업 중역이 1위, 사회사업가가 2위였고, 외교관·대학교수·은행가·과학자·공장주·장관·시장·판사·설계사·법률가·의사·생물학자·아나운서 등이 직업 평판 25위 안에 있는 직업군이었다. 그렇지만 청소부·우유배달부·이발사·농부·부두노동자·도로수리공·나이트클럽가수 등은 60~80위권에 있었다. 심지어 농부(67위)는 나이트클럽가수나 광부보다 순위가 낮았으며, 경찰관이나 운전기사 등도 좋은 평가를 받지 못했다.[27]

이렇게 인문계에 대한 사회적 선호도가 기본적으로 높은 상태에서 기능직에 대한 획기적인 지원과 차별의 해소가 없이는 실업계 학교가 인문계보다 더 늘어날 수는 없었다. 결국 정부의 실업계 고등학교에 대한 전폭적인 지원과 증설에도 1970년대 중반 이후부터 1980년대 중반까지 10년 동안 인문계와 실업계의 비율은 6대4가 되었으며, 도시 지역에서는 그 차이가 더욱 심했다.

이 무렵 정부의 실업계 우대 정책 중에는 심지어 실업계 고등학생들이 동일 계열 즉 농업고등학교의 경우 농과대학, 상업고등학교는 상과대학, 공업고등학교 학생들은 공과대학 학과에 진학할 때 동일 계열로 인정해 우대한다는 것도 있었다.[28] 이런 대입제도 자체가 당대 사회에 만연한 학력주의를 보여주는 것이었다. 실업교육을 강화하기 위해 상업고등학교나 공업고등학교에서 입시 준비를 못하게 하겠다고 하면서 대학 진학의 특혜를 부여하는 정책이 모순인 것은 두 말할 필요도 없다. 그러나 실제 일부 학부모나 학생이 대학 입시에서 혜택을 얻을 것을 기대하고 실업계를 선택하는 경우도 간혹 있었다. 더 높은 학력을 얻기 위해 중간 단계에서 원래 목적과 다른 교육과정을 선택하는 변칙을 국가가 오히려 권장하는 꼴이었다.

실업계 고등학교들도 계열에 따라 다른 변화를 겪었다. 급격한 산업화 속에서 각광받은 학교도 있었고, 점점 인기를 잃는 학교들도 있었다. 그 실상을 살펴보자.

농업고등학교

1960년대까지만 해도 농업고등학교의 전망도 나쁘지 않은 것 같았다. 박정희를 비롯한 정부 고위층은 매년 중농 정책을 강력히 추진하겠다고 밝혔고,[29] 농업학교에 대한 장학금 혜택이나 취업 우대도 적지 않았다. 농업고등학교 졸업생을 공무원이나 국민학교 교사로 우선 채용하는 경우들이 있었던 것이다.[30]

농업고등학교들은 1960년대 정부의 지원을 받으며 교육과정을 실습을 강화하는 방향으로 개편했다. 학교에서의 실습교육도 중시되었지만, 집에 돌아가 학교에서 배운 농법을 직접 해보는 가정 실습이 강조되었다. 또 미국 제도를 도입해 영농학생회를 조직하게 했다. 영농학생회는 1~2학년들은 작물·원예·축산·가공·농업·공작 등으로 나누어진 분회에서 활동하고 3학년들은 영농실습반에서 활동했는데, 회원들은 영농숙사에서 합숙을 해가며 실습에 참가했다. 또 졸업 후에는 영농청년회에 참여하게 해 학교와 농촌 지역사회를 연결하는 매개로 삼고자 했다.[31] 1972년에는 전국 농업고등학교 학생대표들이 한국영농학생연합회를 결성했다.[32] 이 시기 농업교육은 가정영농·학교영농·협업농장 등 여러 가지 제도를 통해 학생들이 실제 농업 현장에서 '경영자'로서 능력을 갖추게 하는 것을 목표로 삼았다.

또 1970년대 이후 중화학공업화를 적극적으로 추진하면서 농업에서도 기계화나 과학영농이 강조되었다. "과학 영농으로 농촌 새마을운동을 주도할 우수한 기간 영농인"을 육성하겠다는 것이었다. 실제로 농업고등학교의 전공으로 농업제조나 농업기계 등이 새롭게 등장했고, 다른 전공에서 농업기계 관련 과목과 실습이 강화되었다.[33]

그러나 도시화·산업화가 급격히 진행되면서 농업과 농촌은 급격히 몰락했고, 농업고등학교는 직접 영향을 받았다. 정부는 끊임없이 '중농'의 구호를 외쳤지만, 실제 경제 정책은 확연히 도시와 공업 중심이었다. 박정희 정권은 기본적으로 2차 산업, 3차 산업 중심으로 생산 구조가 재편되는 것이 산업구조의 근대화이며 경제선진화이고 합리적인 방향이라고 보았다. 이런 구도에서 농촌은 도시와 산업 발전을 위한 식량, 특히 주곡인 쌀을 낮은 가격에 안정적으로 공급하는 역할 이상을 하지 못했다. 농업에서 미래에 대한 희망을 찾기 어렵게 되었다.

게다가 1960~1970년대 농민들의 경영 규모가 대부분 영세한 자영농 수준인 데다 정부의 적극적인 기술과 재정 지원을 기대하기는 어려웠다. 1970년대 정부는 '새마을운동'을 적극적으로 추진했지만, '근면'과 '자조'를 강조하며 농민들의 자발적인 의식개선과 생활 태도 개혁으로 농촌의 환경개선과 소득 증대를 이루겠다는 것이어서 청년 농민층에게 새로운 진로를 제시할 수는 없었다.

고향에서 농사를 짓는 것보다 도시로 나가 일자리를 찾는 것이 여러모로 유리했다. 수십 년 농사를 짓던 농민들조차 도시로 떠나는 상황에서 젊은이들은 말할 나위도 없었다. 사람들이 농촌을 떠나는 '이농' 현상이 심화되면서 농업고등학교도 함께 몰락했다. 1970년 전국에는 182개나 되는 농업고등학교들이 있었지만 정원 4만 5210명에 재학생은 불과 3만 8277명으로 6944명이나 되는 정원을 채우지 못했다. 15퍼센트 이상 정원 미달이었던 것이다.[34] 이 무렵 도시에서는 격렬한 고등학교 입시 경쟁이 치러졌던 것에 비하면 극단적인 대조를 이룬다.

1970년대 초 농업고등학교 졸업생 중 농촌과 농업 현장으로 돌아간 비율이 30퍼센트에도 미치지 못한 것이 현실이었다.[35] 농업고등학교의 몰락과 졸업생들이 농촌을 떠나는 문제는 매우 큰 사회적 문제로 부각되었다. 1976년 원광대학교 최성식 교수 연구팀이 전라북도 내 농업고등학교 3학년 학생 571명을 대상으로 조사한 결과에 의하면 응답자 중 겨우 13퍼센트만 졸업 후 농업에 종사할 것을 희망했고, 절대 다수인 62퍼센트가 다른 분야의 취업을 원했다. 농업고등학교인데도 대학 진학을 희망하는 학생이 14퍼센트로 농업에 종사하고자 하는 학생보다 더 많았다. 연구팀은 농업고등학교 학부모에게도 자녀의 장래 진로에 대한 설문을 실시했다. 평생 농사를 지었던 농촌의 학부모들이 농업을 자녀에게 물려주는 것에 더 부정적이었다. 학부모 가운데 자녀가 취직하기를 원한다고 한 사람은 62퍼센트로 학생들과 비슷했지만, 대학 진학을 원한다고 한 사람들은 21.4퍼센트로 학생들보다 훨씬 많았다.[36] 학부모들이 학생들보다 대학 진학을 더 선호했다. 농업학교가 농촌에서 설 자리는 점점 더 좁아졌다.

어지간히 가난한 농가조차 자녀, 특히 아들을 대학에 보내야 한다고 생각하면서 인문계 고등학교로 보내려는 경향이 점점 강해졌다. 1970년대 후반이 되면 농촌에서도 도시의 인문계 학교에 다닐 형편이 되지 않는 가난한 학생들이 농업고등학교에 많이 진학했다. 원광대학교 연구팀의 조사에 의하면 농업고등학교 학부모들의 직업은 82퍼센트가 농업이고, 그중에서도 57퍼센트가 1정보 미만의 영세농이었다. 농업고등학교를 졸업한다 해도 집에서 농사를 지을 만한 땅도 제대로 없는 가난한 농가의 자녀들이 과학영농이나 농업기계화를 배운다고 한들 실제로 활용할 수도 없었던 것이다. 이런 상황에서 농업고등학교 학생들의 자존감도 자꾸 떨어져 다른 학교 학생들에게 열등의식을 느낀다는 학생도 24퍼센트나 되었다.[37]

비슷한 시기의 한 연구는 전남의 농촌 지역에서 강진농업고등학교·구례농업고등학교·보성농업고등학교·장성농업고등학교 등 농업고등학교 네 학교의 학생 240명, 그리고 나주고등학교·장흥고등학교·해남고등학교 등 인문계 고등학교 3곳의 학생 240명을 대상으로 농업에 대한 태도를 중심으로 한 설문조사를 실시했다.[38] 학부모의 직업에서 이미 인문계와 농업계 고등학교의 차이가 나타났다. 농업고등학교의 경우 아버지 직업이 농업인 경우가 79.6퍼센트였는데, 인문계는 69.2퍼센트였다. 농업 종사자 중에서도 농업고등학교 학부모들이 대체로 더 가난했다. 농업고등학교 학부모 중 농사짓는 땅이 1500평, 즉 0.5정보도 되지 않는 소농이 42.1퍼센트인데 인문계 고등학교 학부모의 경우는 35.8퍼센트였다. 반대로 6000평 2정보 이상의 농사를 짓는 부농은 인문계 학부모들이 13.8퍼센트로 농업고등학교 학부모들의 9.2퍼센트보다 더 많았다. 부농의 비율은 인문계가, 빈농의 비율은 농업계가 더 높았다. 농촌 지역 내에서도 인문계 고등학교와 농업계 고등학교 사이의 계층 차이가 작지 않았던 것을 알 수 있다.

조사 대상 학생 가운데 장래 농사를 지을 생각이 있다는 학생은 5.2퍼센트에 불과했고, 농업고등학교 학생 중에서도 농사를 짓겠다는 학생은 6.7퍼센트였다(인문계는 3.8퍼센트). 농업을 직업으로 가끔 생각해보았다는 학생은 농업고등학교 58.3퍼센트, 인문계 고등학교 58.8퍼센트로 농업고등학교 학생의 비율이 더 낮다. 그에 비해 농업을 직업으로 생각해본 적이 한 번도 없다는 학생은 농업고등학교 학생 5.0퍼센트, 인문계 고등학교 학생 10.8퍼센트였으며, 별로 생각해 보지 않았다는 답이 농업고등학교 학생은 27.5퍼센트, 인문계 고등학교 학생 25.0퍼센트였다. 농업고등학교 학생 가운데 직업으로 농업을 고려해

본 적이 없다는 학생이 30퍼센트가 넘었다.

농업을 직업으로 가끔 생각해 보았다고 응답한 학생도 대부분 마지못한 선택이었다. 이들이 장래 희망하는 거주 지역 가운데 농촌은 25.4퍼센트에 불과하고, 대부분 중소도시(47.15퍼센트)나 대도시(25.0퍼센트)에 살고 싶어 했다. 어떻게 하든 취직을 해서 고향 부근의 도시에 가서 살고 싶다는 것이 이들의 솔직한 소망이었던 것이다. 농업을 기피한 요인은 과다한 육체노동과 낮은 사회적 인정 등도 있었지만 역시 장래 희망이 없다(34.8퍼센트)는 것이 압도적이었다. 이러다 보니 농업계 학교의 실습교육에 대한 반응도 회의적이었다. 농장실습에 대해서 만족하게 생각하며 자발적으로 참여한다는 답은 8.7퍼센트에 불과하고, 대체로 흥미를 가지고 참여한다는 반응도 26.3퍼센트에 그쳐 긍정 반응이 35퍼센트에 불과했다. 압도적 다수는 별 흥미를 느끼지 못하면서 참여하거나(31.3퍼센트), 흥미도 없고 싫지만 어쩔 수 없이 참여하는(33.3퍼센트) 축이었다. 학생들은 실습이 ① 기술 습득에 별로 도움이 되지 않고(37.5퍼센트), ② 너무 힘든 일이 많은 데다(21.7퍼센트), ③ 학과목과 별로 관계도 없는 일을 하게 하는 것(12.8퍼센트)이 불만이었다. 그러나 앞으로 직업 선택과 관계가 없다고 생각한 학생들(12.1퍼센트), 아예 응답하지 않은 학생들(14.6퍼센트)은 농업교육 자체에 관심이 없었다고 봐야 할 것이다.

농림부나 문교부 등 정부도 이 문제의 심각성을 알았지만, 농촌과 농업의 몰락을 막을 수 없는 상황에서 효과 있는 대책이 나올 수 없었다. 1972년 조직한 한국영농학생연합회도 학생들에게 "자립영농의 투철한 신념으로 모범 농민이 될 것"[39]을 선서하게 하는 등 농촌 이탈을 막으려는 조치를 취했지만, 큰 효과는 없었다. 1978년에는 대통령에 대한 월간경제동향보고에 농업고등학교 육성 방안이 포함되기도 했으나, 대통령은 오히려 공업고등학교의 육성 방안을 포함하라고 지시했다.[40]

많은 농업고등학교가 인문계나 공업계·상업계 고등학교로 전환하면서, 1970년대 순수 농업고등학교는 급격히 감소했다. 주변에 공단이 있으면 공업고등학교로 전환했고, 일부 지역에서는 인문계 고등학교로 전환하는 경우조차 있었다. 농촌과 농업의 몰락이 뚜렷한 판에 대학 진학의 가능성도 없는 농업고등학교의 인기는 갈수록 떨어졌다. 결국 이 무렵 대부분의 농업고등학교가 진학을 준비하는 인문과, 상업이나 공업 등 다른 실업과를 병설하는 종합고등학교로 전환했다. 그 결과 1980년대 이후 한국의 농촌 지역에서는 농업고등학교는 거의 사라지고 인문계 고등학교들이 그 자리를 대신하는 기현상이 발생했다.

공업고등학교와 상업고등학교

확연히 몰락하던 농업고등학교와 달리, 공업고등학교와 상업고등학교는 일단 각광을 받았다. 산업화가 진행되면서 기술 인력에 대한 수요도 늘었고, 정부의 지원도 많았다. 대학 진학이 점점 늘어나고 있었지만 1970년대 중반까지는 소수만 대학생이 될 수 있었고, 대부분의 고등학생은 졸업하면 취업하는 길을 선택했다. 또 1960~1970년대는 어디나 일손이 부족한 시대였고, 특히 시간이 지날수록 전문 기능인에 대한 수요가 커지고 있었다. 많은 공장과 기업이 연일 새로 세워지고 규모를 확대했다. 어디서나 기술자나 경리 전문가가 필요했다. 이런 기업들을 지원하기 위한 금융기관이나 공공기관도 더욱 늘어났고, 전문교육을 받은 기능인력은 어디서나 턱없이 부족했다.

이러다 보니 1960년대 후반부터 공업계나 상업계 고등학교 졸업생들의 취업률은 거의 90퍼센트에 육박했다. 1970년 서울 시내 실업계 고등학교의 취업률은 89퍼센트였는데, 서울공업고등학교 같은 공업계 명문들은 졸업생 전원이 취업했고, 비교적 평판이 좋은 사립고등학교들도 취업률이 97퍼센트, 92퍼센트에 달했다. 대부분의 학생은 졸업 전에 이미 직장에서 실습까지 끝내고 회사를 다닌 경우가 많았다.[41] 서울 아닌 다른 공업 도시들도 사정은 비슷했다. 1976년 부산 지역 공업고등학교 졸업생들은 9월 중순에 이미 기업체에 추천으로 거의 100퍼센트 취업했다.[42] 이 무렵 기능사 자격증을 가진 공업고등학교 졸업자 중 취업 희망자는 거의 취업에 성공했다.

상업고등학교 졸업생들도 마찬가지였다. 서울이나 부산 같은 대도시의 명문 상업학교 졸업생들은 거의 100퍼센트 취업한 것은 말할 나위도 없고, 대부분의 상업고등학교 졸업생이 중소 규모의 기업에라도 취업했다. 이 무렵 상업고등학교 졸업생들에게 가장 인기 있는 직장은 은행이었다. 중소기업의 2배 가까운 월급을 받았고 안정된 사무직으로 인정을 받았기 때문이다.[43] 남자 졸업생들은 금융기관, 기업체나 관공서의 경리와 사무, 전산 업무에 취직했고, 여성들도 금융기관이나 기업체에 취업했지만 입출금이나 타자수와 같은 단순 업무를 맡는 경우가 많았다.

1970년대 이후에는 공업고등학교에 대한 정책적 지원이 강화되면서 공업고등학교가 더 인기를 끌었다. 박정희 정부는 경제개발계획을 효율적으로 추진하기 위해서 기술 인력 자원의 확보가 당면 과제라고 여겼다. 공업고등학교 지원 정책은 이미 1960년대부터 시작됐다. 정부로서는 경제개발 5개년 계획을 완수하기 위해서 더 많은 기술 인력을 투입해야 했으므로 공업계 고등학교의 수를 늘리면서 동시에 공업 기술교육의 질적 수준 또한 높여야 했다. 경제개발계획 초기인 1962년부터 정부의 조사보고는 장차 기능공이 부족할 것이며 공업교육을 강화해야 한다고 했다. 이에 따라 정부는 1963년 〈산업교육진흥법〉을 공포하고, 1967년 과학기술교육 진흥 5개년 계획을 수립했다. 이후 정부는 공업교육을 위해 대규모 예산을 책정했으며 한일협정으로 조성된 대일 청구권 자금 중에서도 일부를 공업계 학교 시설 개선에 투입했다. 공업고등학교의 교육과정도 현장 기술 중심으로 개편했다. 교육과정 중 전문 교과목에 55퍼센트의 비중을 두게 했으며 전문 교과목 시수 중 60퍼센트 이상을 실험·실습으로 충당하게 했다. 생산현장에 바로 투입할 수 있는 기능인력을 양성하려는 것이었다.[44]

박정희 정권이 중화학공업화를 본격적으로 추진하면서 공업계 고등학교에 대한 지원도 더욱 강화되었고 공업 인력의 양성 또한 국가 정책적 목표가 되었다. 1960년대 산업 발전을 주도했던 경공업은 비숙련 저임금 노동자들이 많이 필요했지만, 중화학공업화를 위해서는 숙련된 기술노동자들이 필수였다. 정부는 이미 1968년 〈전자공업진흥을 위한 조사보고서〉를 토대로 한 〈전자공업진흥법〉을 제정한 이후 공업기술 인력 중에서도 전자·기계 분야의 기능공 양성을 시급한 현안으로 삼았는데, 중화학공업화 정책으로 이들 분야 기술 인력 양성은 더욱 긴급한 과제가 되었다.

이에 따라 1973년부터 문교부는 공업고등학교 '특성화 정책'을 본격적으로 추진했다. 먼저 기계공업고등학교·시범공업고등학교·특성화 공업고등학교 등 특수목적 공업계 고등학교들을 육성하기 시작했다. 우선 1973년부터 1979년까지 전국에 19개 기계공업고등학교가 설립되거나 지정되었다. 기계공업고등학교 학생은 절반 이상이 학비를 면제받았고 싼 기숙사에서 생활하거나 생활비를 보조받았다. 이들은 정밀가공을 주로 교육받았는데, 자격증을 따면 장학금을 받을 수 있었고, 교육환경도 좋았다. 시범공업고등학교는 해외 진출 기능사를 양성한다는 목적으로 시도별로 1개 학교를 지정해 운영했는데, 중동에 건설 사업을 벌이던 기업과 산학협동으로 운영되었다. 또 전자·조선·화학공업 등 분야별로 전국에 12개 학교를 특성화 공업고등학교로 지정해 운영했다. 이 학교의 학생들도 기계공업고등학교와

비슷한 지원을 받았다.[45]

1975년에는 문교부가 전국 공업계 학교 특성화방안을 마련해 전국 38개 국공립공업고등학교를 중화학공업 관련 학과를 중심으로 특성화하기로 했다. 예를 들어 서울의 성동공업고등학교는 성동기계공업고등학교로, 충남공업고등학교는 충남기계공업고등학교로 아예 이름을 바꾸게 했고, 순천공업고등학교나 거제수산고등학교는 화공과·조선과 등 주변 공업 지역과 연계된 학과를 중심으로 특성화한다는 계획이었다.[46] 또 1976년에는 기능사 양성 종합계획을 발표했는데, 이 계획은 국립대학교 공과대학 한 곳을 공업교사 양성 대학으로 지정해 공업고등학교의 전문 교사를 대규모로 키우겠다는 것이었다. 또 1981년까지 공업고등학교 28개를 신설하고 공업고등학교에 대한 재정 지원도 크게 증액하겠다고 했다.[47]

이렇게 정부 지원이 강화되자 농업고등학교가 공업고등학교로 전환하기도 했다. 구미전자공업고등학교가 대표적인데, 1954년 구미농업고등학교로 개교했지만 구미전자공업단지가 개발되면서 1967년 구미공업고등학교로 전환했다. 1975년에는 특성화 고등학교에 선정되면서 구미전자공업고등학교로 학교 이름을 바꿨다. 또 1977년에는 공립에서 국립으로 전환되었으며, 1978년부터 학생들에게 월 1만 원씩 기숙사 비를 대출해주는 제도까지 생겼다.[48] 다른 공업고등학교 학생들도 지원을 많이 받았다. 1977년 부산공업고등학교는 학생 전원에게 입학금과 수업료를 면제해 주었고, 전교생의 75퍼센트가 장학금 혜택을 받았다. 전교생의 3분의 2가 기숙사 생활을 했는데, 기숙사의 식비도 장기 저리 융자로 지원받고 취업한 이후에 갚게 했다.[49]

또 1970년대부터 공업고등학교 졸업생들은 병역 혜택도 받을 수 있었다. 1973년 2월에는 〈병역특례법〉이 제정·공포되었다. 군수업체나 연구기관에 종사하는 사람 가운데 법령이 정하는 기술자들은 일정 기간 해당 기관에 근무하면 현역 병사로 복무한 것과 같이 간주한다는 것이 이 법의 취지였다. 그런데 꼭 군수업체나 연구기관이 아닌, '국가 주요 산업체'에 종사하면서 국가기능검정에 합격하거나 면허를 따면 마찬가지로 이 혜택을 받았다. 게다가 실업계 고등학교(대부분 공업고등학교)를 졸업하고 취업하면 면허를 딸 때까지 입영을 연기할 수도 있었다.

공업고등학교 지원의 백미는 금오공업고등학교였다. 국가의 전면적 지원을 받는 국립 공업고등학교를 세워 산업 현장에서 필요한 숙련 기술공을 양성하자는 계획은 처음에는 상공부에서 나왔다. 원래 상공부의 안은 한일국교정상화 이후에 한일 정부와 민간의 협력이 강화하고 있을 때라 일본의 기술과 시설 지원을 받는 한일 협력 기술고등학교를 설립하겠다는 것이었다. 학교의 위치도 전자공업의 중심지로 성장하던 구미공업단지 부근으로 정했다. 상공부 관료들이 중심이 되어 설립을 추진해 1971년 금오학원의 설립인가를 받기도 했다.

그런데 이 무렵 군 장비의 현대화를 추진하던 국방부가 기술 인력의 필요성을 절감하고 금오공업고등학교를 기술하사관 양성학교로 전환할 것을 강력히 요구해 1972년 10월 갑자기 국방부 소관으로 전환했다. 금오공업고등학교의 졸업생들은 국가의 지원을 받는 대신 졸업 이후 일정 기간 하사관으로 복무하게 되었다. 그러나 금오공업고등학교의 인기는 대단했다. 1973년부터 무시험 전형으로 학생을 선발했는데, 학교장 및 시도 교육청의 추천을 받은 학생 중에 적성검사와 체력검사를 거쳐 최종 합격자를 가렸다. 그야말로 전국의 수재들이 모여들었고, 1기 합격자 360명 중 수석 졸업자가 146명이었으며 상위 5퍼센트 이내가 98.6퍼센트였다고 한다. 특히 농촌의 가난한 학생이 많이 지원했다. 금오공업고등학교는 기술과 실습교육을 강조하되, 최고의 실습환경을 조성하기 위해 각 과마다 최신형의 전문 설비를 독자적으로 갖추며 기술교사들을 일본의 공업고등학교와 산업현장에 보내 연수를 받게 하는 등 당시로서는 파격적인 지원을 받았다.[50]

또 기계공업고등학교나 특성화공업고등학교가 아닌 일반 공업고등학교도 적극적으로 설립을 촉진하고 지원 정책을 펼쳐 그 수를 확대하고자 했다. 공업고등학교가 인문계나 상업고등학교보다 운영비가 더 많이 들었던 것도 원인이겠지만, 1970년대 상업고등학교 중에서 국공립학교는 20퍼센트에 지나지 않았는데 공업고등학교는 국공립학교의 비율이 약 50퍼센트에 달했다. 정부의 강력한 의지와 적극적인 지원으로 공업계 고등학교는 전성기를 맞았고, 특히 공업학교의 기술 인력들은 숙련도가 최상급에 이르러 세계기능올림픽대회를 석

권하기도 했다.[51]

농업고등학교가 몰락하고는 있었지만, 공업고등학교가 계속 늘어나면서 기술 인력이 많이 배출되고 그 질적인 수준도 향상되었으니 얼핏 1960~1970년대 정부의 기능인력 양성 정책은 제법 큰 효과를 거둔 것 같았다. 기능인력의 배출이라는 측면에서는 일단 성공적이었을지 모르나 배출된 우수한 인재들이 사회에 안착할 수 있었는지, 또 실업계 고등학교가 이후에도 계속 안정된 지위를 차지할 수 있었는지를 따져 봐야 할 것이다.

실제로는 1970년대 내내 학벌주의가 점점 더 심화되었고 기능인력에 대한 사회적 대우는 오히려 나빠졌다. 기능인력이 우대받는 세상은 먼 이야기였다. 먼저 1970년대 고등학교 졸업자와 대학 졸업자의 임금 격차는 점점 더 벌어졌고, 승진 기회와 사회적 대우에서 차별도 더 심해졌다.

1970년 상업고등학교를 나온 직장인들의 초임은 은행 2만 원, 제조업체 1만 5000원~2만 5000원으로 일반 공무원보다 높았다.[52] 당시 5인 가족 최저생계비가 2만 9000원 정도였으니 적지 않은 셈이었다. 그런데 1976년 공업고등학교 졸업자의 초임은 4~5만 원이었고, 상업고등학교 출신들은 중소기업 초임은 3~4만 원, 은행에라도 취직하면 7~8만 원을 받았다. 1970년에 비하면 많이 오른 것이지만, 이해 5인 가족 최저 생계비가 12만 2600여 원이었으므로 턱없이 부족했다. 더 문제가 된 것은 승진 가능성이 거의 없었다는 점이다. 국제기능올림

픽에서 메달을 딴 수상자들조차 기능직에 머물러서는 주임이 고작이
었다.

국제기능올림픽은 1970년대 기술교육과 기능인력 양성의 실상을
보여 주는 사례였다. 원래 이 대회는 유럽의 청소년 실업 문제를 해결
하고 생산적 노동에 대한 흥미를 고조하기 위한 청소년 사이의 경연
이었다. 그런데 박정희 정부는 '올림픽'으로 부각하며 우승자들은 카
퍼레이드까지 벌이며 떠들썩하게 대접했고, 평생을 보장할 것을 약속
했다. 기능올림픽의 출전자 다수는 공업고등학교 재학생이었고, 학교
에서 기능올림픽 출전을 목표로 밤낮 없이 연습한 사람이었다. 그러
나 열렬한 환영과 정부의 약속에도 이들에게 실질적으로 돌아온 것은
없었다. 1994년 실시한 조사에 의하면 국제기능올림픽 메달리스트
100명 가운데 이민을 떠난 사람이 10여 명이고, 설문에 응한 32명 가
운데 원래 분야에서 계속 일하는 사람은 불과 9명이었다. 심지어 기
능올림픽 금메달리스트에게 회사가 베푼 특전은 기능직 사원에서 사
무직 사원으로 전환해준 것이었다. 경우에 따라서는 승진에서 오히려
불리하게 작용하기도 했다. 결국 기능올림픽 우승자였지만 현장에서
근무하기보다는 다른 길을 선택하게 되는 사람들이 늘 수밖에 없었
다.[53]

따라서 1970년대 후반 수많은 인재가 정부의 지원을 받는 명문 공
업고등학교에 몰려들었던 것은 사실이지만, 이 중 상당수가 대학에
진학하는 길을 선택했다. 1980년 부산기계공업고등학교 졸업생 800

명 중 200명이 대학에 진학하는 등 기계공업고등학교 졸업생들이 바로 대학에 진학한 비율이 30퍼센트에 달했다.[54] 1970년대 말~1980년대 명문 실업계 고등학교의 대학 진학률이 어지간한 인문계 고등학교보다 더 높은 경우가 허다했다. 또 공업고등학교 졸업생들이 취업했다가도 대학에 진학하는 경우도 많았다. 금오공업고등학교 졸업생들은 졸업 후 기술하사관으로 5년간 의무복무를 해야 했지만, 다른 공업고등학교에 비해 크게 불리하다고 여기지도 않았다. 졸업 후 의무복무 기간을 대학 진학을 준비하는 기회로 삼으면 된다고 생각했기 때문이었다. 기능올림픽 우승자 중에서도 회사를 다니면서 야간 대학을 다니는 사람도 많았고, 의무복무 기간을 채우고 나면 일반 대학에 진학했다.[55]

결과적으로 정부의 공업고등학교 육성 정책조차 대학 졸업장이 반드시 필요하다는 생각이 확산되는 것을 막을 수는 없었다. 정부의 전폭적인 지원을 받았던 공업고등학교 졸업생들이 이런 지경이었으니 상업고등학교나 농업고등학교 졸업생들이 대학 진학을 꿈꾸는 것은 오히려 당연했다. 실업계 고등학교 졸업생들마저 대학 입시 경쟁에 뛰어들면서, 고등학교평준화 이후 점점 더 치열해지던 대학 진학 경쟁은 이제 걷잡을 수 없이 심해졌다.

한편 공업고등학교 우대 정책은 상업고등학교나 농업고등학교를 상대적으로 위축되게 했으며, 특히 실업교육에서 성차별을 강화하는 결과를 낳았다. 이 무렵 크게 늘어난 공업고등학교, 특히 혜택이 많은 기계공업고등학교나 특성화공업고등학교는 대부분 남자 학교였으며, 남녀공학이라고 해도 여학생들은 전공도 제한되었고 학생 수도 많지 않았다. 1970년대 서울 시내 정규 공업고등학교 중 여학생이 입학할 수 있는 학교는 용산공업고등학교밖에 없었다. 용산공업고등학교는 1972년부터 주야간으로 통신과와 전자과에서 여학생을 모집했다. 그러나 그 수는 얼마 되지 않았다. 1976년 용산공업고등학교 전교생 3400명 중에 여학생은 주야간을 모두 합쳐 274명에 불과했다.[56] 소수의 공업계 고등학교의 여학생 입시 경쟁은 치열할 수밖에 없었다. 1976년 서울 시내 공업고등학교의 평균 경쟁률이 2.2대1이었는데, 용산공업고등학교 주간 여학생 반은 3.7대1로 평균보다 훨씬 높았다.[57] 문교부에서 여자공업고등학교의 신설을 검토하기도 하고, 한때 전국경제인연합회에서 여자공업고등학교 설립을 추진한다는 기사가 나오기도 했으나 1970년대까지는 일부 공업고등학교에서 여학생 반을 운영하는 정도에 그쳤다.[58] 소수의 인문계 여자고등학교 취업반에서 공업교육을 하려고 해도 시설이 없어 주변 공업고등학교에 위탁하는 형편이었다.[59]

1970년대 여학생들의 고등학교 진학은 크게 늘어났지만, 대학에 진학할 수 있는 학생은 소수였으니 많은 여학생은 취업에 유리한 실업계 학교를 선택해야 했다. 그런데 여학생들을 수용하는 공업계 학교가 거의 없는 상황이었으므로 여자상업고등학교에 몰릴 수밖에 없었다.[60] 반대로 남학생의 경우 상업고등학교의 인기는 점점 떨어졌다.

1975년 전기 고등학교 입시에서 23개 상업고등학교 중 7개 학교가 정원 미달이었는데, 공업고등학교는 미달이 없었다. 서울 신진공업고등학교는 4.1대1의 높은 경쟁률을 보였다.[61]

한마디로 공업고등학교의 남성화, 상업고등학교의 여성화가 진행된 셈이며, 이런 현상은 1980년대 더욱 강화되었다. 또 같은 상업고등학교 졸업자라도 여성과 남성의 대우는 크게 차이가 났다. 이미 1970년대 중반 일부 은행은 고졸 신입사원 중 여학생 비율을 제한했다. 남자 상업고등학교 졸업자는 대부분 취직을 했지만, 여상 졸업자는 어렵게 취업하더라도 회계직이 아니라 타자수와 같은 단순한 작업에 종사하는 경우가 많았다.[62]

산업체 특별학교와 통신고등학교

교육 팽창이 급격히 진행되면서 여기에서 소외된 계층, 특히 중고등학교 진학의 기회를 가져보지 못하고 공장에 취직했던 노동자들에게 교육기회를 제공해야 한다는 주장도 제기되었다. 1976년 정부는 〈교육법〉을 개정해 기업 내부에 학교를 설치할 수 있게 했고, 인근에 있는 중학교나 고등학교에서 노동자들을 교육하는 야간 특별학급을 만들 수 있게 했다. 이런 학교들을 산업체 특별학교 또는 산업체 특별학급이라고 했다. 중학교와 고등학교가 모두 있었고 인문계 과정도 있기는 했지만, 대부분 여성노동자들을 위한 실업계 학교였다.

먼저 1977년까지 26개 학교에 산업체 특별학급이 설치되었고 중학교 과정에 1201명, 인문계 고등학교 과정에 42명, 실업계 고등학교 과정에 2321명이 입학했다. 또 중학교 5개, 고등학교 2개가 산업체 특별학교로 따로 설립되었고, 1979년에는 중학교 15개와 고등학교 16개로 크게 늘어났다.[63] 가장 규모도 크고 유명했던 학교가 한일합섬이 설립한 한일여자실업고등학교였다. 한일여자실업학교는 1974년 마산에서 처음 설립되었고, 한일합섬이 공장 새마을운동의 모범 사례로 선정되면서 1977년 한일여자실업고등학교로 승격되었다.[64] 이후 김해와 수원의 공장에도 한일여자실업고등학교가 설립되었다. 한일합섬은 자매가 같이 근무하는 특별한 경우를 제외하고는 젊은 여성노동자들이 기숙사 생활을 하게 했는데, 1974년 마산 공장 기숙사 옆에 건물을 세우고 학교를 열었다. 입학금도 없고 교복과 학용품은 무상으로 지급했지만, 매달 수업료 3000원은 내야 했다. 8시간 일하고 바로 등교하는 형태로 학교를 운영했으니 공부하기가 쉽지 않았다. 산업체 부설학교는 어린 여성 노동자들이 지친 몸을 이끌고도 공부를 계속했던 배움의 터전이기도 했지만, 자본이 여성노동자들을 장악하고 통제하는 수단이 되기도 했다.[65]

한편 1973년 고등학교 입시제도 개혁을 발표하는 자리에서 방송통신고등학교의 설립 방안도 함께 발표되었다. 다음 해인 1974년 4월 서울과 부산에 11개 방송통신고등학교가 설립되었는데, 방송통신고등학교 학생들은 3년간 자학자습 862시간, 출석수업 182시간, 방송강의 180시간을 이수하면 졸업할 수 있었다. 직장에 다니거나 다

른 사정으로 학교에 다닐 수 없는 사람들을 대상으로 한 일종의 평생
교육의 일환으로 만든 것이 방송통신고등학교였다. 1977년 첫 졸업
생 5335명이 배출되었으며 이 중 8.8퍼센트인 471명이 대학에 진학
했다.[66]

2

배워야 사람 노릇 한다:
학력주의와
교육수요

학력주의의 확대

부모가 자녀의 교육 특히 상급학교 입시에 관해 지대한 관심을 가지고 실제 입시 현장에서 주역으로 참여하는 것은 현대 한국교육의 중요한 특징 중 하나다. 학력學歷주의는 근대화 이후 초-중-고-대학의 표준 학교제도가 성립된 이후 어느 곳에서나 등장한 것으로, 꼭 한국 사회에만 있는 현상은 아니다. 개인의 능력이나 가치를 그가 이수한 공식적인 교육 경력에서 확인하는 것이 학력주의다. 그런데 학력, 즉 공식적인 교육 경력이 실제 개인의 능력과 직결되지도 않고, 또 대부분의 학력은 결국 학벌로 연결되기 때문에 사회 문제를 낳는다.[67]

근대사회에서 공식적인 선발시험과 졸업제도를 거쳐 획득한 학력은 더 뛰어난 능력을 의미했다. 더 좋은 학교를 나오면 더 나은 지위와 소득을 보장받는 것이다. 대중이 학교를 지위 상승의 기회로 여기면 교육수요는 확대되고 학교가 팽창한다. 학력소지자의 수가 늘어나면 해당 학력으로 획득할 수 있는 이익은 줄어들고, 더 큰 이익을 얻기 위해서는 추가적인 학력을 얻어야만 한다. 따라서 초등교육에서 중등교육, 중등교육에서 고등교육으로 상승하며 교육 팽창이 진행된다. 그러나 실제로 불평등한 사회체제 속에서 어느 지점에선가는 매우 강력한 선발의 과정이 존재할 수밖에 없다.[68]

오늘날의 한국사회는 유난스러울 정도로 학력주의가 강하고 입시경쟁도 치열하다. 현대 한국사회의 이런 높은 교육열이 언제부터 시작된 것인지에 대해서는 논란이 있다. 일부 학자는 조선시대 유교사회에서 교육열의 기원을 찾기도 하지만,[69] 다른 학자는 전통적이라기보다는 근대적 현상으로 파악하기도 한다.[70] 어느 시점에서 시작했다고 단정하기는 어렵지만 한국에서 교육열은 1960년대 이후 급격히 강화되었고, 실질적으로는 상급학교 진학, 그중에서도 명문 학교 진학으로 집중되었다.

사실 근대 한국사회에서 교육열은 상승의 욕망과 생존의 전략이라는 두 측면을 함께 가지고 있다. 예를 들어 일제강점기에 한국인들은 지역사회 차원에서 적극적으로 공립보통학교의 설립과 증설을 요구했는데, 근대교육이 생존의 필수 조건이라는 사실을 인식했기 때문이었다.[71] 일제강점기의 이런 교육열, 학교 설립 노력은 지역사회의 측면에서 이루어졌고 주로 초등교육에 집중되어 있어 오늘날 일반적으로 생각하는 학력주의라고 하기는 어렵다.

그런데 해방 이후 교육기회의 확대나 학력 획득을 위한 노력은 지극히 개인 차원에서 입시 경쟁의 형태로 전개되었다. 특히 초등교육과 중등교육이 순차적으로 급속히 확대되고 보편화되면서, 점차 중등교육은 상승을 위한 기회라기보다 생존을 위한 최소한의 조건이 되기 시작했다. 그리고 중등교육이 보편화되면서 '학력'을 획득하기 위한 경쟁은 더 상향되고 더 치열해졌다.

1960년대, 1970년대 초까지 일반적으로 고입 경쟁이 대입 경쟁보다 더 격렬했다. 이때는 대학에 가야 한다는 압박 자체가 덜했다. 1960년대 중반 한 인문계 고등학교 3학년 가운데는 졸업 후 진로를 묻는 설문에서 "남들이 다 가는 대학을 가야"겠다고 하면서도, "뜻대로 되지 않을 때는 어떻게 자립할 수 있는 길"을 가겠다는 학생들이 꽤 있었다. 인문계 고등학교 졸업만으로도 충분히"그저 사회에 무리가 되지 않는 평범한 사회인"이 될 수 있다고 느꼈던 것이다.[72]

그러나 중학교와 고등학교가 차례로 일반화되면서 1970년대에는 중등 이상의 교육을 받지 못하면 생존할 수 없다는 의식이 팽배해졌다. 1970년대 말 일반적으로 "거의 모두가 고등학교를 나올 만큼 학력이 높아"졌다고 인식했다.[73] 이제 섬유공장의 노동자들도 중학교 졸업 정도의 학력이 보통이 되었다. 사회적 상승을 꿈꿔 보려면 적어도 대학은 가야 하는 시대가 되었다. 학력 경쟁은 더 높은 수준의 학교로 집중되면서 더욱 격화되었다.[74] 결국 치맛바람, 사교육, 학생을 위한 다른 가족의 희생 등 오늘날까지 이어지는 교육열의 모든 양상이 1960~1970년대 본격적으로 확산되었고 보편적 풍경이 되었다.

이러한 현상은 주로 도시에서 일어났지만, 농촌에서도 고학력을 기대하는 학력주의와 교육열은 확산되었다. 농촌에서 학력주의의 확산은 학력이 최소한의 생존 조건이 되었다는 점을 잘 보여준다.

〈표 8〉은 1950년대 말부터 1980년대 초까지 농촌 지역사회에서 실시한 네 번의 조사 중에서 부모가 자녀를 어느 정도까지 교육하기를 희망하는지 조사한 항목들을 추출해 비교해 본 것이다. 조사 대상이 된 농촌 지역, 표본 집단의 크기가 조금씩 다르지만 전체적인 추세를 파악할 수는 있다.

이 표에 의하면 1950년대 말 거의 70퍼센트의 농촌 부모는 아들이

〈표 8〉 연도별 농촌 주민의 자녀에 대한 교육 기대

(단위: %)

연도	아들에 대한 교육 희망			딸에 대한 교육 희망			조사 규모 (명)
	중학교	고등학교	대학교	중학교	고등학교	대학교	
1958	69.7	16	14.3	87.9	10.7	1.4	307
1969	27.1	39.1	33.8	48.1	32.9	19	258
1979	1.9	42.7	55.4	9.1	69.1	21.8	565
1982	1.7	13.1	85.2	9	37.7	53.3	420

출전: 이영대, 〈농촌주민의 교육에 대한 의식과 자녀취학률의 변화 분석〉, 《농촌경제》 12-1, 1989.

든 딸이든 중학교까지 마치게 하면 된다고 생각했다. 물론 아들을 대학이나 고등학교에 보내겠다는 부모들이 딸을 보내겠다는 부모보다 압도적으로 많았지만, 자녀를 고등학교에 보낼 필요를 느끼는 부모는 많지 않았다. 그러나 10년이 지난 1960년대 말이 되면 아들은 적어도 고등학교는 마쳐야 한다고 생각했으며, 3분의 1이 넘는 부모는 아들이 대학을 나와야 한다고 생각했다. 아직도 반쯤은 딸이 중학교만 다녀도 된다고 생각했지만, 20퍼센트 가까운 부모는 딸도 대학을 다녀야 한다고 느꼈다. 1970년대 말에 드디어 반 이상의 부모가 아들은 당연히 대학에 다녀야 하며, 70퍼센트 가까운 부모가 딸도 고등학교는 나와야 한다고 생각했다. 그리고 불과 수년 후인 1982년에는 압도적 다수의 부모가 남녀를 불문하고 당연히 대학을 나와야 한다고 생각했다.

한국에서 학력주의나 입시 경쟁이 처음부터 고등교육에 집중되지는 않았다. 물론 도시에서 대입 경쟁도 치열했지만, 중학 또는 고등학교 입시가 있을 때는 그 단계에서 이미 구분의 상징으로서 학력 자산이 형성되기 시작했기 때문에 경쟁은 그 최초 단계에서 가장 격렬하게 나타났다. 이것이 중학교 또는 고등학교 입시가 당시 대학 입시보다 더 치열했던 이유다. 입시 경쟁의 구체적 양상과 학교의 서열화는 다음 장에서 다루기로 하고 이제 이 학력 경쟁이 탈락자들을 어떻게 대하는지 살펴보자.

경쟁의 탈락자들

중학교나 고등학교나 입학시험을 치르면 당연히 떨어지는 사람들이 나오게 마련이다. 명문 중학에 입학하게 하려고 국민학교에 다시 다니게 하는 경우도 있었고 재수를 하게 하는 일도 더러 있었다. 고등학교 입시쯤 되면 훨씬 많은 수의 탈락자가 생겨난다.

그런데 입시 경쟁은 이전 단계의 교육을 이수해야만 참여할 수 있다. 그러나 1960~1970년대 한국에는 기초적인 학교교육조차 누리지 못한 청소년이 여전히 많았다. 1960년대까지 상당수의 청소년이 아예 중학교를 가지 못했는데, 그중 일부는 고등공민학교에 다녔다. 고등공민학교란 원래 공민학교의 보수과에서 시작했다. 미군정기인 1946년 학령을 넘겨 국민학교에 입학하지 못하는 13세 이상의 청소년과 성인을 위해 2년 또는 3년 동안 국민학교 교과과정을 마치게 하는 공민학교제도가 시행되었다. 이 공민학교에 '보수과'를 따로 두어 초등교육을 마치고 중학교에 입학하지 못하는 사람들이 학업을 계속할 수 있게 했는데, 1948년부터 고등공민학교로 변경했다. 1949년 12월 제정된 〈교육법〉은 고등공민학교를 중학교에 준하는 교육과정으로 운영하되 1년 이상 3년 이하로 수업연한을 정했다. 1955년 561개교, 학생 수 6만 8086명까지 늘었고 1960년대 이후에는 많은 학교가 정규 중학교나 고등학교로 전환했지만 여전히 정규 학교에 진학하지 못한 청소년들을 위한 교육기관으로 남아 있었다.[75]

1963년 국민학교 졸업자의 52.7퍼센트가 진학을 희망했는데, 그 중 90.7퍼센트가 중학교에 진학했다. 고등공민학교 진학자는 8060명으로 전체 희망자의 약 3퍼센트 정도였다. 1960년대 남학생들의 중학교 진학이 늘어나자 고등공민학교의 여학생 비율이 상대적으로 늘어나 40~50퍼센트에 이르렀다. 고등공민학교는 주간제와 야간제가 함께 운영되었다. 1965년에는 고등공민학교의 야간과 주간의 비율은 약 50퍼센트로 비슷했다. 야간제가 운영되는 데다 학비가 싸고 검정고시를 볼 수도 있어 가난한 청소년들에게 남아 있는 교육의 기회였다. 농촌의 고등공민학교들은 여성과 빈민의 중등교육을 위한 지역 대안학교로서의 성격을 띠기도 했고, 도시의 고등공민학교는 학비가 없어 중학교에 가지 못하거나 야간학교에 다녀야 하는 청소년들이 다니는 곳이었다.[76]

고등공민학교 외에 기술학교와 고등기술학교도 정규 학교에 다니지 못하는 학생들에게 중학교와 고등학교 수준의 교육을 실시했다. 기술학교는 1~3년의 수업연한으로 국민학교나 공민학교 졸업생들이 입학했으며, 고등기술학교는 기술학교나 중학교 졸업생들이 다니는 학교였다. 기술학교에서는 중학교 수준의 교과와 함께 농업·사무·양재·가사 등에 대한 기술을 가르쳤고, 고등기술학교에서는 고등학교 수준의 교과와 농업·용접·원예·기계·기술 등을 가르쳤다. 그러나 이미 1960년대부터 중학교가 늘어나면서 기술학교는 대폭 줄어들었고, 중학교평준화 이후에는 거의 사라졌다.

1970년대 중학교교육이 보편화되면서 사람들은 점차 누구나 고등학교에 가야 하는 것으로 인식하기 시작했다. 고등학교 입시 경쟁이 격화되면서 탈락자들이 사회 문제가 되기 시작했다. 또 고등학교평준화가 되었다고 해서 낙방이 없어지지도 않았다. 입시가 있을 때처럼 성적이 괜찮은 학생들도 일류 학교에 떨어지는 아픔을 겪지는 않았지만, 고등학교 입학생 선발 과정에서 대규모 탈락자가 발생했다.

1974년 고등학교평준화가 막 되었을 때 서울 시내에서만 2만 5000~3만 명의 학생이 고등학교 입학에서 낙방의 쓴 맛을 보아야 했다. 고등학교 진학 희망자에 비해 서울 시내 고등학교의 학생 수용 능력이 한참 부족했기 때문이다. 이해에만 서울 시내에서 12만 3039명이 고등학교 진학을 희망했지만, 실제 모집 정원은 실업계 전기 4만 3250명과 후기 인문계 5만 2150명을 합해 9만 5400명에 불과했다. 2만 7000여 명은 서울 시내 고등학교 입학에 실패할 수밖에 없었다. 이 중 일부는 특수목적 고등학교나 학력 인정 학교에 입학했지만, 그 정원을 제외한 1만 8000여 명은 갈 곳이 없었다. 1976학년도 서울 고등학교 입시에서는 지원자 12만 5972명 중 2만 1772명(남 1만 1659명, 여 1만 113명)이 불합격해 비정규 학교에 가거나 재수를 선택해야 했다.[77]

이렇게 많은 청소년을 고등학교 재수의 길로 내몰 수는 없는 상황이니, 교육 당국은 먼저 전수학교의 학력을 인정해 입학하게 했다. 원래 전수학교는 불우 청소년이나 나이가 너무 많아 일반 고등학교에 입학할 수 없는 사람에게 고등학교 과정의 교육기회를 주기 위해 설

〈그림 11〉 1974년 안양역 통학생(민주화운동기념사업회 소장)

립했지만 실제로는 입시에 떨어진 학생들이 다니는 곳이 되었다. 대부분의 전수학교는 시설·설비·교원 등의 조건이 열악하고 운영도 엉망이었다. 1972년 서울 시내 전수학교에 대해 일제 감사를 실시했더니 대부분의 교장이 해임되고 학력 인정을 취소당할 정도였다. 그러나 고등학교 수용 능력의 한계가 심각해진 1974년 당국은 전수학교가 정규 학교 시설의 70퍼센트, 운동장 250평을 확보하고 학교법인 재단만 설립해도 다시 학력을 인정해 주었다. 이 기준을 충족한 전수학교 11개가 1만 명 정도의 학생을 수용했다. 재수도 싫고 마음에 들지 않는 학교에 다니는 것도 싫다면, 인천이나 수원 등 서울 가까운 경기도의 비평준화 지역 고등학교에 다니는 것도 방법이었다. 그래서 아침이면 안양역·수원역·인천역은 장거리 통학생들로 붐비곤 했다.

과열된 입시 문제는 오래전부터 지적되었고, 정부는 평준화를 대책으로 내놓았다. 그러나 평준화가 입학시험 경쟁을 없앨 수 있다는 발상에 대한 비판은 일찍부터 제기되었다. 1972년 말 서울대학교 사회학과의 한완상 교수는 고등학교를 평준화해 '중3병中三病'을 없애고 대학을 평준화하면 '고3병高三病'을 없앨 수 있다는 생각 자체가 잘못되었다고 비판했다. 입학 경쟁은 일류 학교 때문에 발생하지 않고 학교 밖 사회계층 간 이동이 공정하지 않고 유연하지 못하기 때문에 격화되니, 학교 개혁만으로 근본적인 개선이 이루어지지 않는다는 것이었다. 진정한 교육개혁을 위해서는 학교만이 아니라 사회복지 정책을 포함한 정부 전체의 혁신적 결단이 있어야 한다고 주장했다.[78]

실제 중학교 입시와 인문계 고등학교의 학교별 입학시험이 철폐되었지만 학력주의는 완고했고 학교 안팎에서 경쟁은 더욱 강화되었다. 그리고 경쟁에서 탈락한 자들에 대한 시선은 냉혹했다. 1971년 초 서울대학교 사범대학의 한 교수는 무시험 진학이 빚은 중학 인구의 팽창이 결코 좋은 현상만은 아니라고 했다. "너도나도 진학하고 보자는 무리한 진학 경향으로 IQ70 이하의 저능아 및 정신박약아동이 전국 중학생의 9.1퍼센트나 된다"[79]는 것이었다. 지능지수로 학생 능력을 파악한 것은 당시 교육학 이론의 한계이기도 했지만, 전체 학생의 근 10퍼센트를 '저능아'로 분류한 관점 자체가 이 시대의 학력에 대한 인식을 단적으로 보여준다. 이 교수는 '저능아'들을 위해서는 중학교 과정에 해당하는 특수교육기관을 국립으로 설치·운영해서 이들을 '구제'해야 할 것이라고도 했다. 그런 시설이 있다면 학교라기보다는 수용소라고 해야 하지 않을까? 등수가 좀 처진다고 해서 바로 '저능'으로 취급하는 사고방식은 뿌리 깊은 것이었다. 명문 고등학교 출신의 한 문인이 자기 학교 출신이 아니면 다 '저능아'로 취급했다는 일화는 극단적인 학력주의가 가지는 파시즘적 속성을 보여주는 것이기도 하다.[80]

공식적으로는 금지되어 있었지만 평준화 이후 학교에서 우열반을 편성하려는 시도는 많았다. 학교에서 우열반을 만들어 수업을 하다가 교육 당국에 적발되어 학년 중간에 반을 새로 편성하는 일이 꽤 있었다고 한다. 1972년에는 문교부가 아예 '능력별 학급 편성'제도를 진지하게 검토한 사례도 있다. 우월반은 아니라도 열등반을 '향상학급'이라는 명목으로 만든다는 것인데, 이 향상학급에 들어가는 학습지진 학생은 '지능지수(IQ) 85 이하, 종합성적과 표준학력검사 점수가 하위 40퍼센트'인 학생 가운데 교사의 판단으로 선정하는데 심지어 전체 학생의 23.3퍼센트를 향상학급으로 편성한 경우까지 있었다.[81] 이쯤 되면 학습지진이 과연 무엇을 의미하는지 의심스러울 지경이다.

교육수요의 확대와 학비 부담

중등교육의 팽창이 한국의 산업화 과정에서만 나타난 현상은 아니다. 그러나 유럽이나 미국에서 무상교육의 연한이 늘어나는 과정에서 중등교육이 확대되었다면, 한국에서는 교육의 비용을 거의 학부모가 부담하는 가운데 확대되었다. 1960~1970년대 이후 한국의 유상 중등교육의 팽창은 두 가지 방식으로 진행되었다. 첫째 '수익자 부담의 원칙'으로 학교 소요 경비를 학부모가 내게 했으며, 국공립학교에서도 교사 급여를 제외한 학교 운영 경비는 학부모가 내는 돈으로 충당했다. 둘째 이른바 '사학 진흥 정책'으로 학교의 설립과 경영을 민간에 맡겨 교육수요를 감당하게 했다.[82] '수익자 부담'과 '사학 진흥'은 결과적으로 국가가 감당해야 할 공교육의 책임을 학부모에게 떠넘긴 것이며, 사립학교들을 제대로 관리·감독할 수단을 포기한 셈이었다.

1960년대 초반 가난한 한국 경제에서는 부모가 매년 초 각급 학교에 납부해야 하는 공납금의 부담이 심각했다. 매년 들려오는 공납금 인상 소식에 불만이 높아지자 대통령이 직접 나서서 중고등학교 공납금 인상 계획을 중단하고 헌 교과서를 재활용해 교과서 값이라도 줄여 보라고 국무총리와 문교부 장관에게 지시하기도 했다.[83]

이 무렵 중고등학교의 등록금은 지역과 운영 주체에 따라 크게 차이가 났다. 전국의 도시와 농촌 지역은 도시의 규모나 행정 지위에 따라 1~6급지로 구분되었다. 원래는 서울이 1급지, 부산은 2급지, 대전·대구·광주 등 당시 도청 소재지들은 3급지, 군청 소재지는 4급지, 읍면 소재지는 5급지였는데, 1970년대 들어서는 서울과 부산은 모두 1급지로 하고 나머지 지역의 등급도 조정했다. 각각의 등급과 공립·사립 여부에 따라 공납금이 달랐다. 1967년 중학생 학부모들이 1년간 학교에 내야 하는 공납금은 〈표 9〉와 같았다.

그런데 당시 일반 가정의 가계에서 이 공납금 부담이 작지 않았다. 그렇게 험한 중학교 입시 경쟁을 뚫고 합격한 학생들이 공납금을 내지 못해 등록을 못하는 경우가 비일비재했다. 해마다 등록 무렵이면 일류 중학교에 합격했는데 등록금이 없다는 안타까운 사연들이 줄을 이었다. 세칭 일류 학교 합격자 중에서도 5~6명의 미등록자가 나와 시당국이 입학금 1200원만 내면 일단 등록하라고 지시하기도 했다.[84] 교육 당국은 입학금을 분납하는 것을 허용했으나, 일선 학교에서는 이를 받아들이지 않아 공납금을 하루 늦게 납부했다고 합격을 취소하

〈표 9〉 1967년도 중학교 공납금

(단위: 원)

등급	국공립	사립	입학금
1급지	5,880	9,480	1,400
2급지	5,400	8,040	1,300
3급지	4,800	7,920	1,200
4급지	3,840	6,240	1,100
5급지	2,880	4,680	1,000

출전: 《경향신문》 1967년 12월 5일.

자 학부모들이 농성하는 사태가 벌어지기도 했다.[85]

고등학교 학비는 좀 더 비쌌다. 1967년 2급지인 부산의 국공립고등학교 공납금은 7440원이었고, 사립고등학교는 9840원이었으며, 입학금은 1400원이었다.[86] 게다가 거의 매년 10~20퍼센트씩 인상되어 공납금의 부담이 점점 커졌다. 게다가 보통 한 가정의 자녀가 3~4명이 보통이던 시절이라 두세 명의 자녀들이 한꺼번에 중고등학교에 다니는 경우가 많았다. 1967년에는 정부가 공납금을 현행대로 고정하고 국고에서 결손을 메꾸겠다고 발표했지만 국고보조가 무산되었다. 결국 중학교와 실업계 고등학교는 15퍼센트, 인문계 고등학교는 25퍼센트 공납금을 인상했다.[87]

중학교평준화와 고등학교평준화는 학부모들의 경제적 부담을 오히려 가중했다. 사립중학교와 국공립중학교의 공납금을 같게 하기 위해 먼저 사립중학교의 공납금은 내리고 공립은 올리기로 했지만, 실제는 사립중학교 수준으로 인상이 결정되었다. 1968년 서울 지역 국공립중학교의 경우 6840원이었던 공납금은 평준화 이후 일괄 1만 2280원으로 인상되었다. 무려 65퍼센트나 오른 것이었다.[88]

공납금이나 입학금 외에 육성회비의 부담도 컸다. 육성회비는 원칙적으로 학부모가 자발적으로 내는 것이었지만 대부분의 학교에서 공납금 고지서와 함께 발부하고 육성회비를 내지 않으면 공납금을 수납하지 않았다.[89] 육성회비는 초등학교·중학교·고등학교가 다 달랐지만, 1970년 기준 서울과 부산의 중학교 월 육성회비는 850원이니 1

년이면 1만 원이 넘어 이것이 더 큰 부담이었다.[90] 서울시 교육위원회
는 1970년 9월 다음 해 서울 시내 중학교에 진학할 어린이들이 공납
금과 육성회비를 일괄 납부하지 않으면 추첨권을 주지 않기로 해 말
썽이 일으키기도 했다. 이해 어린이들이 추첨 전 납부해야 할 예치금
은 남학생이 1만 1400원, 여학생이 1만 1450원이었다.[91]

이 무렵 청계천 평화시장의 여성 보조노동자들이 매일 15시간씩
일하면서 한 달에 2000~3000원을 받았으니 중학교 입학을 위해서는
교복이나 교과서를 제하고도 노동자들의 반 년 치 월급을 모아야 했
다. 또 1970년 공무원들의 월급이 20퍼센트 인상되었는데 말단의 경
우 1만 7000원에 불과했고, 노동자들의 평균임금도 한 달에 1만 7831
원에 불과했다.[92] 근 한 달 월급이 중학교 입학에 들어가야 했고, 고등
학교는 한 달 월급으로도 부족했으니 요즘 대학 등록금만큼이나 부담
스러운 금액이었다.[93]

국고의 부담을 줄이면서 평준화 정책을 추진하다 보니 공납금은
계속 인상되었다. 중고등학교 공납금은 소득 증가분을 훨씬 앞질러
올라만 갔다. 1965년부터 1979년까지 12년간 중학교 공납금은 평균
4320원에서 8만 6800원으로 20배가 올랐고, 고등학교 공납금은 평
균 5760원에서 12만 8000원으로 22배가 올랐다. 같은 기간에 국민소
득이 8.5배 증가한 것보다 2배 이상 오른 것이다.[94]

공납금과 입학금만 있다고 학교에 다닐 수 있지도 않았다. 공납
금·기성회비, 기타 비용 등 학교에 내는 돈 말고도 교재·교복·학용

품, 통학비, 그리고 과외비용까지 학부모들에게는 큰 부담이 되었다. 1972년 숙명여자대학교 연구팀의 조사에 의하면 국민학교 학부모들의 연간 교육비 부담이 공립국민학교는 2만 2135원이었고, 사립은 8만 5510원에 달했다. 사립국민학교는 공립을 택하지 않은 부유층이 다니는 학교였으니 교육비가 비싼 것이 당연하다. 그러나 의무교육이 끝나고 중학교에만 진학해도 일반 학부모들은 사립국민학교와 거의 비슷한 비용을 지출해야 했다. 1972년 공립중학교 학부모가 연간 7만 2793원을, 사립중학교 학부모는 7만 8683원을 교육비로 지출했다. 또 공립고등학교에 자녀를 보내는 가정에서는 11만 5748원을, 사립고등학교에 보내는 가정은 12만 7472원을 지출했다.[95]

교육비 중에서는 입학금·수업료·기성회비 등 학교에 공식적으로 납부하는 공교육비보다 과외비·도서구입비·학용품비 등 사교육비가 압도적으로 많았다. 공립고등학교 학부모의 경우 3만 5600원을 공교육비로, 8만 148원을 사교육비로 지출했다. 사교육비 중에서는 과외비가 압도적이어서 적게는 23퍼센트에서 많게는 45퍼센트까지 차지했다. 특히 대도시일수록 사교육비가 많이 들어 농촌의 4배 이상 교육비를 지출해야 했다.[96] 1972년 평균임금이 월 2만 4179원이었으니, 교육비로만 월급의 반이 지출되는 셈이었다. 일반 봉급생활자들이라면 자녀들의 고등학교 학비는 감당하기 버거운 금액이었다.

그러나 이 무렵 학교에 다니지 않으면 사람 구실을 하지 못한다는 위기의식은 더욱 절박해졌다. 소득의 증가보다 더 급격한 학비의 상승에도 더 많은 학생이 학교에 다녔고, 경쟁은 더 심해졌다. 시골 고등학교를 졸업한 19살의 한 젊은이는 학교에서 미납공납금을 내지 않으면 졸업을 취소하겠다고 하자 중학교 동창생 2명과 서울에 와서 강도 행각을 벌이다 체포되었다.[97]

학력에 대한 당사자들의 갈망도 강렬했지만 가장 많은 부담을 진 것은 부모와 가족이었다. 1970년대 후반 학비 부담을 감당하지 못한 부모들이 목숨을 끊는 일이 생기기 시작했다. 1975년 남편이 결막염으로 누워 있던 경기도 시골 마을의 30대 어머니는 학기가 시작되자 중학교에 다니는 아들의 공납금 고지서를 받았다. 열흘 넘게 공납금 1만 2000원을 구하려 동분서주했으나 결국 마련하지 못했던 어머니는 스스로 목숨을 끊었다.[98] 자녀가 많으면 고민은 더욱 깊어졌다. 1977년 부산에서 철공소를 경영하다 실패하고 실업자 신세였던 한 아버지는 공업고등학교에 다니는 큰 아들과 중학교에 다니는 딸의 공납금 5만 원을 도저히 낼 방법이 없는 상황이었다. 게다가 국민학교에 다니는 둘째 아들이 육성회비를 지 못해 학교에서 집으로 돌아오자 450원이 없어 빈손으로 아들을 도로 돌려보낸 아버지도 자살을 선택했다.[99]

1960~1970년대 학부모나 학생이 이런 부담 속에서도 중학교교육·고등학교교육을 받으려고 한 것은, 교육 투자가 충분한 효과를 볼 것이라는 합리적이고 경제적인 선택이라고 보기는 어렵다. 물론 중산층 이상에서는 충분히 해볼 만한 일이겠지만 실제 이제 막 자녀들을 학교에 보내야겠다고 결심한 많은 노동자나 농민에게 가장 큰

동기가 된 것은 그나마 고등학교를 나와야 대처에 나가도 자리를 잡을 수 있다거나 괜찮은 공장에라도 취직하려면 중학교는 나와야 한다는 생각이었다. 적어도 중학교 또는 고등학교는 나와야 사람 구실을 할 수 있다는 강박이 그들을 압박했던 것이다.

3

서울 학교,
시골 학교:
도시화와 학교

시골 학교

1960~1970년대의 한국에서 농촌과 도시의 상황은 점점 크게 달라졌다. 학교의 경우도 마찬가지였다. 경제성장과 인구급증의 시기에 도시와 비교할 수는 없겠지만 농촌에서도 학교와 학생의 수가 크게 늘었다. 농촌 지역에서는 면마다 하나 이상의 중학교가 세워졌고, 군 소재지에는 하나 이상의 고등학교가 설립되었다. 제법 인구가 많은 곳에는 남학교 여학교가 따로 만들어졌지만, 남녀공학도 많았다.

일제강점기에는 중등교육기관의 설립을 크게 제한했고, 농촌의 중등교육기관이라고 해야 1년 정도의 농업보습학교·양잠보습학교 등이 고작이었다. 해방 이후 여러 곳에서 민간이 자율적으로 중학교를 세우기도 했고, 공립중학교도 속속 만들어졌다. 농촌의 고등학교는 대부분 공립이었으며 농업고등학교가 많았으나 점차 일반계 또는 종합고등학교로 전환했다.

경남 밀양의 경우를 살펴보자. 일제강점기 밀양에는 공립 밀양농잠학교가 있었다. 이 농잠학교는 1946년 6년제 밀양농잠중학교가 되었다가 1951년 밀양농잠고등학교가 되었으며, 1960년에는 밀양상업고등학교와 합쳐 밀양실업고등학교로 변경됐다. 이 학교는 다시 1969년 밀양잠사고등전문학교가 되었고, 1974년 밀양전문학교가 되면서 고등교육기관으로 변모했다. 1953년 설립된 사립 밀성고등학교는 1967년 밀성종합고등학교로 바뀌었다가 1971년 다시 밀성고등학교로 전환됐다. 1967년 무안농업고등학교로 개교했던 현재의 밀양전자고등학교는 1973년 무안종합고등학교로 이름이 바뀌었고, 1978년에는 무안실업고등학교로 변경됐다. 1971년 밀양종합고등학교로 개교했던 밀양고등학교는 1973년 인문계 고등학교로 전환했다.[100]

충청북도 청양에는 일제강점기에 정산농업전수학교가 있었는데, 이를 기반으로 1951년 농과·축산과 두 전공의 청양농업고등학교가 설립되었다. 그러나 학생 모집이 부진해 어려움을 겪다가 1961년 남녀공학으로 전환해 운영할 수밖에 없었다. 1967년 청양농업고등학교 농과 3학년에는 40명의 남학생과 25명의 여학생이 있었다. 일부 국립대학 사범대학 부속고등학교를 제외하고 남녀공학을 거의 찾아볼 수 없던 도시학교와는 사뭇 다른 풍경이다. 청양농업고등학교도 1977년

〈표 10〉 도시와 농촌의 취학률

(단위: %)

연도	1966		1970		1975		1980	
구분	도시	농어촌	도시	농어촌	도시	농어촌	도시	농어촌
중학교	59.8	32.9	71.2	46	81.8	68.4	94.5	94.7
고등학교	48	14.1	43.2	17.7	55.8	29.7	76.3	57.7
대학교	19.9	2.5	16.6	2.8	21.8	3.3	22.1	5.9

출전: 이영대, 〈농촌주민의 교육에 대한 의식과 자녀취학률의 변화 분석〉, 《농촌경제》 12-1, 1989, 141쪽 재구성

에는 청양여자상업학교를 따로 설립했다.[101]

농촌의 농업고등학교들이 종합고등학교·실업고등학교 또는 인문계로 전환했지만, 도농 간의 교육 격차는 점점 벌어졌다. 고등학교평준화를 실시한 수년 뒤인 1978년 한국교육개발원에서는 〈교육발전의 전망과 과제〉라는 연구 보고서를 작성했다. 내부 회람용의 이 보고서는 당시 한국교육이 처한 여러 가지 위기를 제시했는데 교육 격차의 문제를 특히 심각하게 다루었다. 먼저 고등학교평준화가 학군을 단위로 이루어지면서 지역 내 학교 간 격차는 어느 정도 해소될지라도 지역 간 격차, 빈부에 따른 격차 등의 문제는 해소할 수 없으며, 점점 더 심화되고 있다는 점을 지적했다. 지역 간 격차 중에서도 심각한 것은 도시와 농촌 간의 교육 격차였다. 보고서는 도시와 지방의 교육 조건 격차, 문화 혜택의 차이, 이로 인해서 형성되는 학력 차는 1970년대 후반 시점에서 이미 심각했고 장차 더욱 확대될 것으로 우려했

다.[102]

먼저 농촌 인구가 너무 급속히 줄어들었다. 1960년 72퍼센트였던 농촌인구는 1966년 66.4퍼센트, 1970년에는 58.8퍼센트, 1975년에는 51.6퍼센트로 급격히 감소했으며 1979년에는 45.7퍼센트로 줄었을 뿐 아니라 절대 인구조차 줄었다.[103] 인구 감소는 젊은 청소년층에서 더욱 심각했다. 국민학교 5~6학년 무렵이면 주변 읍내나 중소도시 학교로 떠나기 시작했고 중학교는 시골에서 다니더라도 고등학교는 3분의 1 이상이 고향을 떠나 도시에서 다녔다. 고향의 종합고등학교나 농업고등학교에 다녀서는 진학이든 취업이든 어렵다고 생각했던 것이다.

이에 따라 서울이나 부산 같은 대도시 지역과 농어촌 지역에서 고등학생의 수는 크게 차이가 나기 시작했다.

〈표 11〉은 1960~1970년대 인구 1만 명 가운데 남자 고등학생의 숫자를 시도별로 집계한 것이다. 부산과 경남을 주의해서 보자. 1960년 부산은 경남 지역 통계에 포함되어 있었다. 그러나 부산이 직할시로 독립하면서 1966년 통계에서는 따로 처리되었다. 이렇게 부산 지역이 빠져나가자 1960년 서울에 이어 2위였던 경남의 남자 고등학생 수는 그야말로 급격히 줄어든다. 1966년 부산은 181.8명이고 경남은 71명으로, 경남의 인구 1만 명당 고등학생 수는 부산의 3분의 1에도 미치지 못했다. 이 무렵 도농 간 교육 격차를 확연히 보여준다. 경북·전북·전남·충남은 대구·전주·광주·대전 등의 도시가 포함되어 있

〈표 11〉 시도별 인구 1만 명당 남자 고등학생 수

(단위: 명)

연도	1960	1966	1970	1975
서울	218.3	196.6	181.3	236.8
부산	-	181.8	184.8	244.7
경기	51.6	67.2	86.6	171.1
강원	54.1	55.4	94.2	173.8
충북	61.5	72.2	96.2	177.6
충남	57.6	79.5	87.2	186.3
전북	58.1	93.2	108.7	192.9
전남	54	68.8	89.6	178.7
경북	67.9	96.7	118.1	205.7
경남	115.7	71	93.2	183.9
제주	99.3	134.5	149.8	226.8
전국	78.6	98.6	118	200.1

출전: 차재영, 〈고교평준화 시책이 고등학교 교육기회의 불균등 해소에 미친 영향〉, 이화여대 석사학위
논문, 1981, 67쪽 재구성.

음에도 수치가 매우 낮아 교육기회 자체가 훨씬 적었음을 알 수 있다.

도시 학교

그에 비해 도시 학교는 통제할 수 없을 정도로 비대해졌다. 1960~19
70년대를 거치면서 도시인구가 급증했고 서울은 무섭게 팽창했다.
1945년 90여만 명이던 서울의 인구는 1953년 100만 명을 넘어섰고,

1967년 400만 명, 1970년 550만 명, 급기야 1980년에 840만 명을 돌파했다. 인구 1000만을 바라보는 거대도시가 형성되었다. 이 인구 폭발의 와중에 어린이와 청소년 인구는 더욱 급속히 늘어났다. 1960년대 후반 벌써 매년 1만 5000명 이상의 학생이 다른 시도에서 서울 시내 중학교로 전입해 왔다. 1968년 서울 시내 중학교 한 학년 수용인원이 9만 5000명 정도였다는 점을 생각해본다면 실로 엄청난 숫자였다. 특히 경쟁 입시가 폐지된 1968년에는 서울 시내 진입을 노리는 경기도 학생들이 한꺼번에 중학 배정 원서를 제출하는 바람에 공무원과 국영기업체, 대기업 직원 자녀를 먼저 뽑고 나머지 2400여 명 학생을 전출지 학교로 돌려보내는 사태까지 생겼다.[104]

이렇게 학생들이 몰리다 보니 어이없는 풍경도 나타났다. 도시 학생들은 농촌에 비해 상대적으로 더 많은 문화적 혜택과 교육기회를 누렸던 것도 사실이지만, 급격한 팽창에 따른 부작용 또한 단단히 겪어야 했다.

먼저 학교와 교실 자체가 턱없이 부족했다. 국민학교에서 교실 수가 학생을 감당할 수 없어지자 한 교실에서 오전반과 오후반이 번갈아 수업하는 2부제 수업을 실시했다. 2부제는 1960년대부터 실시되었는데, 갈수록 더욱 확대되었고 일부에서는 3부제 수업을 하기도 했다.[105] 1970년대 중반 국민학교 한 학급의 법정 기준은 60명이었으나 서울 시내 학교는 평균 78.1명을 수용해야 했다.[106] 학교를 새로 짓기보다는 교실을 자꾸 증축해 학생을 수용하다 보니 재학생이 1만 명이 넘어 요즘 어지간한 대학보다 더 학생이 많은 초거대 국민학교들이 나타났다. 1971년 잠실국민학교는 학생 수가 1만 1283명이었고, 전농국민학교는 9114명이었다.[107] 1972년 초 119학급에 재학생이 1만 2000명이 넘던 숭인국민학교는 당시 세계 최대의 초등교육기관이었다.[108]

국민학교보다는 덜했지만 1970년대 중후반에 들어서면서 중학교나 고등학교도 과밀학급, 콩나물 교실 신세를 면할 수 없었다. 1960년대 중학교와 고등학교의 학급당 평균 학생 수는 〈표 12〉와 같다.

그런데 〈표 12〉는 현실을 완전히 반영하지는 못했다. 인구가 급증한 도시와 크게 준 시골 학교들을 모두 묶어 통계 처리했기 때문이다. 전국 통계에서는 중학교나 고등학교 학급당 학생 수가 모두 60명 수준을 유지했지만 서울 인구 밀집 지역에서 학급당 학생 수는 거의 70명에 이르렀다. 학급당 학생 수도 문제지만 학교에 학생이 지나치게 많았다. 1977년 서울 시내에 전교생 3000명 이상인 중학교가 20여 개가 넘었다. 특히 서울 시내 중학교 신입생들이 해마다 늘었는데 신

〈표 12〉 학급당 평균 학생 수

(단위: 명)

연도	1965	1970	1975	1980
중학교	60.7	62.1	64.5	65.5
고등학교	59.8	60.1	59.8	59.9

출전: 강성국 외, 《한국교육 60년 성장에 대한 교육지표 분석》, 한국교육개발원, 2005, 46쪽 재구성.

설되는 학교는 도저히 따라가지 못했다. 이렇게 학생 수가 많아지면서 함께 사용해야 하는 운동장·음악실·과학실 등 설비가 크게 부족했다. 전교생이 다함께 모이는 조회나 운동회는 꿈도 꾸지 못하는 일이었다. 1학년이 22학급에 1510명이나 된 공항중학교는 교직원만 60여 명이라 1학년 교사들이 교무실을 따로 써야 할 지경이었다.[109]

2005년 중학교 1학급당 학생 수가 35.3명이고 요즘은 대도시에도 30명대 초반을 유지하는 것과 비교한다면 거의 2배에 가까운 학생들이 교실에 몰려 있었던 셈이다. 학생이 폭증한 것도 원인이지만 제대로 시설을 갖추지 못한 사립학교가 계속 늘어난 것도 원인이었다. 정부는 국고 부담 없이 학교를 늘리기 위해 사학에 대해 엄포만 놓았지 제대로 통제하지 못했다. 사립학교가 늘어난 것은 서울만의 문제가 아니었다. 부산시는 중고등학교 통틀어 공립대사립이 43대 74로 사립이 훨씬 많았다. 앞서도 보았지만 사립학교들은 재정 여력이 없는데도 학생 정원을 계속 배정받았고 심지어 늘리기도 했다. 그러다 보니 무자격 교사를 채용했고 학급당 학생 수도 늘었다. 교사와 교실 수는 맞추더라도 운동장과 과학실·음악실·실습실 등 특별교실은 턱없이 부족했다. 부산 시내 한복판에 있는 한 실업계 여학교는 운동장이 전혀 없는데도 1972년 10학급을 증설돼 학생 수가 4000명으로 늘었다.[110]

평준화가 실시되면서 서울·부산 등 대도시에서 '학군'이라고 하는 새로운 공간 개념이 생겼다. 학생이 학교를 선택하지 않고, 지역 전체

를 통학할 수 있는 몇 개의 학
군으로 나누어 학군 내에서 추
첨을 통해 학교별로 학생들을
배정했다.

먼저 서울 시내의 중학교 학
군부터 살펴보자. 1970년에 서
울 전역을 1~8까지 8개 학군
과 이보다 작은 2학구로 나누
었고, 1971년에는 8학군 3학

〈그림 12〉 1971년 서울시 중학교 학군
《경향신문》1971년 6월 11일

구로 나누었다. 그런데 이 학구들이 지나치게 넓게 설정되어 있어 서
울 시내 중학생 10퍼센트 이상이 매일 버스를 두세 번씩 갈아타며 통
학해야 했다. 또 6학군이나 3학군은 한강을 끼고 있어 강을 건너며 통
학하는 학생도 적지 않았다.[111]

1974년 서울 시내 고등학교들을 평준화하면서 고등학교 학군제
도 실시했다. 1970년대 고등학교 학군은 중학교와 달리 광화문을 중
심으로 반경 4킬로미터의 도심 가운데 공동학군을 설정하고 서울 시
내 전역에서 다닐 수 있게 했다. 처음에는 공동학군 소속 학교가 꽤
많아서 남자 학교 25개교, 여고 19개교, 남녀공학 1개교가 있었다. 이
때 고등학교 배정 기준은 학생의 거주지가 아니고 출신 중학교였다.
1977년에는 서대문구 일부와 은평구 학교를 분리해 6학군을, 영등포
구·구로구·강서구·양천구·관악구·동작구 학교들로 7학군을 설치

했다. 또 공동학군의 반경을 도심 3킬로미터로 축소해 공동학군의 학교 수도 32개 학교로 줄어들었다.[112] 도심의 학교들을 막 개발한 신도심, 특히 강남으로 옮기려는 노력이 한창이던 시기이기도 했다.

1978년 다시 학군을 조정했다. 공동학군의 범위를 도심 2킬로미터로 줄였고 학교 수도 17개로 감소했다. 기존 3학군 중에서 당시 강남구 소재 고등학교를 분리해 8학군으로 하고, 7학군 학교 중 관악구 고등학교들을 분리해 9학군으로 설정했다. 이른바 8학군의 시대가 열린 것이다.[113]

서울의 급격한 팽창으로 여러 문제가 생겨났지만, 주거·교통·교육이 가장 두드러졌다.[114] 서울 시내의 교통난은 이미 고질적인 문제였고 통학 문제는 가장 심각했다. 새로 짓는 학교는 대부분 땅 가격이 싼 도시 외곽에 생기게 마련인데, 학교 외에 별다른 주거지도 시설도 없는 곳에 버스 노선은 많지 않을 수밖에 없었다. 그러니 학군제가 실시되었어도 변두리 주거지역에 들어선 학교에 다니는 학생들의 통학난은 극에 달했다.

1973년 당시 중학교 학군으로 2학군에 속한 동대문구 망우동 지역에는 중화중학교·영란여자중고등학교·송곡여자중고등학교·혜원여자중고등학교 등 7개 중고등학생 1만 700여 명이 통학하고 있었다. 이들 대부분이 중랑교 너머 창신동·숭인동·신설동·청량리·답십리·전농동·휘경동·이문동에 살고 있었다.

그런데 창신동에서 망우지구로 가는 버스는 2개 회사 70여 대뿐이

〈그림 13〉 망우지구 버스(《경향신문》 1973년 3월 7일)

었으므로 7시 30분부터 8시 30분까지 등교 시간 버스는 아수라장이
될 수밖에 없었다. 〈그림 13〉에서 보듯 승객이 너무 많아 아예 정류장
에 세우지도 않고 통과하는 버스가 많았으니 학교마다 수십 명이 지
각하는 일이 허다했다.[115] 학군제의 문제이기도 했지만 폭발적으로 팽
창하던 대도시 서울의 계획과 운영이 성장 속도를 따라가지 못해 벌
어진 일이기도 했다.

　서울의 폭발적 성장은 정부로서도 골치 아픈 일이었다. 교통난과
판자촌·노점상 등 '도시 비공식 부문'의 폭증 등이 심각한 문제가 되
었다. 문제를 한꺼번에 해결하려는 군사작전식 발상은 와우아파트붕
괴사건, 광주대단지사건 등을 불러일으켰다. 종합 대책으로 '다핵도

시 개발' 구상이 제시되었다. 과밀화된 강북 구도심을 벗어나 여의도를 부도심으로 하고 강남을 개발하자는 아이디어였다. 그중에서는 도심지 학교들을 주변 지역으로 이전하게 하는 것도 중요한 방안이었다.[116]

서울시는 공립학교인 경기고등학교를 강남으로 옮기는 것은 물론이고, 종로구에 밀집된 전통 있는 사립학교들의 강남 이전을 적극 지원했다. 학급당 건축비를 600만 원으로 잡고 한 학교 3학급 1800만 원, 중학교와 고등학교가 같은 재단이라면 6개 학급 3500만 원까지 건축비를 지원했다. 또 옮겨갈 학교 터의 정리, 도로 개설과 포장, 상하수도 시설 일체를 서울시에서 책임졌고, 강남의 빈 땅은 학교에 먼저 매각하며 현재 있는 땅의 판매도 서울시에서 알선해주었다.[117] 이정도 지원을 받으니 많은 학교가 종로를 떠났다. 일찌감치 떠난 예일여자고등학교나 선정여자고등학교·명지고등학교는 은평구나 서대문구로 옮겼지만, 경기고등학교·숭실고등학교·휘문고등학교·정신여자고등학교·서울고등학교·숙명여자고등학교는 모두 강남 지역에 자리를 잡았다.[118] 실업계 학교인 보인상업고등학교와 동국공업고등학교도 1977년 이후 강남으로 이전했다.[119]

그렇지만 한강 남쪽에 주거지가 급격히 늘어나면서 교실 부족이 문제가 되었다. 1978년까지만 해도 서울시 인구의 65퍼센트는 여전히 강북에 살았지만 강남 거주 인구가 35퍼센트까지 늘었다. 그런데 초중고의 학교 중 73.1퍼센트가 강북에 있었으니 학교 부족이 문제가

〈그림 14〉 강남 지역의 새로운 고등학교(서문여자고등학교, 《서문》창간호, 1975, 10~11쪽)

되었고, 특히 사당동이나 구로동·천호동·신정동 지역에는 중학교, 영등포구와 강서구에는 고등학교 부족 현상이 두드러졌다. 중학교에 결원이 없어 예전 학교에 계속 다녀야 하는 일도 많았다. 한 학생은 돈암동에서 구로동으로 이사한 다음 영등포 지역에 전학을 신청했는 데 전학 추첨 배정에서 4번이나 떨어져 여전히 돈암동의 학교에 다녀 야 했다. 서울 시내에서 이렇게 추첨 배정을 기다리는 학생만 1500여 명이었다.[120] 당시 주소로는 사당동에 있었던 서문여자고등학교는 평 준화 이후 설립된 학교였으므로 모두 추첨으로 배정된 학생들이었는 데, 전체 학생 1304명 가운데 영등포구에 거주하는 학생이 743명, 용 산구에 거주하는 학생이 247명으로 75.9퍼센트에 달했고 나머지는 서울 각지에서 통학했다. 그런데 이들 가운데 도보 통학생은 60명으 로 극소수였고 압도적 다수인 1228명, 즉 93.8퍼센트가 버스로 통학 했다(자가용 통학자는 단 두 명에 불과했다). 그런데 학생들의 통학 소요 시간은 30분 이하가 219명으로 16.8퍼센트에 불과했고, 30분에서 1시간이 731명으로 56퍼센트, 1시간 이상이 354명으로 27.2퍼센트에 달했다. 30분에서 1시간 사이라고 해도 40분 이상 걸리는 학생이 훨씬 많아서 학생 대부분의 통학 시간은 40~50분 이상 걸린다고 봐야 했다.[121]

시간도 시간이지만 나중에는 버스 토큰 구하는 것도 큰일이었다. 1977년부터 원형으로 생긴 버스 토큰token으로 시내버스 요금을 내게 했다. 처음에는 학생용 토큰을 학교에서 일괄 구매해서 교무실이나 서무실에서 팔았는데, 교사들이 온종일 버스 토큰만 팔아야 할 형편이라 학생용 토큰도 시내버스 판매소에서 파는 것으로 바꿨다. 그러나 학생용 토큰은 심각하게 부족했다. 학생들은 학교에서 지급하는 100장짜리 구입권을 들고 판매소에서 토큰을 구입했는데, 새벽부터 몇 시간씩 판매소 앞에 줄을 서야 했고 그것도 잠깐 팔다 말았다. 학생 토큰을 구하지 못하면 일반 요금을 내야 했다. 1978년 학생 버스 요금은 35원이었는데, 일반 요금은 45원이었다.[122]

사람들이 서울로 몰려들면서 서울시에 공식적으로 진입하는 것 자체가 특권이 되기 시작했다. 1976년까지 가족 중 일부만 이사하면 허용하지 않았지만 전 가족이 서울로 이사했을 경우에는 다른 시도의 중고등학생들도 서울 전입을 허용했다. 1976년의 경우 다른 시도에서 서울 시내 중학교로 전학 온 학생이 6000~7000명, 고등학생은 3000명 정도였다. 그러나 서울시 교육위원회는 1978학년도부터는 공무원 및 국영기업체 임직원이 전근하는 경우를 제외하고는 전 가족이 서울로 이사를 오더라도 중고등학생의 서울 진입을 허용하지 않기로 했다. 또 서울 시내 중고등학교 입학 자격도 엄격히 해 서울 시내 학교를 졸업했다 하더라도 호주가 서울에 거주하지 않으면 시내 상급 학교 입학을 불허하겠다고도 했다.[123]

　오늘날의 시각에서 본다면 참 어이없는 일인 데다 상상도 할 수 없는 공무원 특혜다. 당시 문교부 당국자조차 거주 이전의 자유를 침해하는 것이라고 비판했을 정도의 이 조치는 서울의 특권화가 어느 수준이었는지 단적으로 보여주는 사건이다. 1960~1970년대 인구의 급증, 산업화와 도시화의 진행, 취학률의 성장, 고등교육의 확대 등은 사회 속에서 학교의 위상과 역할을 크게 바꾸어 놓았다. 중등교육은 보편적인 것이 되었으며 최종 목표는 대학이 되었다. 평준화는 경쟁을 완화하기보다는 최종 경쟁으로서 대학 입시를 더욱 어렵게 만들었다. 그렇다면 학교 자체는 어떻게 바뀌었는가? 학교 안의 풍경을 살펴보자.

1등부터 꼴찌까지: 입시와 '평준화'

1
일류 학교,
삼류 학교:
학교의 서열

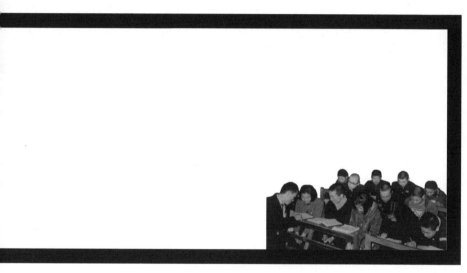

I

일류 학교,
삼류 학교:
학교의 서열

요즘에야 거의 볼 일이 없지만, 예전에는 간혹 매일 예정된 신문 발행
시간을 기다릴 수 없을 만큼 중요한 사건이 발생하면, 신문들은 '호외
號外'를 발간했다. 가장 최근의 호외는 노무현 전 대통령의 서거 소식
이었지만, 인상에 남는 것은 1979년 10월 박정희 대통령의 '유고' 호
외나 1986년《조선일보》의 김일성 사망 오보 호외였다. 지금은 종이
매체인 신문이 인터넷 매체들의 속보성을 이길 수 없으니 호외도 참
으로 보기 힘든 풍경이지만, 1980년대만 하더라도 길거리에서 신문
소년들이 간혹 '호외요'를 외치며 한 면이나 양면만 인쇄된 신문 호외
를 무료로 배포하는 일을 간혹 볼 수 있었다.

〈그림 15〉는 서울 시내 중학교 합격자 명단 전체를 실은 호외였다.
이다음 해에 중학교 입시에서 이른바 엿기름 파동이 일어났으니, 중

〈그림 15〉《동아일보》 1964년 2월 8일 합격자 호외

〈그림 16〉 1973년 학교 게시판에 걸린 고등학교 합격자
명단(민주화운동기념사업회 소장)

학교 입시 경쟁이 극에 달했을 무렵이다. 오늘날 기준에서 본다면 개인정보 보호라는 차원에서도 있어서는 안 될 일이었다. 인터넷이 없던 시절이라면 전화로 문의하면 될 일 아니던가? 그렇지 않다. 자동응답이란 꿈도 꾸지 못하던 시절이기도 하거니와 전화 자체가 아주 귀하던 시절이라 숱한 '사장님'들이 다방 전화를 업무용으로 사용하던 것이 1960년대였다.[1]

사실 정확한 합격 여부는 응시한 학교마다 운동장 한쪽에 내건 합격자 명단을 보면 될 일이다. 또 합격 여부를 알고 나서도 기쁨을 재확인하는 차원에서나 혹시나 하는 심정으로 가서 보는 일이 많았다. 그러나 친인척이나 친구, 이웃의 자제가 합격했는지를 한눈에 확인하기에는 저 호외만 한 것이 없으니, 당시로서는 대단히 정보 가치가 높은 기사였을 테다. 물론 전화로도 확인할 수 있었다. 학교로 군이 전화할 필요도 없었다. 신문사에다 전화를 해도 되고, 신문사 앞 속보 게시판에 학교별 합격자 명단도 따로 게시해 놓았다.[2] 중학교만이 아니라 고등학교, 대학도 입시 결과가 나오면 바로 속보 경쟁이 붙을 정도로 큰 사회적 관심의 대상이었다.

상급학교 합격 여부는 지극히 사적인 문제에 불과하다. 그러나 그것이 개인과 가족의 생애를 좌우할 만한 문제라고 여겨지면 사적인 문제에서 그치지 않는다. 합격자 명단이 신문 호외로 발간된 시점의 한국사회에서 사람들은 '학력'이 인생의 성공 여부를 좌우하는 요소라고 믿었다. 한국만이 아니라 근대 이후 사회에서는 인간이 '평등'하다고 주장했으며 사람들은 또 그렇게 믿었다. 실제로 사회는 매우 불평등하지만, 그것은 균등한 기회 속에서 개인의 능력과 노력에 따라 성취가 달라지는 것이므로 정당하다는 것이다. 개인의 능력과 노력을 확인할 수 있는 객관적 기준은 어디에 있는가? 국가가 객관적으로 개인(대부분의 경우 학생)을 평가하고 등급을 매기는 주체가 되었다. 국가가 공인하는 시험, 자격증 그리고 결정적으로 국가가 공인하는 학교 교육이 성취를 확인하는 기준이 되었다.[3] 학문과 지식이 도덕적으로도 완성된 인간이 되기 위한 기본이라는 유학 전통의 영향도 있어서 한국사회에서 학력주의는 더욱 빨리 확산되었다.

20세기 전 세계가 폭발적인 교육 팽창의 시대를 보냈다. 이렇게 교육이 급속히 확대된 것은 국민국가들이 초등교육을 국민을 창출하는 기본 과정으로 만들면서 의무교육을 시행했기 때문이기도 하고, 자본축적에 따라 더 높은 수준의 교육을 받은 노동자가 산업현장에서 필요했기 때문이기도 하다.[4] 현대 한국의 교육 팽창에도 이런 요소들이 당연히 있었다.

어떤 요인이 가장 중요했는지 따지는 것은 큰 의미가 없을 것이다. 어떻든 사람들이 일단 학력 경쟁에서 성취해 더 상위 과정의 학교, 더 평판이 좋은 명문 학교에 다니는 것이 사회적 지위와 소득을 보장한다고 인식하면 교육에 대한 사회적 수요는 팽창하게 마련이다. 또 그만큼 학교도 늘어날 수밖에 없고, 학교의 팽창은 그 수준의 학력이 가지는 사회적 가치를 떨어뜨린다. 학력에 대한 투자가 이전만큼 수익을 올릴 수 없게 된다. 그렇게 되면 사람들은 다시 더 상위 학교에 관심을 가지고, 기존의 학교는 당연히 다녀야 하는 것으로 인식한다.[5]

앞서 우리는 1960~1970년대 한국사회에서 점점 더 높은 수준의 교육에 대한 사회적 열망이 폭발적으로 늘어나는 과정을 살펴보았다. 초등교육의무화가 실시되는가 싶더니 어느새 중학교는 당연히 가야 하는 것이 되었고, 1970년대가 되면 여자도 고등학교는 나와야 한다는 의식이 시골까지 확산되었다. 교육 팽창이 점점 더 학력의 투자수익률을 감소했고, 상위 학교에 대한 선발 경쟁을 강화하는 전형적인 현상을 보여주었다.

게다가 '학력'은 단순히 더 상급 교육기관을 졸업함으로써 획득할 수 없었다. 같은 중학교, 고등학교, 또는 대학교라도 일류에서 이류·삼류까지 등급이 나뉘어 있었고 일류 학교 중에서도 특A급과 A급, 그 밑의 학교들로 등수가 매겨졌다. 이 등급은 현실적인 기능이나 자격을 획득할 수 있는지, 취업은 잘 되는지를 따져서 주어지지 않았다. 요즘의 대학 평가처럼 지표로 점수를 부여해 등급을 매기는 학교 평가 같은 것도 없었다. 각 지역의 최고 명문 중학교·고등학교는 전통 있는 공립학교가 대부분이었다. 다른 공립학교에 비해 월등히 우수한 시설이나 기자재를 갖추지도 않았다. 사립 명문 학교들도 재단의 특별한 지원을 받지 않았고 특성화가 되지도 못했다. 그야말로 '세칭世稱', 사람들이 일류라 하니 일류 학교였다. 유일한 객관적 지표는 상급 학교 진학 성적이었는데, 이 또한 '일류 대학', '일류 고등학교'에 얼마

〈표 13〉 1964년 서울 시내 남자중학교 합격선

학교	합격 점수
경기중학교	229
서울중학교	224
경복중학교	222
용산중학교	216.5
경동중학교	213
서울대학교사범대학부속중학교	215.5
보성중학교	208
휘문중학교	206
배재중학교	204

출전: 《경향신문》 1964년 2월 8일.

〈표 14〉 1964년 서울 시내 남자고등학교 합격선

학교	합격 점수
경기고등학교	208
서울고등학교	198
경복고등학교	189
용산고등학교	163
경동고등학교	167
배재고등학교	132
보성고등학교	143
휘문고등학교	130.5
중앙고등학교	150.5
서울대학교사범대학부속고등학교	167

출전: 《경향신문》 1964년 2월 1일.

나 많은 학생을 진학시키는가에 불과했다. 시험 성적이 좋은 학생들을 중학교부터 모아서 자기들끼리 경쟁하게 했으니 일류 고등학교에서 일류 대학에 많이 가는 것은 당연한 일이었다.

중고등학교 입시 문제는 학교별로 출제하기도 하고, 지역 교육청에서 공동 출제를 하기도 했다. 1960년대 공동 출제의 경우에는 입시가 끝나면 합격자의 명단과 함께 합격점까지 모두 공개되었다. 대학처럼 학과가 있지도 않았으니 합격자들의 점수가 바로 그 학교의 등급처럼 인식되었고, 해마다 순위가 조금씩 바뀌었어도 최상위 학교들의 순위는 거의 그대로 유지되었다. 심지어는 신문에 합격선이 그대로 발표되었으니 누구라도 해마다 학교의 순위를 한눈에 알 수 있었다. 신문 호외가 속보로 전했지만, 정규 신문에도 그대로 실렸다.

1964년 서울 시내 남자중학교의 합격선은 〈표 13〉과 같다.

이번에는 같은 해 서울 시내 남자 고등학교의 합격 점수를 보자.

경기·서울·경복·용산·경동·사대부고·배재·휘문 등과 같은 이름의 중고등학교가 상위 서열을 휩쓸었다. 실제 학교들은 대체로 이 합격 점수 분포에 따라 초일류·일류·이류·삼류로 나누어졌다. 이 입학 성적의 분포는 대학 입시 성적에서도 거의 그대로 유지되었다. 1960~1970년대 서울대학교에 합격자를 많이 배출한 상위 15개 고등학교를 보면 〈표 15〉와 같다.

경기·서울·경복·용산 등 서울의 명문 공립고등학교의 순위는 1960~1970년대 내내 거의 바뀌지 않았다. 서울사범대학부속고등학교는 후기 입시를 치르는 학교 가운데 가장 명문으로 높은 합격선을 유지했다. 경기고등학교·서울고등학교의 입시에 실패한 학생들이 재수를 하지 않는다면 선택할 수 있는 가장 좋은 학교였던 셈이다. 여기에 부산·대구·인천·광주·대전·전주의 대표 명문 학교인 경남·부산·경북·제물포·광주제일·대전·전주 등의 고등학교가 이름을 올렸다. 또 명문 사립고등학교들도 정해져 있었다. 남자 고등학교는 7대 사립(배재·경신·양정·휘문·보성·중동·중앙)이 있었고, 여자는 5대 사립(이화·정신·숙명·배화·진명)이라고들 했다.[6]

여자 중고등학교의 경우도 마찬가지로 등급이 정해져 있었다. 1964

<표 15> 서울대학교 다수 합격자 배출 상위 15개교

연도	1965	1967	1971	1973
1	경기고등학교	경기고등학교	경기고등학교	경기고등학교
2	서울고등학교	서울고등학교	서울고등학교	서울고등학교
3	경복고등학교	경복고등학교	경복고등학교	경복고등학교
4	경동고등학교	경남고등학교	부산고등학교	부산고등학교
5	부산고등학교	경북고등학교	용산고등학교	경기여자고등학교
6	경남고등학교	경기여자고등학교	경북고등학교	경남고등학교
7	경기여자고등학교	부산고등학교	경기여자고등학교	중앙고등학교
8	용산고등학교	서울대학교사범대학부속고등학교	경남고등학교	경북고등학교
9	서울대학교사범대학부속고등학교	용산고등학교	광주제일고등학교	광주제일고등학교
10	전주고등학교	전주고등학교	서울대학교사범대학부속고등학교	용산고등학교
11	대전고등학교	제물포고등학교	대전고등학교	대전고등학교
12	광주제일고등학교	중동고등학교	이화여자고등학교	이화여자고등학교
13	제물포고등학교	광주제일고등학교	경동고등학교	제물포고등학교
14	중앙고등학교	대전고등학교	중앙고등학교	경동고등학교
15	중동고등학교	이화여자고등학교	전주고등학교	전주고등학교

출전: 최샛별, 〈한국사회의 명문고교의 변천과 상류 계층 남성과 여성의 학연〉,《한국사회학회 사회학대회논문집》, 2001.

년 여자중학교의 합격선은 〈표 16〉과 같다.

경기·이화·숙명 등의 명문 여자고등학교들을 위시해 여고들의 입학 점수도 공개되었으며 그 서열이 당연한 것처럼 여겨졌다. 여학교

〈표 16〉 1964년 서울 시내 여자중학교 합격선	
학교	합격 점수
경기여자중학교	224
이화여자중학교	220
숙명여자중학교	212
수도여자중학교	204
창덕여자중학교	200
진명여자중학교	205
성심여자중학교	212
서울대학교사범대학부속중학교	215
동덕여자중학교	205

출전: 《경향신문》 1964년 2월 8일.

〈표 17〉 1964년 서울 시내 여자고등학교 합격선	
학교	합격 점수
경기여자고등학교	182
이화여자고등학교	160.5
숙명여자고등학교	154
수도여자고등학교	117
창덕여자고등학교	124
진명여자고등학교	141
무학여자고등학교	101
서울대학교사범대학부속고등학교	135
정신여자고등학교	109.5

출전: 《경향신문》 1964년 2월 1일.

의 경우 공립보다 사립학교가 더 많은 것이 특징이기도 하다. 전통 있는 학교들이 명문으로 인정받았는데, 일제강점기 이전에 세워진 여학교들은 공립은 적고 대부분 사립이었기 때문이다.

앞에서는 서울대학교를 중심으로 살펴보았지만, 명문 사립대학들도 이름이 알려진 일류 고등학교 출신 학생이 대다수를 차지하기는 마찬가지였다. 1972년 고려대학교 재학생들의 출신 고등학교에 대한 조사 결과를 보면 보성·경동·중앙·배재 등 서울의 명문 사립고등학교와 부산·경남·경북·대전·광주제일 등의 지방 명문을 중심으로 한 20개 고등학교가 절반 이상을 차지했다.[7]

학교의 순위는 모든 사람이 알고 있었지만, 언론들을 통해 더 확산되었다. 여기에서는 일부 상위 학교의 합격선만 수록했으나, 1960년대에는 중앙 일간지에 서울 시내 전 학교 합격선이 모두 공개되었다. 지방도 마찬가지였다. 지금처럼 서울에 모든 것이 집중되지는 않았던 터라 부산·대구·광주·대전 등의 지방 대도시에서는 전통적인 명문학교들이 서울 명문들만큼이나 강력했다. 각 지방에서도 중학교와 고등학교 입시가 끝나면 합격선과 명단이 지방 신문에 그대로 공개되었으니, 학교의 등급을 공고하는 것과 마찬가지였다. 합격선이나 경쟁률, 수석 차석 합격자가 보도되는 것은 그렇다 치더라도, 합격자 명단도 모두 신문에 공개되었다.

경기·서울·경복·용산 등의 명문 중학교는 이름이 같은 고등학교, 즉 경기·서울·경복·용산 등과 원래 한 학교(5년제 중학교)였다가 1951년 〈교육법〉이 시행되고 중학교와 고등학교가 분리되면서 독립한 학교였다. 이런 학교들을 같은 계통, 동계 학교라고 했다. 배재·보성·휘문·중앙 같은 사립고등학교라면 재단이 같으니 중학교와 고등학교가 동계라고 할 수도 있을 것이다. 그러나 공립고등학교들은 별다른 근거도 없이 이전에 원래 같은 학교였다는 것만으로, 이름이 같은 이 중학교들을 같은 계열, 즉 동계라고 했다. 대부분의 시도는 각 고등학교에서 정원의 50퍼센트까지 동계 학생 중에서 무시험 선발하는 것을 인정했다.[8]

무시험 전형을 통과하지 못했다 하더라도 결국은 같은 계열의 학교로 진학하는 학생이 많은 것이 당연했다. 1965년의 경우 경기고등학교는 61퍼센트가 경기중학교, 서울고등학교는 68퍼센트가 서울중학교, 경복고등학교는 60퍼센트가 경복중학교 출신이었다. 여학교는 그 비율이 더 높았다. 경기여자고등학교는 81퍼센트, 이화여자고등학교는 83퍼센트, 숙명여자고등학교는 85퍼센트가 동계 중학교에서 진학했다. 그러다 보니 소위 일류 고등학생들은 동계인 경기중학교·서울중학교·경복중학교·용산중학교 졸업자가 대부분이었고, 수석 합격자들도 동계 출신이었다.

따라서 먼저 일류 중학교에 입학하는 것이 인생에서 가장 중요했다. 서울에 살고 있다면 경기·서울·경복·용산·보성·중앙·경기여자·이화여자·숙명여자 등의 일류 공사립중학교에 일단 합격해야 하는데, 이 중학교 입시 성적이 우수한 국민학교들이 명문 국민학교로 명성을 떨치는 결과를 가져왔다. 그만큼 중학 입시에 대한 학부모·학생·교사의 관심과 열망도 폭발적이었으며 왜곡되기도 쉬웠다. 평준화가 시행된 이후인 1969년 서울 경기중학교에서 부정 편입학사건이 벌어져 교장이 파면당하기도 했다.[9] 이미 평준화되었음에도 명문인 경기중학교에 무려 500만 원이라는 거금을 내고 부정 편입학을 시도했던 것이다.

앞에서도 살펴보았지만 1960년대 상급 학교로 진학할 기회를 가진 학생은 많지 않았다. 고등교육이 그나마 대중화되었다고 볼 수 있는 것은 1970년대에 들어와서였으며, 대학 입시 경쟁은 이때부터 더 폭발적이 되었다. 고등학교나 대학 진학의 기회가 많지 않았던 만큼 더 낮은 단계에 있는 중학교나 고등학교 입시 경쟁이 더 격렬했다. 1960년대 초에는 지역의 명문 중학교만 졸업하고 고등학교 진학을 포기한 후 향리로 돌아와서 농업에 종사해도 지역사회에서 지식인으로 대접받았다. 이런 사례는 꽤 많다. 학부모들은 자식이 중학교부터 명문에 다닌다면 명문 고등학교-명문 대학으로 이어지는 학벌을 구축할 가능성이 커질 테고, 사회적 성공도 더 쉽게 얻을 수 있다고 생각했다.

그러나 어디 세상 일이 다 뜻대로 되지는 않는다. 일류 중학교에 갔다고 해서 그 동계의 고등학교에 다 진학할 수는 없었다. 1964년의 경우 무시험 입학을 포함해 동계 고등학교에 진학한 학생이 60퍼센트이니, 나머지 40퍼센트는 후기 등 다른 고등학교에 가야 했다. 꽤 많은 학생과 부모가 고등학교 재수의 길에서 갈등해야 했다. 당시 입시교육 전문가 중앙교육연구원 조사연구부장은 "소위 일류 학교란 교원이나 시설에서 오는 것이 아니"니 "실수한 아이의 개인적인 질이 떨어지지 않는 한 부모나 주위에서 격려하여 주면 후기 학교에서도 좋은 성적으로 인간 형성에 지장 없이 고등학교 입학에 성공"할 수 있다고 했다. 오히려 "일 년을 집에서 쉬고 동계 고등학교에 입학한다 하더라도 자기보다 한 학년 아래인 아이들과 함께 배운다는 것은 좋지 않은 영향"을 줄 것이니 이 시기의 재수는 신중해야 한다는 지극히 당연하고 상식적인 주장이었다. 그런데 문제는 이 상식이 통하지 않았다는 것이다.[10]

안국동에 산다는 한 학부모는 반론을 제기했다. "일류 학교에서 동계에 진학하지 못해 소위 이류라는 학교에 진학한 아이"는 매일 지각을 하고 학교에서 돌아올 때는 남보다 먼저 나오기 위해 조퇴를 하며 모자는 호주머니에 구겨 넣고 다니다가 학교 앞에 가서야 겨우 쓸 것이고, "이런 아이들은 거의가 공부에 관심이 없"으며 "흔히 나쁜 친구들과 어울려 놀기에만 열중"하고 이때 큰 상처를 받는다는 것이었다.[11] 전혀 근거 없는 편견이지만, 이런 시선들이 학생들을 더욱 힘들게 했다. 입시에 실패해서 적응하지 못하는 사례도 물론 있었겠지만, 사실은 이른바 명문 고등학교에도 불량 서클들이 있었고 모든 학생이 성공적으로 학교생활을 하지도 않았다. 물론 학생들의 상처만큼은 사실이었다. 경쟁 실패가 가져오는 열패감은 뿌리 깊은 것이었다. 마지막 입시로 고등학교에 들어간 한 고등학생은 1975년 학교 교지에 자기가 버스에서 본 풍경을 이렇게 묘사했다.

내 앞에는 S여상 애가 앉아 있더군. 머리숱이 굉장히 많다고 생각하고 있었어. 그런데 다음 정거장에서 K고등학교 학생이 하나 타더군. K고등학교, 세칭 일류 고등학교. 우리가 고등학교 입시가 또 뽑기로 되기 전에 선망의 눈으로 바라보던 K고교 말야. 이 녀석도 나처럼 어디 앉을까 주춤거리다 머리숱 많은 그 애 앞에 서더군. 공식대로 그 여자앤 가방을 받아 주고. 몇 정류장 지나 잘 가다가 갑자기 버스가 급정거를 하더군. … K고교 애도 중심을 잃고 그만 그 여자애 무릎에 앉아 버렸어. 녀석은 부끄러운지 재빨리 일어나더군. 그런데 그다음이 이상해. 이 녀석 무엇이라도 묻은 듯이 몸을 톡톡 터는 거야. … 마치 더러운 것에라도 앉았다 일어난 것처럼 톡톡 터는 거야. 그렇지. K고교의 엘리트가 S여상이나 다니는 여자애 무릎에 앉다니! 프라이드가 몹시 상하셨겠지.

그러자 가방을 받고 있던 그 여자애 얼굴이 붉으락푸르락해지더군. 암 모욕이지. 모욕이고 말고. 가방을 옆으로 밀어 놓더니 갑자기 벌떡 일어나 그녀석의 따귀를 후려치는 거야. 철썩. 그리곤 그대로 앉아 창밖만 보더군. 정말 눈 깜짝할 사이에 일어난 일이었어. … 갑자기 박수 소리가 나더군, 뒤에 앉아 있던 남학생 녀석들이 좋아라 치는 것이었어.[12]

K고등학교 학생은 너무 부끄러운 나머지 아무 말도 못하고 옷만 털었을 수도 있을 것이다. 실제 그가 어떻게 생각했는지는 알 수 없지만, S여상의 여학생은 굉장한 모욕감을 느꼈고 주변의 이류나 삼류 학교 학생들도 공감했던 것이다.

원칙적으로 사람들은 일류 학교를 다니지 않아도 노력하면 성공할 수 있다고들 했지만, 솔직한 심정은 '어떻게든지 일류'라는 것이었다. 일류 학교 학생들의 자부심, 이류 학교 학생들의 부러움, 삼류 학교 학생들의 열패감은 당연한 현상이었다. 중고등학생들은 교복을 입고 다녀야 하니 어떤 학교에 다니는지 한눈에 드러났다. 1960~1970년대의 교복이야 요즘 시각에서 보면 여름과 겨울이 다를 뿐 거의 같은 모자, 비슷한 짧은 머리, 똑같은 교복에 운동화 차림으로 보인다. 여학생들의 교복은 이보다는 좀 개성이 있는 축이었으나 중학생은 바가지 머리 스타일, 여고생들은 갈래머리가 좀 다를 뿐 비슷비슷해 보이기는 마찬가지일 터이다. 그러나 당시 사람들, 특히 학생들의 눈에는 학교를 나타내는 작은 특징들이 눈에 확 들어왔다. 학교 마크가 앞에 달려 있는 모자는 물론이거니와 모자를 벗고 다녀도 옷깃에 달린 작은 배지로 금방 알 수 있었다.

사정이 이러니 1960년대 말에는 고등학교 입시는 물론이고 중학교 입시 재수생도 많았다. 1967년 서울 시내 중학교 재수생 지원자가 3247명이나 됐고, 그중에서 850명이 합격했다. 재수생의 합격률이 17퍼센트였는데, 뒤집어 보면 나머지 약 2400명의 학생이 재수를 하고도 원하는 중학교에 가지 못했다는 의미다. 서울 시내 고등학교 재수생은 모두 2821명이었는데 이들 가운데 절반 정도만 합격했다. 이해 경기고등학교 합격자 489명 가운데 재수생 합격자는 약 91명으로 19퍼센트 정도였지만, 경기여자고등학교는 481명 중 30명만이 재수생이었다.[13]

명문 학교 재학생들이나 졸업생들의 자부심은 말할 나위가 없었다. 그리고 그 자부심은 자주 특권의식이나 오만함이 되었고, '평준화'가 진행되면서 이렇게 구축해 놓은 위계가 무너지려 할 때 신경질적인 반응을 보이기도 했다.

1969년 11월 4일 저녁 용산경찰서 경찰 병력 400여 명이 전통 있는 명문 용산고등학교 강당으로 진입했다. 강당에는 학생 380여 명이 바리케이드를 치고 버티면서 접근하는 경찰관들에게 저항했다. 페퍼포그를 뿌리고 최루탄을 터트리며 진입한 경찰들이 학생들을 구타하며 경찰서로 연행했다. 학부모와 교사가 지켜보는 가운데 벌어진 일이었다.

이 사태는 중학교평준화에서 시작했다. 앞에서도 언급했지만 1951년 〈교육법〉이 제정되면서 중학교와 고등학교가 분리되었지만, 각 지역 명문 중학교와 고등학교는 원래 일제강점기에 설립된 한 학교에서 분리된 '동계'의 학교가 많았다. 경기나 서울·경복·용산 등 명문 중고등학교가 다 마찬가지였다. 용산고등학교 학생들에게 용산중학교는 모교이기도 했고 자매학교로서 자부심을 이루는 또 다른 축이었다.

그런데 중학교평준화가 실시되면서 상황이 변했다. 교육 당국은 서울과 지방의 많은 명문 중학교를 아예 없애 버렸다. 대부분의 명문 중학교가 공립이므로 폐교해 불만이 생길 여지를 없앤 것이다. 그런데 용산중학교의 경우 서울시 교육청이 학교는 그대로 유지하되 이름을 바꾸기로 했다가 교명도 그대로 쓰기로 결정했다. 이 결정이 용산고등학교 학생들의 반발을 불러일으켰다.

용산고등학교 학생들은 평준화된 중학교가 명문의 이름을 계속 사용하는 것을 인정할 수 없었다. 용산고등학교 전교생 3000명이 용산중학교 폐쇄를 요구하며 1969년 11월 3일 성토대회를 벌였다. 교련훈련 교관이 군복 차림에 몽둥이를 들고 나서 이들을 해산하려 했다. 그러나 이들은 평소의 모범생이 아니었다. 학생들은 집단으로 훈련 교관에게 달려들어 폭행했다. 일단 해산하라는 교사에게 당신들에게 애교심이 있느냐며 야유를 퍼부었다. 학생들은 교무실을 봉쇄하고 방송실마저 점령했다. 다음날인 11월 4일 교사들은 학생들이 아예 교실 밖으로 나오지 못하게 했는데, 학생들의 자해 소동까지 벌어졌다. 교정 곳곳에서 교사들과 학생들이 옥신각신 말다툼을 벌이다 몇몇 교사가 몽둥이를 집어 들자 학생들도 달려들어 싸우기 시작했다. 학생들은 학교 강당에서 농성을 시작했고, 접근하는 교사에게 페인트와 오줌 세례를 퍼부었다. 이날 저녁 학생들은 농성을 계속했고 강당에 불을 지르겠다고 위협했다. 교장은 경찰의 진입을 요청했고, 경찰이 들어온 것을 본 학생들은 더욱 흥분했다. 결국 경찰이 강제 진압하는 아비규환이 벌어진 다음에야 사태는 일단락되었다. 주동 학생 18명이 입건되었고 학교는 무기 휴교에 들어갔으며, 11월 15일 주동자 2명은 퇴학, 나머지 23명은 무기정학을 당했다. 11월 17일이 되어서야 3학년부터 다시 등교했다.[14]

  '용산'이라는 이름은 지명에 불과하고, 용산고등학교도 공립학교로 소재지의 이름을 따 붙인 것이다. 용산고등학교가 '용산'이라는 이름에 대한 연고권을 주장할 근거는 없다. (이후에 각 지방에서 많은 용산중학교가 설립되었다. 용산면에 설립한 중학교의 이름을 다른 무엇으로 할 것인가?) 5대 명문 중 다른 중학교는 다 폐교했다고 해도 고등학생들이 이렇게 격렬하게 반대할 권리는 없다. 이들은 '애교심'이라고 했으나, 실제로는 평준화된 용산중학교가 존재한다는 것 자체가 그들의 격을 떨어뜨리는 것이며, 그것을 용인할 수 없다는 특권의식에 불과했다. 이들은 공무원 선생은 우리 심정을 모른다며 해산하려는 교사들에 폭력적으로 대응했다. 그들이 얼마나 힘들게 이 학교에 들어왔으며, 얼마나 자부심을 느끼는지 이해하지 못한다는 것이다. 물론 논리적으로 설득하기보다 일단 해산부터 서둘렀던 학교 당국의 조급한 대응도 문제였다. 그러나 그들의 명성을 손상한다고 느낀 문제에 대한 이른바 명문 고등학교 학생들의 반응은 극히 비이성적이고 폭력적이었다. 근본적으로 한국의 현대를 지배하는 극단적인 학벌주의의 민낯을 보여준 사례다.

특히 중학교 무시험 입학과 고등학교평준화의 시기에 학벌주의의 쓸쓸한 풍경은 자주 드러났다. 이 무렵 사립학교 가운데 중고등학교를 함께 운영하는 경우에 평준화 이후 중학교 졸업생들을 독려해 우수한 입시 성적, 즉 명문 고등학교에 입학하게 관리해서 학교의 명성을 얻으려는 사례가 꽤 있었다. 이런 중고등학교는 교지를 함께 냈는데, 1974년쯤 되면 교지에 중학교를 졸업하고 명문 고등학교에 입학한 이후 일류 대학에 합격한 '선배'들의 경험담들이 실린다. 자기를 "경기고등학교를 나오고 서울대학교에 다니는 세속적 비유로 K·S 마크를 단 사람"이라고 소개한 이 '선배'의 글은 밤낮 없이 공부했다는 것 외에는 거의 내용이 없다.[15] 그리고 자기 학교 교지에서 이런 글을 읽어야 하는 고등학생들의 심사에 대해서는 누구도 크게 신경 쓰지 않았다.

경쟁에서 도태된 사람들의 열패감은 더욱 컸다. 1970년 중학교 2학년이던 한 학생은 중학 입시의 마지막 세대였다. 등교하는 버스 안에서 시내 각 중고등학교의 여러 학생이 타는 것을 보지만, 별 감상은 없다. 그러나 이따금씩 일류 고등학교라고 칭하는 서울고등학교 학생을 볼 때마다 2년 전 중학교 입시에서의 실패가 떠올라 괴롭다고 했다.[16] 그는 아마도 서울중학교에 지원했다 실패했던 것 같다.

합격하고도 돈이 없어 진학을 못한다면 그 절망감은 정말 깊었다. 1965년 보광동 판잣집에서 살면서 남대문국민학교를 졸업한 박용기는 용산중학교에 합격했다. 그러나 입학금 3만 원을 구하지 못해 입학을 포기해야 했다. 그의 말을 그대로 빌리면 "부잣집 개새끼 한 달 식비도 되지 않는 돈" 때문에 진학을 포기해야 했던 그는 "갑자기 일어나 학교 보내 주라는 말을 외치며 밖으로 뛰쳐나오는 등 반미치광이"가 될 지경이었다.[17]

일류만을 앞세우다 보니 실패했을 때 재기하거나 다른 길을 찾아볼 준비도 전혀 되어 있지 않았다. 시골에서 중학교를 졸업하고 고등학교 입시를 위해 상경해 일류 학교에 응시했지만 떨어졌던 한 학생은 후기로 서라벌고등학교에 원서를 내서 합격했다. 그런데 그는 기왕에 원래 원하던 학교에 가지 못하게 된 바에야 평소에 동경해 오던 연예인이나 되어보자고 입학했던 것이다. 1950년대까지 유명했던 서라벌예술학교인 줄 알았던 모양이다. 서라벌고등학교는 예술학교 시절의 전통을 이어 특수반을 두고는 있었지만 대학 진학을 목표로 하는 인문계 고등학교였다.[18] 일류가 아닌 다음에야 별 차이도 없겠지 하는 심정이 없었다고는 못할 것이다.

최선을 다한 분투도 그다지 인정받지 못했다. 박용기는 후기 중학교에 수석을 하면 장학금이라도 타서 다니려 했는데, 그조차도 여의치 않았다. 결국 그는 대학생들이 천막을 치고 무료로 수업을 하던 야학을 다녀야 했다. "교복도 없고 모자도 없는 다 떨어진 잠바를 입은 야학생"[19]으로 낮에는 일을 하며 고학을 했다. 얼마간 돈을 모은 그는 고학을 계속하며 영등포역 앞 제일고등공민학교에 편입한 후 3학년 때 고입 자격 검정고시에 전 과목 합격했다. 이것만 해도 인간 승리의 드라마지만 일류가 아닌 다음에야 별 소용이 없었다. 고입 자격을 얻은 그는 그해 용산고등학교에 응시했지만 합격하지 못했다. 고학생에게 그런 성적을 요구하는 것 자체가 황당한 일이었지만, 그는 "싸늘한 주위의 눈초리, 어머니의 실망"에 좌절하지 않을 수 없었다.[20]

학생들이 이런 심정이었으니 학부모들의 심정은 말할 나위가 없었다. 일류병은 비정상적인 수준에 이르렀다. 앞서 인용했던 안국동 사는 학부모는 고등학교는 물론이고 중학교 입시에서도 일류 학교에 떨어지면 재수를 하게 해서라도 보내야 한다고 주장했다. "올해 지원했다가 떨어진 아이는 내년에 틀림없이 입학할 수 있다"[21]는 것이었다. 그런데 이 재수란 비정상적인 방법으로 이루어졌다. 중학교 재수학원이 없었으니 재수란 국민학교를 1년 더 다니게 하는 것이었다. 원칙적으로는 의무교육인 국민학교를 멀쩡한 아동이 졸업하지 않을 방법이 없을 테지만, "전에 모 장관의 예처럼 재수를 시키는 길은 얼마든지 있"었고 "자기가 다니던 학교가 아닌 다른 학교에 다시 1년을 더 다니면 이 또래의 나이에선 당당히 앞서게 마련"이니 실제 "일류 국민학교의 입학률이 좋다는 원인 중에 가장 큰 것은 (이런 식의) 재수생이 많"았기 때문이었다.²² 1960년대 초 중학교 입시에 떨어진 자녀들을 어떻게든 좋다는 국민학교 6학년에 다시 편입하게 하려는 부모들로 서울시 교육위원회가 몸살을 앓았다. 어떤 방법으로든 일류 학교를 보내는 것이 장래를 위해 좋다는 것이 이 학부모들의 의견이었고, 당시의 세태였다.

그런데 일류 국민학교란 또 무엇일까? 이미 의무교육을 실시하고 있는 마당에 국민학교에 입학시험이 있을 리 없지 않은가? 물론 오늘날 유명한 사립초등학교들이 이 당시에도 있었지만, 1960년대 일류 국민학교는 이런 사립이 아니라 시내의 공립학교들이었다. 1964년 서울 시내 남자 명문으로 꼽히던 경기·서울·경복중학교 정원의 52퍼센트, 그리고 여자 명문 중학교인 경기·이화·숙명여자중학교 정원의 41퍼센트가 덕수·수성·혜화·재동·장충·미동·남산·청운·교동·서울대학교사범대학부속국민학교 졸업생들이었다.²³ 아직 강남이 개발되기 전이고 서울의 이른바 명문 학교들도 모두 사대문 안의 시내에 있던 시절이라 시내에서 가까운 주거지역 부근의 국민학교들이 이 시절의 일류로 떠올랐다. 결국 국민학교·중학교·고등학교·대학까지 일류 학교는 일류 학교대로, 삼류 학교는 삼류 학교대로 나름의 계열이 형성되었다. 간혹 개천에서 용이 나기도 했으나 대부분은 수입과 재산이 안정된 중산층 주거지역이었던 시내에서 국민학교부터 고등학교까지 일류 학교들이 자리 잡았고, 변두리 땅값이 싼 지역에 삼류 학교들이 들어섰다. 어느새 학교는 공간마저 등급으로 분할하는 기준이 되기 시작했던 것이다.

평준화가 이런 추세를 완화하지 않았을까? 그렇지도 않았다. 입시 경쟁은 진학률의 상승과 함께 점점 상향하는 경향을 보였다. 교육기회의 확산은 20세기 전 세계적 현상이기는 했지만, 한국사회는 유독 심했다. 입시 경쟁도 점점 더 상급학교로 집중되었다. 이른바 무즙 파동(다음 장에서 상세히 서술할 것이다)은 1950~1960년대 중학교 입학 경쟁이 격심할 무렵 터진 사건이었으며, 고등학교평준화는 1970년대 고등학교 입학 경쟁이 극에 달하던 시점에 실시되었다. 결국 1970년대 후반 학력의 최종적이고 결정적인 기준은 대학으로 고정되었고, 오늘날까지 이어졌다. 대학을 향한 경쟁은 고등학교에서만 진행되지는 않았다. 고등학교에서 가장 격렬했지만, 그 이전에도 경쟁이 유예되지는 않았다. 더 높은 수준의 교육, 즉 학력 자본이 장래를 보장한다는 생각은 점점 더 확산되었다. 경쟁은 점점 더 치열해졌다.

2

시험이 인생을 결정한다:
입시 지옥,
입시 전쟁

중학교나 고등학교의 학벌 자체가 실질적인 사회적 성공의 기반이 된다고 생각하니 입시 경쟁은 격화될 수밖에 없었다. 또 중학교의 학벌이 부족하면 더 노력해서 고등학교에서 만회하려 했고, 그도 아니면 명문 대학에 입학해야 했다. 1968년 진해여자고등학교 2학년 학생회장이던 최영순은 졸업하는 선배들에게 "졸업하는 건 학교의 졸업일 뿐이지 공부의 졸업이나 인생의 졸업은 아니"며 "오히려 배움의 시작"이라고 했다. 그리고 "인간은 죽을 때까지 배워야" 할 것이니, "삼당사락三當四落[24]이란 말을 명심해 주길" 바란다고 했다.[25] 평생 세 시간 자면 붙고 네 시간 자면 떨어진다는 각오로 공부하라는 이 독한 격려를 어떻게 받아들였을까? 열심히 공부하라는 뜻이었겠지만, 졸업 축하치고는 참으로 가혹하다.

명문 고등학교에 입학하기 위해서는 보통 3대1이 넘는 경쟁을 뚫어야 했다. 셋 중에 한 사람이 합격하는 것이라고는 하지만, 1964년의 경기고등학교의 예를 들면 1601명 중에서 1118명보다 더 좋은 점수를 받아야 합격할 수 있었다. 그리고 1600여 명은 대부분 중학교에서 학급 1~2등을 다투던 학생이니 입학시험에서 한 번의 실수가 입시생의 나머지 인생의 단계를 결정하는 큰 변수가 됐을 터였다.

1960년대 초에는 고등학교 입시나 대학 입시보다 훨씬 더 치열했던 것이 중학교 입시였다. 명문 중학교 입학이 인생의 첫 고비이며 가장 중요한 갈림길이라는 생각에 학부모들은 작심하고 나섰다. 국민학교 5~6학년이 되면 본격적으로 중학교 입시 준비를 시작했다. 학생들이 과외를 받는 것은 당연한 일이었고, 교사는 6학년 담임이 되면 거의 사생활을 포기하다시피 하고 중학교 입시 대비에 매달렸다. 매일매일 시험을 치는 것은 기본이었고, 수업이 끝나면 학생들은 과외 공부에 끊임없이 내몰렸다. 중학교 수석 합격자들의 명단과 점수, 그리고 출신 학교까지 공개되었다. 심지어 교육청조차 중학교 입시 성적으로 국민학교와 교사를 평가하기도 했다.[26]

입학시험에 대비한 과외가 극성을 부리자 교육 당국이 대책을 내놓았지만, 오늘날과 흡사한 고식책에 불과했다. 교과서 안에서 정상적인 교과과정을 이수하면 누구라도 풀 수 있게 쉽게 출제하겠다는 것이었다. '삼당사락'의 각오로 공부하는 수험생들을 대상으로 쉽게 문제를 출제한다면 어떤 결과가 나타날까? 최근 대학수학능력시험에

(단위: 명)

학교	지원자	합격자	경쟁률
경기고등학교	1,601	483	3.3:1
서울고등학교	1,846	483	3.8:1
경복고등학교	1,836	484	3.8:1
용산고등학교	2,048	477	4.3:1
배재고등학교	2,025	414	4.9:1
휘문고등학교	1,602	423	3.8:1
보성고등학교	955	363	2.6:1
중앙고등학교	1,500	486	3.1:1

출전: 《경향신문》 1964년 2월 1일.

도 유사한 사례들이 나타나지만, 한 문제로 당락이 결정되는 일이 비일비재했다. 이런 상황에서 출제 오류는 걷잡을 수 없는 결과를 낳았다. 대표적인 사건이 '무즙 파동'이다. 1964년 12월 서울 시내 전기 중학교 입시에서 자연과목 18번 문항이 엿을 만드는 순서를 제시하고 이 과정에서 엿기름 대신 넣어도 좋은 것을 보기 중에서 고르는 문제였다. 제시된 보기는 ① 디아스타제, ② 꿀, ③ 녹말, ④ 무즙이었고, 원래 정답은 디아스타제였다.

평가 문항을 만드는 입장에서 본다면 처음부터 그리 좋은 문항이 아니다. 디아스타제가 원래 엿기름에서 만드는 효소이니 동어반복이기도 하고, 정답과 다른 보기의 형태가 너무 현격하게 차이가 나서 정답을 몰라도 찍어서 고를 가능성도 높다. 그런데 일부 학부모가 무즙도 답이 된다고 주장하고 나섰다. 당시 국민학교 교과서에 침과 무즙에도 디아스타제 성분이 들어 있다고 나와 있으므로 무즙도 정답이라는 것이었다. 더구나 이해 경기중학교의 합격선은 154.6점이었다. 같은 점수에도 당락이 엇갈릴 수 있었으니, 한 문제에 목숨을 걸 상황이었다.

정답을 무즙이라고 표기해 떨어진 학생들의 부모들은 서울시 교육위원회에서 장기농성을 벌였다. 이들은 몰래 빠져나가던 교육감을 붙잡아 갖은 수모를 주기도 했으며, 일부 학부모는 교육감 집 안방까지 점거했다. 어머니들은 무즙으로 직접 엿을 만들고 그 솥을 들고 나와 시위를 벌였다. 소송을 제기한 것은 물론이었고, 6개월 만에 학부모들이 이겼다. 정답을 무즙이라고 했던 학생 38명이 경기중학교에 입학하고 서울시 교육감을 비롯한 관계자 8명이 사표를 제출했다.[27]

1967년에도 중학교 입시 미술 문제에서 목판화를 새길 때 창칼을 바르게 사용한 것을 고르라는 문제에 정답이 두 개라는 논란이 벌어졌다. 문제를 제기한 학부모들이 한겨울에 경기중학교 강당을 점거하고 농성을 벌였다. 경기중학교에 원서를 낸 학생들 부모답게 여유도 있었고, 조직적이었다. 이들은 자가용으로 밤참까지 실어다 먹으며 아이들의 출신 국민학교에 따라 부서까지 나누어 조직적인 투쟁을 벌였다.[28] 창칼 파동의 소송은 대법원까지 갔으나 끝내 학부모들이 패소했다. 이렇게 입시 문제를 둘러싼 논란은 결국 1968년 중학교 입시를 폐지하면서 일단 멈췄지만 입시 경쟁이나 과외 열풍이 사라지지는 않았다. 1970년대까지 중고등학생은 물론이고 시골까지 과외 열풍은 계속되었다.

불법적인 수단이 동원되기도 했다. 1968년 12월 10일 부산시 교육위원회에서 공동 출제한 마지막 중학교 입시 문제가 사립 항도중학교에 도착했다. 중학교 교장이 문제지 원안을 받아 다음날 사택에서 복사를 하는 동안 이 학교 부설국민학교 6학년 1반 담임교사가 문제지를 빼돌렸다. 당연히 자기 반 학생들에게 보여주기 위해서였다. 이 교사는 학생당 3만 원을 받고 문제를 누설했고 부정 합격자는 40여 명에 달했다.[29] 이제 일류 중학교에 갈 마지막 기회라는 의식이 학생과 부모들을 더욱 초조하게 했을 것이다.

중학교 입시가 폐지된 이후 고등학교 입시 경쟁은 더욱 치열해졌다. 베이비붐 세대가 성장하면서 중학생의 수가 급격히 늘었고, 여기에 맞춰 고등학교와 학생 정원도 늘어났지만, 명문 고등학교의 수는 그대로였다. 특히 일부 중학교들이 평준화 시대에 새로운 명문으로 성장하고자 고입 준비에 매진하며 경쟁은 더 심해졌다. 1972년 서울 시내 중학교 졸업생이 93개교 4만 8000여 명이었는데, 흔히 5대 명문이라고 하는 경기·서울·경복·용산·중앙 등 5개 고등학교의 정원은 3600명 정도였다. 여기에 지방에서 오는 학생들까지 고려해야 하니, 그나마 일류 고등학교에 원서라도 내려면 중학교에서 최소 전교 20등 안에는 들어야 했다.[30] 경쟁이 더 치열해지니 수험생들의 부담은 더 커졌다. 탈락자들에 대한 시선이 더 따뜻해지지도 않았고, 다른 기회가 주어지지도 않았다.

일류를 노리는 학생들은 이를 악물고 공부해야만 했다. 평준화 세대로 서라벌중학교를 졸업하고 1973년 마지막 입시로 경기고등학교에 입학한 한 학생은 자신의 중3 생활을 돌아보면서 "공부로 일관했다"고 했다. 매일 밤낮 없이 공부하는 것도 힘들었지만, 수없이 치르는 시험도 견디기 힘들었다고 했다.[31] 또한 평준화 세대로 서라벌중학교에 들어와 경기고등학교와 서울대학교에 합격한 다른 학생은 중학교 시절 공립도서관 한쪽 자리를 아예 전세 내다시피 자리 잡고 입시 준비에 매진했다고 한다. 책상에 붙인 그의 표어는 '공부는 잔인하고 악랄하게'였다. 그는 학교에서 자습이 끝나면 바로 미아리에 있는 도서관에 가서 공부하다 그대로 잤다고 했다. 새벽에 종로에 있는 집에 들어가 아침을 먹고 점심과 저녁 도시락을 들고 등교했다. 학교 수업, 자율학습을 마치고 또 도서관으로 가는 일정을 반복했다. 그의 표현을 빌리자면 "모든 욕망과 즐거움을 억누르고 학교와 나와 가정이 삼위일체가 되어 노력"한 결과 경기고등학교에 합격했다고 회상했다.[32]

개인의 독한 노력만으로 입시에 성공하기는 힘들었다. 과외 열풍은 1960~1970년대를 휩쓸었다. 중학교 입시가 극에 달했을 때는 대도시의 현직 국민학교 교사들이 과외로 월급보다 더 많은 수입을 올리는 것이 예사였다. 사회적 비난도 적지 않았지만, 워낙 교사들의 처우가 좋지 못한 데다 학부모들의 수요가 많다 보니 엄격히 단속하거나 금지할 수도 없었다. 1966년 일부 국민학교 교사들이 주축이 돼 전개한 '6학년담임헌장' 운동에서 가장 중시한 것은 입시 위주의 교육을 하지 않겠다는 결의였다. 그런데 교사들이 과외 지도를 하지 않겠다는 조항은 없었다. 교사들이 과외 지도로 벌어들이는 부수입이 차지하는 비중은 꽤 큰 데다, 특히 서울·부산·대구 등 대도시 교사들에게 과외 금지를 제안했을 때 생길 반발을 고려해 명시하지 않았을 것이다.[33]

1960~1970년대 과외 광풍은 빈부를 떠나 전 사회를 휩쓸었다. 1966년 제일고등공민학교에 다니던 박용기는 아르바이트로 중학교 1~2학년 영어·수학과 국민학교 5학년을 가르치는 과외를 시작했다. 고등공민학교의 학력이야 별 볼 일 없는 것이지만, 이웃들에게 그는 용산중학교에 합격하고도 돈이 없어 못 간 우등생이었기 때문에 할 수 있는 일이었다. 그런데 그는 보광동의 "판자 하나 대지 않은 보루박구(골판지-인용자)집"[34]에 살고 있었고, 바로 그 집에서 중학생만 13명을 모아 가르쳤다. 보광동이라는 동네가 한국전쟁 이후에 피난민들이 들어오거나 도시 빈민들이 물자가 풍족한 미군 부대 근처에 모여들어 형성된 마을이었다. 서울역과 남대문 도깨비 시장 등 상권과 가깝지만, 경사가 가팔라도 한강변이라 수해 위험도 높았고, 판잣집들이 몰려 있어 대형 화재가 날 가능성도 높은 지역이었다.[35] 가난한 지역에서는 가난한 나름대로 과외 열풍이 불었던 것이다.

1960년대부터 가장 흔했던 과외는 대학생 입주 가정교사였다.

1960년대 초반 부유한 가정에서 대학생들이 가정교사 노릇을 했다. 매일 하루 2~2시간 30분 정도 가르치면 한 달 2000원 정도를 받았고, 숙식을 하는 입주 가정교사는 1000원 정도를 받았으며, 가르치는 학생이 많으면 좀 더 받았다. 학년이 높아지거나 가정교사의 학벌이 좋을수록 과외비는 더 올랐다.[36]

중학 무시험제 실시 이후 대학생 가정교사는 점점 줄어들었고, 아르바이트 자리도 구하기 힘들어졌다. 1970년 서울대학교 재학생 아르바이트 희망자 가운데 70퍼센트가 일자리를 얻었는데, 1971년의 경우는 65.8퍼센트로 줄었다. 이들이 원하는 일자리는 대부분 가정교사였는데, 그전까지는 신문에 광고를 내거나 구인광고를 찾아가기만 해도 자리를 얻었지만, 점점 선배나 은사·친지를 통해 구해야만 했다.[37]

1971년 고등학교 입시를 앞둔 중학교 3학년의 가정교사는 한 달에 1만 5000원~2만 원, 그룹을 모은 경우에는 1인당 5000원~1만 원을 받았다. 4명으로 그룹을 만들면 한 달에 2만~4만 원을 벌 수 있었다. 개인회사 중역 집에서 가정교사를 한 연세대학교 3학년생은 아침 5~6시, 저녁 8~10시 하루 3시간을 가르치고 한 달에 1만 5000원을 받았다.[38] 같은 해 광공업 분야 노동자들의 평균임금이 1만 7434원이었던 것에 비교했을 때 결코 적은 금액이 아니었다.

특히 그룹 과외를 하나만 해도 최소 2만 원을 벌었으니, 수입이 일정하지 않다고 해도 어지간한 봉급생활자에 비할 바가 아니었다. 과외 선생들도 그룹을 원했고, 학부모들도 부담을 줄이면서 유능한 교사에게 수업받기를 원했다. 그리하여 1970년대의 가장 많은 과외 형태는 2~5명, 많을 때는 10여 명의 학생이 그룹을 만들고 일정한 장소를 빌리거나 아예 공부방을 차려서 하는 그룹 과외였다. 가정교사 자리가 줄어든 것은 과외가 줄어서가 아니라 그룹 과외가 늘어났기 때문이었고, 당연히 대학생 아르바이트보다는 현직 교사나 전업 과외 교사들이 주로 맡았다.[39]

먼저 학원부터 살펴보자. 1960년대에도 학관이라고 하는 과외 학원이 있었으나 그렇게 많지는 않았다. 과외 교사의 집에서 하는 과외가 성행했고 규모가 커지면 학관이 되기도 했다.

사실 이 무렵의 학원들은 마땅한 법령의 규정도 없었다. 당시 〈교육법〉이나 〈사설강습소에 관한 법률 시행령〉은 사설강습소를 직업교육·기술교육을 단기적으로 실시해 실생활에 적응 취업할 수 있는 능력을 길러주는 기관으로 정의했다. 당연히 학교의 교육내용을 복습하는 학원에 관한 규정이 없었다. 원래 사설강습소는 예술이나 실용기술에 관한 교육을 수행하는 곳이었으나 현실적으로 재수와 과외를 막을 방법이 없었던 교육 당국은 학원들을 '문리계' 사설강습소라고 호칭해 관리하고 있었다.[40]

그러다 1970년대에 들어오면서 전문 과외 학원들이 재학생을 대상으로 과외를 하기 시작했다. 중학교 입시가 없어지고 평준화가 실시되자 고등학교 입시를 위한 중학교 과외가 극성을 이루었다. 이 무렵

〈그림 17〉 1964년 과외 중인 중학생들(민주화운동기념사업회 소장)

원칙적으로 재수생을 대상으로 해야 하는 입시학원도 재학생 대상의 과외를 하기 시작했다. 문교부는 공식적으로 교외 과외를 불허했으나, 고등학교 입시 전문 학원이 서울에만 52개가 있었으니 이 학원의 수강생이 모두 재수생일 수는 없었다. 감독관청의 인가를 받은 '학원' 또는 '학관' 등의 이름을 가진 사설강습소가 이미 서울 시내 70여 개에 달했고, 인가 없이 ○○연구회·○○지도소·○○학원 등의 간판을 달고 재학생들을 모집하는 경우가 크게 늘어났다.

1960년대부터 이미 학원에도 1류·2류가 있었다. 중학교 입시가 있던 시절에는 심지어 중입 재수를 전문으로 하는 학원도 있었다. 고입 재수학원, 대입 재수학원이 있는 것은 당연했다. 지금처럼 한 과목 또는 몇 과목만 1개월이나 3개월 단위로 수강하는 단과반과 5개월이나

1년 단위로 전 과목을 수강하는 종합반이 있었다. 종합반을 일부 학원에서는 일본 학원의 명칭을 따라서 '예비교'라고 부르기도 했다.

1960년대 후반에는 대입 학원들이 본격적으로 증가하면서 학생들이 지원하려는 대학에 따라 반을 따로 편성하기도 했다. 학원은 해당 대학의 입시 경향을 분석해서 철저히 대비하게 한다고 선전했다. 보통 고입이나 대입 단과반의 월 수강료는 800원 정도였고, 종합반은 입학금이 2000~2200원, 매달 수강료가 2400원 정도였다. 중입 재수반은 더 비싸서 월 4000~5000원씩은 내야 했다.[41] 중입 학원, 고입 학원, 대입 학원의 강사들은 거의 일류 학교의 전직 교사들이거나 참고서 저자들이었지만, 대입 학원에는 대학 교수나 강사가 출강하기도 했다. 대학의 입시 문제 출제 위원이 직접 강의를 한다는 것이었다. 실제로 서울대학교 문리대학 교수 중에서도 학원에서 영어 강의를 하는 사람이 있었고, 월급보다 더 많은 소득을 올리기도 했다. 학원강사 중에는 초고소득을 올리다 자기 학원을 차린 사람들도 나타났고, 서울대학교 총장 출신이 학원을 운영하거나 유명 출판사의 사장이 학원을 운영하기도 했다.[42]

일선 학교 교사들이 이런 학원에 나가 수업을 했고, 특히 사립학교 교사들은 상당한 부수입을 올렸다. 1970년대 말 고등학교 입시 준비생의 등록금과 수업료가 1만 2000원이고 매월 8000원의 수업료를 납부해야 하니 그 부담도 상당했다. 원칙적으로 재학생은 학원에 다닐 수가 없었으므로 단속이 있을 듯하면 재학생들은 사복으로 갈아입

〈그림 18〉 1975년 학원 밀집 거리(민주화운동기념사업회 소장)

고 출입했고, 재수학원이 아니라 주산학원 등 다른 과목 학원으로 인
가를 받고도 실제는 입시 준비를 하는 학원도 적지 않았다. 한편 과목
마다 저명한 현직 교사나 학원강사들을 초빙해 개인 교습을 하는 특
별 과외도 성행했다.[43]

　원래 학원가는 종로·청진동·내수동 일대에 몰려 있었는데, 1970
년대 말 서울의 인구 분산을 위해 4대문 밖으로 이전하게 했다. 그러
나 학원들은 멀리 떠나지 않고 4대문 바로 밖에 밀집했다. 1979년 남
대문 바로 밖에 18개, 서대문 바로 밖에 11개, 동대문 밖에 7개의 학
원이 다시 밀집해 학원가를 형성했다. 1970년대 말 서울역 앞 학원가

에는 저녁 8시 이후에 귀가하는 학생으로 인산인해를 이루었다. 당시 대일학원·경일학원·대성학원 수강생만 하루 4000여 명에 달했다. 이 많은 학원 수강생의 반 이상이 고등학교 재학 중인 학생이었다. 고3은 물론이고 1학년 학생들도 학원에서 과외를 했고, 많은 학생이 진학에 대한 준비는 학원에서 하는 것이라고 생각했다.[44]

　고등학교평준화 이후에 고등학생을 대상으로 하는 과외는 더욱 성행하기 시작했다. 중학교·고등학교의 급별 평준화가 입시 경쟁을 완화했다기보다 최종학력 경쟁을 격화함으로써 오히려 경쟁 기간을 늘리고, 사회적 비용도 점점 더 늘어나게 하는 결과를 낳았다. 1960년대 초반에는 중학교 학력만으로도 사회적 기회를 차지할 수 있었다. 그러나 앞에서 보았듯이 1960년 19.3퍼센트에 불과했던 고등학교 취학률이 1975년에는 41퍼센트, 1980년에는 63.5퍼센트로 치솟았다. 게다가 평준화까지 시행되어 고등학교가 더는 학력 자산이 되지 못하자 대학 진학 경쟁이 더욱 불타올랐다.

　1970년대 이후 대학생 수는 점점 더 늘었지만 고등학생 수가 급격히 늘다 보니, 1975년 24.9퍼센트였던 대학 진학률은 1980년 22.5퍼센트로 더 낮아졌다. 입시 성적을 올리기 위해 부모들은 확실히 효과 있는 방법을 찾기 시작했고 과외비 지출은 더 늘었다.

　1970년대 후반 자녀가 고등학교 2학년이 되기 전에 중산층 가정의 학부모들은 1급 과외 교사를 확보하는 것부터 치열한 경쟁을 치러야 했다. 상당한 보수를 주는 것은 물론이거니와 그룹을 잘 짜서 교사를

(단위: 명)

연도	일반대학	전문대학	교육대학	합계
1965	105,643	23,159	5,920	134,722
1970	146,414	33,483	12,190	192,087
1975	208,986	62,866	8,504	280,356
1980	402,979	72,297	9,425	484,701

출전: 교육부·한국교육개발원 편, 《통계로 본 한국교육의 발자취》, 교육부·한국교육개발원, 1997.

초빙하는 것이 중요했다. 과외 교사들도 담당한 학생들의 입시 성적이 명성과 수입을 좌우했으므로 우수한 학생들을 고르려 했고, 일부에서는 미리 예비시험을 치러 우수한 학생들만으로 과외 팀을 구성하기도 했다.

과외 교사 중 일부는 명문 대학 출신으로 가정교사에서 시작해 전업 과외 교사가 되었지만,[45] 거의 대부분은 서울 시내 고등학교의 전직·현직 교사였다. 그중에서도 전직 교사로 과외만을 전업으로 한 사람들이 많은 돈을 벌었다. 1979년 한 과외 교사는 하루 최대 12팀까지 소화하며 150~300만 원까지 수입을 올렸다. 이 무렵 대기업의 중견 간부 급여도 한 달에 20만 원 수준이었으니, 그 10배가 넘는 셈이다. 교사들이 유혹받지 않을 수가 없었다. 서울 시내 모 사립고등학교 국어 교사는 1975년부터 1977년까지 재학생 10여 명에게 하루 1~2시간씩 과외를 지도하다 면직되었다. 특히 이 교사는 학교 시험문제

를 유출한 혐의를 받기도 했다.[46]

　현직 교사의 과외는 금지되어 있었지만, 교사들은 자기 집에서 거의 공공연히 과외를 했다. 국어·영어·수학 등 입시 과목의 교사들은 퇴근하자마자 바로 집에서 과외를 시작했다. 과외를 위해 아예 2층 집을 구해 살기도 했다. 2층은 가족들의 생활공간으로 쓰고 아래층은 아예 과외 전담 교실로 사용한 것이다. 과외를 한 번 시작하면 그 수입이 월급의 몇 배가 되니 늘리면 늘렸지 그만두지는 못했다. 아침 6시부터 한 팀 과외를 하고, 저녁에도 8시부터 다시 한 팀 수업을 하는 방식이었다. 일요일에는 당연히 몇 팀이 더 있었다. 영어 교사와 수학 교사가 한 팀을 만들어 학생들을 그룹으로 편성해서 수업을 하는 경우도 많았다. 세 그룹만 과외를 해도 교사 월급보다 훨씬 많은 수입을 올릴 수 있었으니 학교를 그만두겠다는 선생들도 적지 않았다. 만약 문제가 되면 공립학교 교사는 면직이고 사립학교 교사도 징계를 받았으나 실제 적발되는 경우는 적었다. 교사에 대한 처우가 같은 대졸 회사원들에 비해 한참 못한 시절이었던 데다가 학교와 학생이 늘어나 교사가 늘 부족했기 때문에 과외를 하는 주요 과목 교사들을 다 면직할 수도 없었다.

　고등학교평준화 이후 현직 교사들이 하는 소위 '안방 과외'는 더욱 성행했다. 유명한 교사들은 학교를 옮겨도 학부모들이 뒤좇아 가며 그룹을 모아서 과외를 하게 했다. 한 그룹 5명이면 대략 한 달 과외비로 15~20만 원을 벌 수 있었다. 물론 과외는 철저히 입시 과목 위주였다. 국어·영어·수학 등 대학 입시에서 중요한 과목의 잘 나가는 교사들은 야간 숙직이 돌아와도 다른 교사들에게 대리 숙직을 맡기고 과외를 하러 갔다. 하룻밤에 2만 원 정도만 줘도 앞다퉈 대리 숙직을 섰으니, 과외를 하는 쪽이 훨씬 나았다. 보광동 판잣집의 고학생부터 현직 교사의 특별 과외까지 입시 광풍에 휩쓸린 사회의 모든 영역에 과외가 퍼져 있었던 것이다.

과외를 뒷받침하는 것은 학부모, 특히 어머니들의 관심과 경제적 투자였다. 과외비는 가정 경제에 큰 부담을 주었지만, 일류 학교를 향한 욕망은 그 정도의 투자를 감내하게 했다. 어머니들의 관심과 투자는 과외만이 아니라 학교교육에도 영향을 미쳤다. 부모가 자주 찾아가 '성의'를 표시하면 학생에 대한 대우가 달라졌다. 국민학교가 제일 심했지만, 중고등학교도 그 영향이 적지 않았다. 담임교사가 어머니를 호출하듯 부르기 시작했고 실수입 3만 원인 가정에서 교육비로 1만 원~1만 5000원을 지출하는 것이 예사였다.[47]

대도시에서는 학부모들이 적극적으로 개입하는 일이 더 많았다. 그 것은 전적으로 어머니의 몫이었다. 1970년대 전국여성대회에서 기조 강연을 맡은 한 교수는 "가정에서 육아와 가정 관리의 중책을 맡은"[48] 여성이 그에 합당한 대우를 받지 못하고 있다고 했다. 여성이 가정 밖에서 하는 활동이 극히 예외적인 것으로 치부되면서 육아, 장기적으로 자녀의 교육적 성취는 전적으로 어머니의 몫이 될 수밖에 없었다. '치맛바람'은 필연적이었고, 입시에 목을 맨 어머니들은 학교의 교육

활동에 직접 간섭하기도 했다. 1966년 중학교 입시가 한창일 때 서울 시내 국민학교 6학년생들은 봄·가을 소풍도 가지 못하는 경우가 비일비재했다. 대부분 공부해야 할 때에 소풍이 웬 말이냐는 '자모들의 반대' 때문이었다.[49]

1979년 여의도 한양아파트에 살고 있던 한 여중생은 수업을 마치고 귀가해 오후 5시 이웃 아파트 그룹 과외방을 찾았다. 중3 학생 5명이 모인 이 과외 그룹은 전직 교사 출신의 특A급 과외 강사들에게서 하루 40분씩 국어와 과학 과외를 받고 1인당 14만 원을 냈다. 원래는 영어와 수학 과외도 했지만, 내신 성적 때문에 영어·수학 과외는 10만 원씩 내고 학교의 담당 과목 교사에게 받기로 했다. 이 담당 교사 과외를 성사시킨 담임에게는 따로 사례를 했다.[50]

입시 경쟁은 냉정하고 무자비했다. 생존 경쟁의 장에서 소수자에 대한 배려는 찾아볼 수 없었다. 원래도 장애에 대한 배려가 없어 입학을 거부하는 일이 비일비재한 사회였지만, 입시에서는 더했다. 고입이나 대입 시험에서는 체력장이 실시되었다. 1970년대 초 고등학교 입시 문제를 쉽게 출제하겠다고 하면서 합격선에서 같은 점수를 받은 학생들이 무더기로 쏟아져 나왔다. 동점자 탈락이 수두룩한 상황에서 체력장을 정상적으로 볼 수 없던 장애인 학생들은 20점 만점에 기본 점수 12점만 받고 경쟁을 해야 했다. 8점의 점수 차이는 현실적으로 거의 넘어설 수 없었고, 장애인들은 남들처럼 고등학교 가는 것을 거의 포기해야만 했다.[51]

〈그림 19〉 1964년 중고등학교 체능 검사(국가기록원 관리번호 소장)

입시의 열풍 속에서 체력도 점수가 되고 기준이 되었으며 소수자들
은 배제되었다. 이 무렵 등장한 체력장은 전형적인 일제강점기 말의
교육제도였다. 1939년 일본 후생성은 체력장 검정제도를 도입해 성인
이 도달해야 할 체력 수련의 목표를 정해주고 이 기준을 통과하면 휘
장, 즉 체력장體力章을 주었다. 전선에 보낼 병력의 체력 단련이 직접

적인 목표였는데, 1960년대까지는 체력장이 대학 입시에 포함되지는 않았다. 그런데 1968년 대학체육회가 중고등학교 및 청장년 등 거의 전 국민을 대상으로 하는 체력검정제도로서 '국민체육장제도'를 도입하자고 제안했다. 학생들의 신체 능력을 측정해 입시에 반영하고, 성인 남성의 체력 검증 결과는 징집과 취업 기준에 포함해 전 사회적으로 체력을 향상하자는 것이었다. 이 무렵 반공 체제와 군사동원 체제를 강화하던 박정희 정부는 이를 계기로 1971년부터 학생체력장제도를 본격적으로 실시했다. 국민학교 5학년부터 고등학교 3학년까지 체력장을 실시했으며, 그 결과를 1972년 고등학교 입시에 적용했다. 1973년부터 대학 입시에도 체력장이 함께 적용되자 체력 또한 입시 과목이 되었고, 새벽 일찍 체력장 과외가 생겨날 지경이었다.[52]

학교도 과외를 부추겼다. 1969년 이후 새로운 입시 명문을 노리던 사립중학교들이 나서서 정규 학과 수업이 끝난 다음 보충수업을 시작했다. 학생들에게서 수업료를 걷는 것이니 일종의 학교 과외라 해도 무방할 것인데, 1971년부터는 아예 양성화했다. 1971~1972년 겨울 방학 동안 서울 시내 166개 중학교에서 하루 2~3시간씩 보충수업을 실시하고 1인당 1500~2000원의 보충수업비를 받았다.[53] 명목은 극에 달한 과외 열풍을 진정한다는 것이었지만, 학교가 자발적으로 정규 교과에서 이미 끝낸 교육을 다시 반복한다는 점에서 파행적이기는 마찬가지였다.

서울과 대도시 지역을 중심으로 나날이 입시 경쟁이 격화되었지만,

변방은 경쟁의 외곽 지대였다. 1960년대에는 중학교 입시가, 1970년대에 들어서는 고등학교 입시, 그리고 1970년대 중후반으로 갈수록 대학 입시의 실질 경쟁이 격렬해졌다. 그러나 시골이나 도시의 이른바 삼류 학교에서 진학에 대한 관심은 상대적으로 크게 낮은 편이었다. 이들 학교에서 자기 개발과 인격 형성을 위한 교육이 이루어졌다기보다는 실질적으로 진학 자체가 어려운 학생이 많았기 때문이었다. 경남 밀양에 M고등학교가 있다. 인문계 고등학교였지만 남녀공학인 데다 진학보다 취업하는 일이 더 많은 학교였으므로 1967년부터 1973년까지는 종합고등학교로 운영되기도 했다. 1970년대가 되면 이 학교도 달라지지만 1960년대 중반까지 M고등학교 학생들에게 입시 경쟁이란 남의 이야기였다. 한 반에 학생이 35명 정도인 소규모 학교여서 더욱 그랬다. 이들은 대부분 그리 넉넉한 형편이 아니었다. 한 여학생은 중3 때부터 양재에 뜻을 두어 아르바이트를 고3이 될 때까지 했다. 고3 여학생들은 군청으로 실습을 나갔다. 남녀를 불문하고 시험이 끝나면 극장에 출입했으며 여자 후배들에게 크리스마스카드를 받고 즐거워했다.[54]

불과 몇 년 차이 나지 않는데, 서울이나 대도시의 '모든 욕망과 즐거움을 포기'하고 공부에만 매달려야 했던 학생들과는 크게 다른 모습이다.

그러나 이 여유는 삶의 풍족함에서 나타난 것이 아니었다. 경쟁에서 도태되거나 실제 경쟁에 참가하지 못하는 변방의 평화에 불과했으니, 그 속에는 강한 고민과 자기 연민이 있었다. M고등학교를 고학으로 다니던 한 학생은 중3 때 기말고사 준비를 하다 어머니한테 일은 안 하고 공부만 한다고 꾸중을 들었을 때를 아프게 회상한다.[55] 이들은 고등학교에 다니는 것조차도 벅찬 일이었으니 대학 입시 경쟁이란 부러운 이야기일 뿐이었다.

3

평등 속의 불평등:
평준화의
정책과 현실

중학교평준화

입시 지옥이 극에 달하면서 그 해결 방안으로 평준화가 논의되기 시작
했다. 앞서도 잠깐 평준화 과정에 대해 언급했지만, 입시 경쟁과 관련
해 실제 중학교와 고등학교의 평준화 과정을 좀 더 자세히 살펴보자.

인구학적 추세만 봐도 누구나 1960~1970년대 입학 경쟁이 심해
질 것이라고 예측할 수 있었다. 베이비붐 세대가 본격적으로 진학하
는 시점이 되었기 때문이다. 그러나 입시 경쟁은 사실 인구학적 문제
라기보다는 사회의 구조적 문제였다. 급격한 도시화와 산업화로 농촌
지역과 지방 중소도시들은 약화되었고, 도시 학교 그중에서도 이른바
명문 학교에 입학하기 위한 경쟁은 극에 달했다.

사실 무즙 파동과 같은 부작용은 이미 예견되었고, 국민학교에서 입시 위주 교육의 파행은 극에 달했다. 이미 1967년 서울 시내 130여 개 공사립 국민학교 교장들이 당국에 중학 무시험 추천제 입학을 건의했고, 1968년 4월 대한교련도 중학교 입시제도에 관한 연구보고에서 무시험 입학제도를 제시했다.[56] 문교부 당국은 이때까지만 해도 시기상조라고 실시를 망설였으나, 7월 여당과 정책협의회 이후 태도를 바꿨다. 1968년 7월 15일 문교부는 1969년부터 연차로 중학교 입시를 폐지하고 학군제를 실시해 추첨으로 진학할 학교를 결정할 것이라고 발표했다. 먼저 1969년에는 서울부터 실시하고 1970년에는 부산·대구·광주·인천·전주에서 실시하며 1971년에 전국으로 확대하기로 했다.

문교부는 중학교 무시험 진학제가 ①어린이의 정서적 발달을 촉진하고, ②국민학교의 입시 준비 교육을 지양하며, ③과열된 과외 공부를 해소하고, ④극단적인 학교 차이를 해소하며, ⑤입시로 인한 가정의 부담을 감소할 것이라고 했다. 그러나 이런 낙관적인 전망대로 평준화가 순조롭게 진행되지는 않았다. 입학시험을 없애는 것은 어렵지 않았지만, 그것만으로 문제가 해결되지는 않았다. 실제로 중학교의 시설이나 교사의 수준까지 모두 '평준화'해야 했던 것이다. 또 평준화는 장차 중학교 의무교육이 실시된다는 것을 전제로 해야만 의미가 있는 조치이기도 했다.[57]

먼저 중학교의 시설과 교원의 수준을 어느 정도 평준화해야 했다.

당시 중학교는 시내의 명문 학교와 변두리 학교 사이에 격차가 여러 모로 심했다. 교육 당국은 가장 극단적인 방법을 동원했다. 서울과 각 도시의 전통적인 소위 일류 학교들은 아예 폐교해 버렸다. 서울 시내에서는 경기중학교·서울중학교·경복중학교·경기여자중학교·이화여자중학교는 아예 문을 닫게 했다. 당국은 해당 중학교들의 시설이나 설비는 동계 고등학교로 넘기거나 다른 교육시설로 활용하고, 교사들은 다른 중학교로 전근하게 했다. 또 재학 중이던 학생들은 모두 동계 고등학교, 즉 경기고등학교·서울고등학교·경복고등학교·경기여자고등학교·이화여자고등학교에 무시험으로 진학하게 하되, 해당 고등학교는 8학급을 증설해 신입생을 선발하게 했다.[58]

다음으로 교육 당국은 시설·설비·교원 등 여러 측면에서 확연히 낙후되어 있던 중학교들의 실태를 조사하고 이를 보완하게 했다. 1968년 서울시 교육위원회는 시내 134개 중학교의 실태에 대한 전수조사를 실시했다. 3분의 1이 넘는 50여 개 학교가 당시의 학교 시설·설비 기준령을 지키지 않고 있었다.[59]

서울시 교육위원회는 해당 중학교들이 운동장, 교과별 특별교실, 자료실·실험실·도서실·강당·양호실·상담실을 갖추게 하고, 사립학교의 비전공 교사나 무자격 교사들을 전공·자격 교사로 충원하게 했으며, 시설을 충족하지 못했을 때는 개선될 때까지 학생 정원을 줄이겠다고 엄포를 놓았다. 결국 5개 학교에 대해서는 아예 1969년도 신입생을 모집할 수 없게 했고, 19개 학교는 11월 30일까지 보완하게 했다.[60] 문교부는 서울 외 다른 지역의 중학교들도 1970년까지 시설이나 자격 교사를 1970년까지 완비하라고 지시했다.

문교부는 교원의 평준화를 위해 공립중학교 교사들의 인사를 대대적으로 단행했다. 본인의 의지와 무관하게 강제로 학교를 옮기는 것이니 반발이 없지는 않았지만, 1961년 5·16쿠데타 이후 서울 시내 교장·교감 115명을 인사이동한 전례가 있던 터라 그대로 진행했다. 1968년 10월 1일 공립중고등학교 교감 인사를 시행했으며, 1969년 2월 10일에는 서울 시내 중학교 교사 80퍼센트를 이동하기로 결정했다. 또 1970년에는 다른 대도시 교원 400명에 대해서도 인사이동을 단행했다.

그러나 교육 당국의 이런 중학교 시설 개선과 교원 자격, 교육내용 강화는 즉각 이행되지는 않았다. 많은 사립학교는 현실적으로 수행할 방법이 없다고 반발하고 탄원했다. 바로 전까지도 적용하지 않던 규정을 정부의 재정 지원도 없이 갑자기 엄격히 시행하라는 것은 무리한 요구였다. 결국 중학교의 공납금을 올리고 정부의 재정 지원이나 자금 알선도 진행했으나 시설과 교사를 갑자기 개선하기는 어려운 일이었다.

고등학교평준화

중학교평준화 이후 고등학교 입시 경쟁이 더 격화되었다. 처음부터 예견된 사태였고 답도 사실 나와 있는 것이나 다름없었다. 1971년 8월 전국 중학교장협의회가 고등학교평준화 문제를 제기했다. 민관식 문교부 장관이 고등학교 입시제도의 개혁을 실시할 것이며, 고교 시설의 평준화를 추진할 것이라고 밝혔다. 1973년 1월 박정희 대통령은 일류 고등학교, 일류 대학 진학에 따른 폐단을 없애기 위한 '획기적인' 방안을 개발하라고 지시했다. 1973년 2월 완전히 바뀐 고등학교 입시제도가 공개되었다.

중학교의 경우에는 학교의 시설·설비·교사를 평준화하고 학생들을 학군으로 나누고 추첨으로 학교에 배정하는 방식으로 평준화와 입시제도 개혁을 진행했다. 고등학교는 일단 인문계와 실업계로 나누었다. 실업계는 종전의 방식으로 수험생들이 학교에 지원한 후 연합고사를 실시해 그 성적에 따라 선발하게 했다. 그러니 실제 평준화된 것은 인문계 고등학교들이었다. 각 시도별로 인문계 고등학교의 정원을 정하고, 연합고사를 실시해 지원자 가운데 정원만큼 선발한 다음 이들을 학군별로 나누어 학교에 배치하는 방식이었다. 새로운 제도는 먼저 1974년에 서울과 부산에서, 1975년부터 대구·대전·광주 등 대도시에서 실시했다. 1977년까지 주요 도청 소재지 도시로 확대·실시하려 했으나 사립학교들의 재정 부담 등을 이유로 연기해 1979년 비로소 전국 주요 도시로 확대했다.[61]

고등학교평준화는 중학교처럼 의무교육제도에 다가가는 평준화 방식은 아니었지만, 인문계 고등학교 사이에서는 교육시설·설비, 교원 자질 등에서 기본적인 평준화는 이루어져야 했다. 공립고등학교는 물론이고 사립고등학교에 대해서도 교사교환근무제도부터 실시해서 많은 교사가 학교를 옮겨 근무하게 했으나 이것으로 충분하지 않았다. 사립고등학교의 경우 시설이나 교원 자격이 심각한 문제가 되었다. 일부 사립종합고등학교들은 평준화를 기회로 삼아 인문계 고등학교로 전환하기도 했다. 신입생들은 모두 인문계 학생이지만 고학년에는 실업계열의 전공과가 그대로 남아 있는 기형적인 상태도 몇 년 유지되었다.[62]

문교부는 고등학교에 대해서도 실태 조사를 진행해 그 결과를 토대로 부실 학교에 대해 개선 명령을 내리고 일부 학교는 폐교, 학생 모집 중지, 학급 감축 등의 조치를 취하기도 했다. 그러나 학교의 시설이나 교원의 평준화가 명령만으로 이루어지지는 않았다. 가장 중요한 것은 교원 처우에 대한 문제였다. 공사립고등학교, 또 사립학교 간의 평준화가 이루어지기 위해서는 교원의 처우가 비슷한 수준이 되어야 했고, 정부의 재정 지원이 없다면 사립학교의 재정 부담이 크게 늘어야 했다. 정부는 앞서 살펴본 바와 같이 이 딜레마를 고등학교 공납금을 인상하고 일부를 정부가 지원하는 방식으로 해결했다. 그러다 보니 공립고등학교 공납금 인상률이 폭증해 매년 20~40퍼센트씩 올랐다. 이것은 단순히 공립고등학교의 공납금 부담이 늘어난 것만이 아니라, 사립학교가 정부 지원과 공납금에만 의존해 운영하는 구조를 인정해 준 것이었다.

평준화의 이면: 새로운 서열화와 경쟁의 격화

중고등학교를 평준화했지만, 서열화가 종식되지는 않았다. 오히려 이른바 신흥 명문들이 등장했다. 중학교평준화 과정에서 기존의 명문 중학교들을 아예 없애 버렸으므로 그 자리를 차지하려는 중학교 간의 경쟁이 치열했다. 신흥 명문이 되는 기준은 물론 고등학교 입시 성적이었다. 그중에서도 가장 중요한 척도는 이른바 명문 고등학교에 얼마나 많은 학생을 보내는가 하는 것이었다. 우수한 실업계 고등학교에 들어가는 것도 성과는 되었지만 인문계 명문 고등학교에 비할 바가 아니었다.

1970년대 후반 전라남도 해남 시골의 한 중학교에서 한 졸업생이 당시 취업 보장, 병역 혜택은 물론이고 장학금 혜택, 우수한 시설과 설비를 자랑하는 금오공업고등학교에 합격했다. 보통 때라면 최고의 찬사를 받았겠지만, 하필 그해 다른 학생이 전주고등학교에 합격했다. 광주가 평준화된 터라 전주고등학교는 호남 제일의 명문이었다. 두 학생은 입학부터 졸업까지 1~2등을 다투었지만 영광은 전주고등학교 합격자에게 돌아갔고 금오공업고등학교 합격생은 들러리 역할만 했다.[63]

아직 평준화가 되지 않은 지역의 전통 명문 학교들이야 머잖아 평준화가 실시되면 사라질 수밖에 없었다. 그러나 이미 평준화된 대도시에서 떠오르는 신흥 명문들이 더 문제였다. 1970년대 중반 서울이나 부산·대구·광주 등 대도시 평준화 지역에서는 이전 3류 고등학교에 배정되자 중학교 졸업생 일부는 아예 진학을 포기하고 검정고시를 준비하거나 학교에 다니다 중도에 자퇴를 선택하기도 했다. 그러나 이런 선택을 하는 학생들은 금세 사라졌다. 대도시의 고등학교 가운데 이전까지 삼류로 취급받던 학교들이 입시에서 좋은 성적을 올리면서 신흥 명문으로 부상했기 때문이었다. 이른바 신흥 명문들이 주도한 계획적이고 조직적인 입시교육은 순식간에 다른 학교들로 번졌다. 입학 성적이 다 비슷하므로 어느 학교든 새로운 입시 명문으로 성장할 수 있었고, 적어도 남들보다 뒤쳐질 수는 없었다. 평준화 지역의 일부 중학교는 교사들을 집중적으로 동원해 조직적으로 입시 성적 향상을 위한 준비를 본격적으로 진행했다. 또 자기 학교에 배정된 우수 학생들을 집중적으로 관리하기 시작했으며, 학부모 공개 수업으로 관심을 끌고 시험의 횟수를 늘려 학습의 긴장도를 높였다.

게다가 고등학교평준화는 오히려 대학 입시 경쟁의 전반적 강도를 더욱 강화했다. 1960년대나 1970년대 초반까지 고등학교에서 대학 진학을 위한 경쟁은 중학교의 고입 경쟁보다 더 치열하지는 않았다. 오히려 대입은 상대적으로 소수 학생의 문제였다. 실업계는 물론이고 인문계 고등학생 가운데도 상당수가 대학 진학을 크게 염두에 두지 않은 학생들이 많았기 때문이다. 1960년 무렵 명문 공립고등학교에서 사립고등학교로 자리를 옮긴 신임 교사는 시험 기간에 학생들이 보인 의외의 모습에 당황했다.[64] 늘 대학 입시를 생각하고 준비하는 명문 고등학교 학생들을 보다가, 월말고사 시험 중간 쉬는 시간에 다음 시험 준비를 하지 않고 느긋하게 시간을 보내는 학생들의 풍경이 낯설었던 것이다. 그는 학생들이 학업에 대한 의지가 부족하다고 생각했으나, 저학년들의 경우 그렇게까지 시험에 몰두할 필요가 없었던 것이다.

1970년대 중반까지 일류 고등학교가 아니라면 대학 입시 준비는 가고 싶어 하는 학생들의 문제였다. 이류나 삼류로 분류된 학교에서도 열심히 공부해서 명문 대학에 가는 학생들이 있었지만, 주로 개인적인 노력이었다. 어차피 일류부터 삼류까지 고등학교들의 서열이 매겨져 있는 상황에서 학교 전체가 나서서 학생들의 입시 경쟁을 진두지휘하는 양상은 거의 없었다.

그러나 평준화는 상황을 완전히 바꿔 놓았다. 학교·학부모·학생 모두 대학 입시에 전력을 기울일 조건이 조성되었다. 학생과 학부모로서는 학벌을 형성할 수 있는 기회가 대학만 남았으니, 대학 입시가 인생을 결정하는 셈이 되었다. 학교는 동일한 수준의 학생들을 확보함으로써 입시에서 경쟁할 만한 조건을 갖추었다. 학군제가 실시되면서 서울의 신흥 주거지역에 위치한 학교들로서는 최선의 학생들을 받아들였으니 신흥 명문을 노릴 수 있었다. 특히 이때 막 늘어나던 사립 고등학교들이 입시의 강자로 떠오를 수 있는 절호의 조건이었다.

서울의 일부 고등학교가 급속히 학습 강도를 강화하고 학력평가 시험을 거듭해 치르면서 학생들에게 수험 준비 태세를 빨리 갖추라고 독려했다. 평준화 직후 대표적인 신흥 명문으로 등장한 서라벌고등학교나 여의도고등학교가 대표적인 사례다. 서라벌고등학교는 원래 예술고등학교였던 터라 학생이나 학부모가 학업에는 별로 우수하지 않다는 선입견을 가지고 있었고, 평준화 초기에는 배정된 학생들이 불만을 가질 정도였다. 그렇지만 아예 평준화 초기부터 성적 관리 프로그램을 구성해서 실시하면서 입시 명문으로 부상했다. 우수 학생의 선발과 관리, 성적 향상도가 높은 학생들에 대한 표창, 학부모와 협력 및 상담 체제 구축 등을 실시했다. 서라벌고등학교는 아예 평준화 첫 세대가 입학하자마자 3개년 계획을 세웠다. 사실 예비고사와 본고사로 치러지던 당시의 입시에서 반복적인 시험 훈련은 성적 향상을 가져오게 마련이었다. 학교에서 한 달에 두 번 시험을 치게 하고 학력경시대회 등 대외적인 비교 평가 시험을 계속 치르게 해 시험에 대한 적응력을 높였다. 교사들은 고3 학생들이 본격적으로 입시를 준비할 수 있게 2학년까지 전 교과의 모든 학습 진도를 다 끝냈다. 서라벌고등학교만이 아니라 서울 시내 다수의 고등학교에서 이런 현상이 확산되었다. 일부 시수가 부족한 과목들은 그야말로 주마간산으로 진도를 마쳐야 했고, 그때부터 계속 복습과 시험을 반복했다. 학생마다 개인 성적 기록 카드를 만들어 관리하게 했다.[65] 평준화 세대가 첫 대입 시험을 치른 1977년 서라벌고등학교는 처음으로 서울대학교 합격자 상위 15개 고등학교에 이름을 올렸고, 1978년에는 5위까지 상승했다.[66] 이후에도 1980년대 초까지 서라벌고등학교는 평준화 시대의 신흥 명

문으로 서울대학교 합격자를 많이 배출하는 학교로 이름을 날렸다.[67]

전국으로 평준화가 확산되면서 너나 할 것 없이 이런 제도들을 도입했다. 학교는 "입시작전의 전장 같고 교장은 사령관처럼 초비상" 상태에 들어갔다. 보충수업·방송강의, 방학 중 수업은 당연했고, 서울대반 등 특별반을 만들었고 이들은 심지어 합숙 과외까지 벌였다. 효과는 금방 나타났다. 평준화 전인 1976년 453명을 서울대학교에 보냈던 경기고등학교는 1978년 입시에서 재수생을 제외하고는 21명만 서울대에 진학했다. 서울고등학교나 경복고등학교, 경기여자고등학교도 마찬가지였다. 그에 비해 서라벌고등학교는 1977년 44명, 1978년 70명을 서울대학교에 보냈다. 평준화 이전 학생들이 응시한 1976년 단 한 명이 서울대에 입학했던 것에 비하면 놀라운 수직 상승이었다. 서라벌고등학교의 뒤를 이어 대일고등학교(40명), 명지고등학교(39명) 등이 새로운 명문으로 등장했다.[68]

이런 상황의 변화를 입시 전문 월간지나 신문들은 그대로 보도하고 활용했다. 《동아일보》는 1977년 입시 결과를 놓고 "변두리 신설 또는 무명 고등학교들이 새로운 강자로 등장"했다고 보도했다.[69] 평준화 이후 3년간 "전 교세校勢를 기울이다시피" 한 성과라며 각 학교의 입시 전략을 소개했다. 마포고등학교는 1학년부터 아예 평균 이상의 학생을 기준으로 하는 수업 방식을 진행했다고 한다. 평균 이하의 학생들은 아예 버린 셈이다. 대일고등학교와 고려고등학교는 일반 교실을 밤늦게 개방하고 감독 교사를 남겨 두었다. 자율적이지 않은 '야간 자율학습'의 기원은 이때부터 시작되었다. 우신고등학교는 1년 동안 23번의 시험을 치르게 했고, 서라벌고등학교는 과목마다 수백 쪽이나 되는 보충교재를 나눠 줬으며, 명지고등학교도 따로 보충교재와 문제집을 제작했다. 고려고등학교나 명지고등학교는 진학준비실을 야간까지 개방했다. 신흥 입시 명문들의 이런 입시 대책은 곧 모든 학교로 확산되었다.[70]

입시 전문 잡지 《진학》 1978년 5월호 특집은 〈전국 대학 합격자로 본 평준화 실력 고교 대경연〉이었다. 어느 고등학교가 더 많은 대학 합격자, 특히 명문 대학 합격자를 배출했는지 분석한 기사였다. 여기에 "우수 고등학교"의 실력고사 문제라면서 1977년 서라벌고등학교의 실력고사 문제와 자료를 그대로 실었다. 학교 입장에서는 이만한 홍보가 없는 셈이었다. 예비고사 문제가 부록이었던 이 호에는 각 대학 입시 상황과 출제 교수의 강평, 합격 체험기 등이 실려 있었다.[71]

나름대로 전통이 있던 학교들도 평준화를 새로운 기회로 삼으려 했다. 서울 시내 인창중고등학교는 일류 학교는 아니었지만, 스포츠 명문 고등학교였고 성적이 우수한 학생들을 명문 대학에 꽤 많이 보내는 전통 있는 학교였다. 인창도 중고등학교가 같이 있었으므로 중학교평준화 이후 입시 명문으로 전환을 모색하기 시작했다. 고등학교평준화가 가시화될 무렵인 1972년부터 인창중고등학교는 '자주학습'을 교육의 새 전통이라며 내세우기 시작했다.[72] 미국 교육학회가 1965년 개발했다고 소개했으나 아마 벤저민 블룸Benjamin S. Bloom과존 캐럴John B. Carroll이 주도한 '완전학습이론'을 도입한 것 같다. 완전학습이론은 학생 개개인에 맞춰 적절한 수업 전략이 세워진다면 거의 모든 교육목표를 달성할 수 있다는 이론이다.[73] 이 이론에서는 학생들의 개별 성취 수준을 파악하기 위해서 진단평가나 형성평가를 수행한다. 원래 이론에서야 이 평가들은 수업 전략을 수립하기 위한 도구였지만, 1970년대 한국의 중고등학교에서 그렇게 적용될 리가 만무했다.

한 반에 60명이 넘는 학생이 몰려 있는 상황에서 개인별 수업 전략을 세울 수가 없다. 결국 전략은 귀가해서 예습·복습을 철저히 하라는 것이었고, 매일 전날 배운 것을 '자주고사'라는 명목의 시험을 치르는 것만 남았다. 학교 당국의 평가에서도 복습에만 치중하는 결과를 가져왔다고 했고, 단기간의 성적 향상이라면 모를까 실질적인 학력 증진을 기대하기 어려운 시험 중심의 교육 프로그램이었다. '자주학습'이라는 이름 자체가 군사정권 하에서 '자주' 열풍에 기댄 것이지만, 실질적으로 자율학습과는 꽤 거리가 먼 입시 위주 교육의 한 단면을 보여준다. 인창고등학교도 1978년 입시에서 서울대학교 다수 합격자 배출 고등학교 명단에서 상위를 차지했다.

이미 고등학교 간의 경쟁은 피할 수 없었고 거의 모든 학교가 같은 방식으로 입시에 대비했다. 1977년 입시에서 서울대학교 수석 합격자를 비롯해 우수한 성적을 냈던 대일고등학교 교장은 당장 다음 해 입시에서 좋은 성적을 낼 수 있을지 걱정하기 시작했다. 이런 성적이 특별히 우수한 교사나 시설, 정교한 교육학 방법론에 입각해서 거둔 성과가 아니라, 우열반 수업(이른바 '자율학습'을 포함한), 학생 생활 통제, 시험 대비의 반복 학습, 잦은 모의고사 등을 통해 달성한 것이기 때문이다. 대체로 ①학교 수업을 우열반과 반복 학습 등 철저히 입시 위주로 재편하고, ②학생들의 생활을 적극적으로 통제하며, ③시험 기능의 향상을 반복 훈련하고, ④적극적인 진학 지도로 명문 학교를 선택하게 하는 것이었다.

별 다른 시설이나 인력이 필요하지 않았으므로 어느 학교든지 쉽게 따라할 수 있었다. 단 학생지도와 수업에서 교사들의 업무 부담이 폭증하므로, 재단과 학교장의 영향력이 강한 사립학교에서 더 강력하게 추진할 수 있었다. 그러나 공립고등학교 학부모들의 불만이나 일반적인 평판을 무시할 수 없었으니 머잖아 공사립을 막론하고 모든 학교가 대입 중심의 교육체제를 강화하게 되었다. 이렇게 되자 일부 신흥의 사립 입시 명문은 편법을 넘어 불법적인 방법까지 동원하기 시작했다. 1970년대 말 급격히 떠올랐던 강북의 신흥 사립고등학교 한 곳은 1980년대 초 입시 관련 감사에서 부정이 적발되어 교장 등이 징계를 받았다. 서울대학교 입학 실적을 올리기 위해 각 반에서 우수한 학생 5~6명을 선발해 별도로 수업을 진행하는 등 변칙적인 학교 운영도 문제였다. 그러나 이들은 내신 성적을 올려 주기 위해 결석 기록을 없애 버리는 등 변칙이 아니라 심각한 입시부정을 저질렀다.[74]

결국 새로운 입시 명문으로 떠오르기 시작한 것은 1970년대 막 형성된 신흥 주거지역의 신설 고등학교들이었다. 서라벌고등학교와 같은 강북의 입시 명문 학교들은 곧 강남의 신흥 명문들에게 따라잡혔다. 이제 학교가 문제가 아니라 지역이 관건이 되었다. 8학군의 전성시대가 열리는 것을 의미했다.

8학군 고등학교 학부모들은 다른 지역에 비해 학력도 높고 소득도 많았다. 강남의 새로운 주거지역에 자리 잡은 서문여자고등학교의 경우 1975년 1304명의 학생 가운데 보호자 학력이 고졸인 학생이 566명으로 43.4퍼센트이고, 대학을 졸업한 경우도 435명으로 33.4퍼센트나 된다. 보호자의 학력이 고졸 이상인 학생이 76.8퍼센트로 압도적 다수를 차지했다.[75] 1979년 서울대학교 신입생 보호자의 학력이 대졸 41.59퍼센트, 고졸 24.71퍼센트로 고졸 이상이 66.3퍼센트인 것과 비교해도 훨씬 더 높다.[76]

농촌 지역과 비교하면 더 큰 차이가 나타난다. 앞서 최성식 교수 팀이 조사한 연구에 따르면 농업고등학교 학생들의 부모 학력은 국졸 이하가 71퍼센트이며 무학도 14퍼센트나 됐다.[77] 서문여자고등학교의 경우는 보호자, 즉 주로 아버지를 대상으로 했고, 농업고등학교의 경우는 부모를 모두 대상으로 해 차이가 더 심하게 난 것이지만, 부모의 학력 자산에서 큰 차이가 난다는 것을 부정할 수는 없을 것이다.

또 앞에서도 언급했듯이 농업고등학교 학생들의 보호자 직업은 82퍼센트가 농업이었는데, 서문여자고등학교 보호자들의 직업은 상업이 520명, 회사원·은행원이 229명, 광공업·토건운수업이 169명, 공무원 66명, 교원이 39명, 군인 24명, 의사 19명, 경찰 10명, 인쇄출판업 5명, 농업·수산업이 31명, 기타가 192명이었다. 대체로 상인과 자영업자·회사원·공무원·교원·군인·경찰 등 안정적인 직업의 도시 중산층이었음을 알 수 있다.[78]

실제로 서문여자고등학교는 이제 막 졸업생을 배출하는 신생학교였지만, 1970년대 말 꽤 좋은 입시 성적을 거두었다. 당시 학부모들은 여자고등학교들의 입시 성적을 볼 때, 다른 학교보다 이화여대와 같은 명문 여자대학 입학 성적에 관심을 두었다. 1979년 대학 입시에서 서문여자고등학교는 52명의 이화여대 합격자를 내어 이화여자고등학교·혜화여자고등학교·경기여자고등학교·홍익대학교사범대학부속여자고등학교·진명여자고등학교 등 전통 명문과 함께 상위에 진출했고, 1980년에는 55명을 합격자를 배출했다. 강남 학교들의 성장은 확연한 것이었다.[79]

이제 도시와 시골, 도시 내에서 공간적 격차가 학력 차이로 귀결되기 시작했다. 평준화는 도시를 통학권으로 분할하는 학군제도를 실시하는 계기가 되었다. 이것은 도시 내부 교육 공간의 위계적 차이가 확연히 벌어지게 하는 출발점이기도 했다. 학교 간 격차를 소멸한 평준화를 역행해 서열화하고 계층화하려는 시도는 끊임없이 계속되었다. 이런 시도들은 대부분 결과나 효율성의 측면을 강조했다. 현실적으로 학력 차이가 있는데 왜 같이 가르쳐야 하느냐, 능력에 따른 반편성이 훨씬 효율적인데 학생들을 한데 섞어 놓으니 우열의 격차가 심해 못

가르치겠다는 불만이었다.[80]

심지어 1975년 10월 일부 고등학교에서 평준화 첫 세대인 2학년 학생 일부를 '학습지진'을 이유로 자퇴하게 하기도 했다. 이화여자고 등학교가 2학년 1200명 가운데 1학년 학년 말 평균 점수가 55점 이 하이고 지능지수가 99 이하이며, 학습 의욕이 낮고 부모가 무관심해 고등학교교육을 더는 받을 수 없다고 판정한 22명에게 자퇴원을 내라고 종용해 사실상 퇴학을 시켰다. 또 1학년 말 평균 점수 55점 이하인 학생 72명에 대해 학생과 학부모의 서약서를 받고 일단 가진급 하게 한 후 '학습지진아 대책위원회'를 구성해 특별 지도를 실시했다고 한다. 이어 2학년 1학기 말 최저 학력고사를 실시해 더는 공부를 할 수 없다고 판단된 22명을 자퇴하게 했다. 학교 측은 "교육력의 낭비를 막고 전체 학생의 학풍을 길러 주기 위해 부득이 자퇴시키게 됐다"고 밝혔다.[81]

학생이 지원한 것도 아니고 연합고사에 합격한 다음 배정된 학교일 뿐인데, 2학년 1학기까지 성적 부진을 이유로 학교장이 학생을 자퇴하게 한다는 것은 어불성설의 조치였다. 사건이 보도되자 문교부는 바로 이화여자고등학교에 대해 퇴교 조치를 철회하게 했다. 그러나 이렇게 일단 자퇴를 강요당한 학생들이 받았을 상처는 차치하고라도, 다시 학교로 돌아가서 정상적인 학교생활을 할 수 있었을지 의문이다.[82] 이화여자고등학교만이 아니라 다른 일부 사립고등학교도 자퇴까지는 아니더라도 낙제생들을 가진급하게 하는 사태가 벌어지기도 했다.

이 사태가 벌어지자 평준화나 우열반 편성에 대한 찬반론이 나뉘었고, 일부 언론은 평준화가 '학습지진아'를 대규모로 양산한다면서 이에 대한 대책을 촉구하고 나섰다.[83] 중학생의 11.9퍼센트가 한글을 제대로 해독하지 못한다는 조사 결과도 평준화가 학습지진아를 양산한다는 논거로 제시되었다. 그런데 중학생의 한글 미해득은 국민학교에서 부실한 교육이 빚어낸 문제이며 평준화와 무관하다. 1974년 서울 시내 국민학교 한 학급 평균 인원이 78.1명이었다.[84] 공부에 흥미를 잃은 학생들에게 적절한 지도를 해줄 방법이 없었을 것이고, 중학교에서도 특별히 나아지지 않았을 테니 여전히 한글도 읽지 못하는 상태로 남아 있었던 것이다. 당연히 이들 대부분은 특별한 지적장애가 없는 일반 학생이었다.

일부 인문계 고등학교의 '학습지진아'론은 더욱 황당하다. 이 무렵 고입 연합고사의 합격선은 200점 만점에 남자 145점, 여자 140점이었다.[85] 대체로 평균 70점 수준이었고, 연합고사에 합격하고 입학했으므로 사실 학업 부진은 학교의 책임이기도 하다. 이 무렵 지능지수에 대한 맹신이 널리 퍼져 있을 때라 그랬던 것이지만, 지능지수 99 이하는 더욱 황당한 기준이다. 지능지수의 실제 효용은 고사하고 개념적으로도 100이 평균인데, 99 이하를 기준으로 '지진아'를 결정한다는 것은 극히 자의적인 판단이다. 사실 학교는 학습 부진 학생들에게 큰 관심이 없었다. '교육력의 낭비를 막고' 나머지 학생들에게도 성적 향상의 자극을 주겠다는 것이 핵심이었다. 평준화 시대에 들어서서 새삼 등장한 학습부진아 운운의 논란은 명문 학교 출신 지식인들의 우월의식과 입시 성적 향상을 위한 일선 고등학교의 편법이 결합한 것이었다.

학습 부진이니 수준 차이니 하는 논란도 평준화가 점점 더 확대되고 자리를 잡으면서 줄어들었다. 전통 명문 학교들이 사라지면서 오히려 어떤 고등학교가 더 우수한 성적을 거두는지가 더 관심의 대상이 되었다. 인문계 고등학교는 '○○대학에 몇 명을 보냈는가?'가 학부모나 지역사회에서 평가를 받는 가장 중요한 기준이 되었다.

인문계열 고등학교라고 해도 대학에 진학할 생각도 없는 학생이 굳이 새벽부터 밤늦게까지 별도의 우열반 수업까지 들으며 입시 공부를 할 이유는 없다. 1960년대 또는 1970년대 초반의 인문계 고등학교도 대학 입시를 열심히 준비하기는 했지만, 새벽부터 밤늦게까지 학생을 학교에 붙잡아 두거나 매달 몇 번씩 시험을 치르는 것 같은 식으로 진행하지는 않았다. 물론 열심히 공부하는 학생이야 정말 밤을 새워가며 공부했겠지만, 학교에서 거의 강제적인 자습이나 보충수업을 실시하지는 않았다. 그러나 새로운 입시 명문 학교의 수업 현장에서 예외는 없었다. 누구든 대학에 갈 후보자였고, 반드시 일류 대학이 아니더라도 대학에 가는 것 자체도 학교의 성적이었으므로 모두 입시 전선의 병사가 되어야 했다. 대학에 갈 의지가 없더라도 학교 전체의 '면학 분위기'를 위해서라도 일탈은 허용되지 않았고, 그야말로 '군

기'라고 해야 할 만큼 규율이 강화되고 일상화되었다. 낙오자가 없어
야 했으니 이전처럼 적당히 풀어 주는 관용을 기대하기는 힘들었다.
효과적인 통제를 위해서 물리적 폭력이 더 강화되었다. 특히 새로 설
립된 사립학교일수록 더했다.

아침에는 8시까지 등교해서 자습을 해야 했고, 늦으면 기합을 받았
다. 수업이 끝나도 '자율학습'이라는 명분으로 학교에 남아 공부해야
했고, 교사들은 학교 주변에서 학생들이 다닐 만한 곳을 순찰하며 감
시하고 다녔다. 심지어는 학생들이 분식점조차 드나들지 못하게 했
다. 지각을 하거나 금지된 음식점에 출입하거나 야간 자습에 빠지면
처벌을 받았고, 원래 강하게 남아 있던 구타와 처벌 관행은 더욱 일상
이 되었다. 아침 등교하자마자 교문에서 복장검사, 교실의 조례, 수업
시간, 오후 종례, 야간 자율학습까지 고등학교 곳곳에서는 규칙 위반
에 대한 갖가지 처벌이 행해졌고, 남자고등학교는 대부분의 경우 '매
타작'을 벌이는 것이 보통이었다.

감시와 통제가 강화되니 교사와 학생 사이의 관계도 더 폭력적이
되었다. 학생들이 교사를 부르는 별명은 이런 관계 변화의 단면을 보
여준다. 1970년대 초까지 고등학교 교지에 졸업생들이 남긴 〈앙케
트〉나 〈졸업생 한마디〉에 등장하는 교사들은 학생부나 교외 지도 담
당 교사라고 해도 그렇게 독한 별명은 아니었다. 예를 들어 1960년대
말 인창고등학교 졸업생들의 추억에 자주 등장하는 학생지도 교사는
"포도대장 언 선생"이었다.[86] 당시 인창고등학교 교사 중 '언' 씨는 없

었으니, 아마 포도대장과 언 선생이 모두 별명이었던 것 같다. 그조차 "인창의 명물 언 선생님께 머리 깎이고" 끌려갔다는 정도였다.[87] 이 무렵 다른 별명 '황금박쥐' 선생님도 등장하는데, 여러 매력으로 잊히지 않는 추억을 준 분이었다. "봄소풍 때 엉성한(?) 육체의 아리랑 춤"과 "대머리 총각 노래"로 학생들에게 웃음을 남긴 교사였다.[88] 1964년 졸업생 중에는 재학 중 가장 인상 깊었던 것으로 "교도 과장 선생님의 사랑"이나 담임 교사의 훈화를 꼽은 학생도 있었다.[89] 그런데 1970년대 중후반 고등학교 교지에서 졸업생 앙케트에 등장하는 교사들의 별명이나 교사와 학생의 관계는 많이 달라진다. 낙타·두꺼비·오리·콜롬보 정도는 양호한 편이고,[90] 깡패·베트콩·미친개가 등장했으며,[91] 두목·소장수·개장수·강구(바퀴벌레의 사투리) 등도 나온다.[92] 이런 별명은 대부분 교사의 외모가 아니라 평소 학생들과 관계를 반영하는 것이다.

아침저녁으로 매타작 소리가 나는 건 예사였고, 학교생활에 기억에 남는 것은 "오직 그것(몽둥이-인용자)뿐"이었다.[93] 이 무렵 교사와 학부모들은 학생이 공부를 하게 하려면 밖에 돌아다니지 못하게 해야 하고, 외모에도 신경 쓰지 못하게 해야 한다고 믿었다. 복장과 두발 단속은 학생통제의 기본이었고, 심지어 교장이 직접 학생 생활지도에 나서 콧수염을 밀어 버리는 일도 있었다.[94] 아침과 저녁의 말뿐인 '자습'과 '보충수업' 시간도 철저히 통제되었으니 빠지면 매타작을 당했다. 교사의 극단적인 별명은 대부분 구타와 관련되었다. 입시 위주 교육과 학생 단속으로 유명했던 사립고등학교의 한 졸업생은 고등학교 재학 중 가장 인상 깊은 일이 "두꺼비한테 맞고 도망갔다가 다음날 누나와 함께 두꺼비한테 빌었던 일"이라고 했다.[95]

한 학생은 3년간 가장 인상 깊었던 일이 교사에게 하도 맞아, 꿈속에까지 그 선생이 나타나 진땀을 뺀 것이라고 했다.[96] 영화 〈말죽거리 잔혹사〉는 이 시기의 강남 사립학교를 배경으로 하고 있거니와 실제로 폭력은 학교생활 곳곳에 더욱 강하게 스며들었음을 보여주었다. 폭력은 위에서 아래로 확산되었으니 교내 선후배 사이에도 폭행은 빈번해졌다.

한편 여학교에서는 남자고등학교처럼 살벌한 별명이 등장하지는 않는다. 대개 소쿠리·쌀순이·미니보이·딸기코·도날드·꼴뚜기·니그로·모나리자오빠 등 외모와 체격에서 유래한 별명이 많지만, 시어머니·할머니생쥐·딱순이·포인터 등 잔소리와 관련된 별명들도 이 무렵 강화된 입시 준비 교육과 무관하지 않을 것이다.[97]

한편 1970년대 후반 대학 입학 경쟁이 격화되면서 여기에 편승해 이익을 보려는 갖가지 행태들이 나타났다. 앞서 살펴본 것처럼 과외 열풍이 불어닥친 것은 두말할 것도 없고, 입시 산업이 본격적으로 성장하기 시작했다. 학원도 학원이지만 입시 전문 잡지도 호황을 누렸다. 학원과 잡지들은 정부 방침도 무시했다. 원래 대학입학예비고사 문제는 비공개가 원칙이었으나 수험 잡지나 학원은 공공연하게 유출해 공개했다. 문교부는 강경조치까지 선언했으나 대표 수험지인 《진학》은 어떻게든 문제를 빼내 유통했다. 1968년 영어 문제를 통으로 빼내 부록으로 싣고 수학은 별지로 팔았다. 문교부가 경찰에 고발했으나 별 소용이 없었다. 1977년 대입예비고사 이틀 뒤《진학》12월호는 7개 과목 문제와 정답을 함께 부록으로 실어 판매했다. 예비고사가 실시된 직후거나 아니면 그전에 이미 문제지가 그대로 유출되었음을 알 수 있다.[98]

예비고사 이후에 수험생들은 본고사 준비를 위해 학원으로 몰려들었다. 학원들은 대학교별로 본고사 준비 총정리반·모의고사반을 따로 만들었다. 당시 서울 시내 한가운데 있던 입시학원가는 재수생과 서울 시내 고등학생은 물론이고 지방에서 상경한 수험생까지 몰려 북새통이었다. 일부 학교는 수업을 아예 5시간으로 단축해 학생들이 오후에 학원에 갈 수 있게 하기도 했고, 인기 있는 학원은 우수 학생들을 선발하는 시험을 쳐서 준비반을 편성했다. 1978년 겨울 서울의 한 명문 학원은 서울대반·연고대반·이대반에 재수생 4000명과 고3 재학생 1000명 등 5000명의 등록을 받았다.[99] 학원 강의실에는 100명이 넘는 학생들로 넘쳐났다.

평준화 이후 신흥 명문을 노린 사립고등학교들이 비인간적인 입시 경쟁을 강화하고 학교를 피폐하게 만든 것은 사실이다. 그러나 학교만의 책임은 아니었다. 고등교육수요가 계속 늘어나는 데도 적절하게 대응하지 못하면서 평준화만 시행한 정부의 책임이 더욱 컸다. 1978년 전국의 대학 정원은 18만 2000명 정도였는데, 진학 희망자는

40만 명 수준이었다. 결국 22만 명 정도는 대학 진학을 포기해야 했으니 경쟁은 격화될 수밖에 없었다. 졸업하는 마당에 "서울대에 원서를 내고 싶지만, 군대에 합격했다"는 자조나 "대학교+공부+꼰대 재촉=노이로제"이니 "고로 웃으면서 포기하자"는 말을 남겨놓은 졸업생의 한마디는 경쟁에서 밀려난 학생들의 솔직한 심정일 것이다.[100]

학교 안의 권력,
학교 밖의
권력

3

I

정치권력과
학교

군사정권의 학교 통제와 국민교육이념

5·16쿠데타로 정권을 장악한 군사정권이 먼저 손댄 곳 중 하나가 학교였다. 4·19혁명 이후 급격히 확산된 학생운동이나 학교를 근거로 한 혁신운동도 경계의 대상이었지만, 교원노동조합(이하 교원노조) 또한 군사정권이 반드시 제거해야 할 경계 대상이었다. 군사정권은 〈교육법〉, 〈교육공무원법〉의 효력을 일시 정지하는 〈교육에 관한 임시특례법〉을 1961년 9월 공포했다. 〈교육에 관한 임시특례법〉은 정부가 공립학교의 행정은 물론, 학교법인의 교원 임명에 개입할 수 있는 근거를 만들어 주었으며, 교원의 노동운동 금지, 교육감의 정부 임명 등을 규정했다.[1]

제2공화국에서조차 인정을 받지 못하던 교원노조는 아예 활동할
수 없었으며 주동자들은 피신해야 했다. 교원노조만이 아니었다. 법
령의 문제를 초월해서 쿠데타 직후에는 문교부를 군인들이 완전히
장악하고 인사와 정책을 좌우했다. 소령 한 사람이 실질적으로 권한
을 행사하며 학교 교장들을 마구 해임했다. 교육개혁을 한다며 도시
에 있는 교사들은 농어촌으로, 농어촌 교사들은 도시학교로 보냈다.
1950년대 여러 학교 현장에서 민주적인 학습 환경과 시민교육을 표
방하는 새교육운동이 진행되었는데, 쿠데타 이후에는 온 데 간 데 없
이 사라졌다. 오직 반공을 국시로 삼는 군사정권답게 반공교육만이
핵심으로 강조되었다. 또 앞서 살펴본 바처럼 〈사립학교법〉의 개정으
로 정부가 학교재단이나 교육현장에 개입할 수단도 늘어났다.

정부는 학교에 인사·재정·행정 통제를 강화하면서 교육내용에 대
한 정치적 개입도 확대해 갔다. 학교교육의 교육목표에 대한 강력한
이데올로기적 기준들이 제시되었다. 〈교육에 관한 임시특례법〉은 짧
은 기간에만 적용하는 특례법이었으므로, 1963년 〈사립학교법〉을 제
정했다. 이전에는 사립학교에 대한 법령은 〈교육법〉 안의 4개 조항에
그쳤는데, 국고보조가 없고 교직원 임용에 대해 보고하거나 승인받아
야 하며, 예결산을 감독청에 보고해야 한다는 내용이 전부였다. 그러
나 〈사립학교법〉은 감독청이 사립학교를 지휘·감독한다고 규정하고,
재단법인의 임원과 구성, 임기에 대해 제한을 두었다. 또 법인은 수익
사업을 감독청에 모두 신고하게 했으며 예산 편성과 회계 규칙 등의

사항을 문교부 장관이 정할 수 있게 했고, 감독청이 법인의 예산안 시정을 요구할 수 있게 되었다. 학교장 임명 또한 감독청의 승인을 받아야 했다. 국가가 학교를 통제할 여러 가지 수단을 확보한 것이다.[2]

한편 군사정권은 교육과정과 교육내용에 대한 통제도 본격화했다. 1955년부터 시행된 1차 교육과정은 국민학교부터 고등학교까지 12년간 공교육체제의 교과목 체계와 교육내용을 체계적으로 제시했다. 이승만 정권기이기는 했으나 미국의 진보주의 교육사조의 영향을 많이 받아 일선 학교가 자율적으로 선택할 수 있는 범위도 컸고, 국민학교와 중학교에 일제강점기의 수신이나 해방 후의 공민 과목 대신 '사회생활' 과목을 두었다. 이 바탕 위에 학생 아동 중심의 새교육운동도 전개될 수 있었다.[3]

1963년부터 초중고등학교까지 12년간 국가가 인정하는 공식적인 교육내용으로서 2차 교육과정이 시행되었다. 문교부는 5·16쿠데타 당시의 이른바 〈혁명공약〉을 반영해 반공 및 국방 교육의 철저를 주요 교육목표로 내세웠고, 이것이 2차 교육과정에도 반영되었다. 이후 국민학교와 중학교에서 '사회생활' 대신 '반공도덕'을 매 학기 가르쳐야 했다.

1968년 정부는 새로운 국민교육의 목표를 제시했다. 1970년대 이후 초중고등학교에 다닌 학생들이라면 반드시 외워야 했던 〈국민교육헌장〉이다. 〈국민교육헌장〉은 1968년 12월 제정된 이래 모든 교과서와 서적 앞 쪽에 실렸으며 필수 암기 사항이었다. 이 시절 국민학생들의 기억 속에 〈국민교육헌장〉이란 무슨 뜻인지 잘 알 수 없는 어려운 말들인데, 외우지 못하면 집에 가지 못하는 골칫덩이였다.

1968년은 격변의 시기였다. 인간이 달에 첫발을 내딛었고, 유럽과 미국에서는 젊은이들이 중심이 된 혁명적 변화가 일어났으며, 베트남 전쟁에 대한 반전운동이 격렬해졌다. 남북 관계와 동북아 정세도 격변의 시기였다. 북한이 청와대 습격을 시도한 1·21사건이 일어났으며 푸에블로호가 북한에 나포되었다. 경제개발의 문제점이 나타나기 시작했고, 군사정권은 대통령의 삼선을 금지한 헌법을 고치기 위해 국회의원 선거부터 부정을 저질렀다. 엄청난 규모의 부정선거 끝에 국회 의석의 3분의 2 이상을 장악하는 데 성공했으나 개헌에 대한 저항도 만만치 않았다.

집권 이후 박정희 정권은 늘 반공교육을 강조해 왔다. 그러나 1968년 무렵 정권은 좀 더 세련되고 이념화된 형태로 집권의 정당성을 체계화하고, 바람직한 국민상을 제시해야 했다. 국민교육의 기본 방침을 헌장으로 만들고 이를 낭독하고 암기하게 한다는 발상은 여기에서 나왔다. 대통령의 지시로 당시 학계에서 가장 권위 있다는 학자들을 총동원하고 몇 차례의 수정을 거쳐 완성되었으며, 국회의 동의를 거쳐 반포되었다.[4]

사실 〈국민교육헌장〉은 400자도 되지 않는 짧은 글이다. 그런데 이 헌장 속에 등장하는 거의 모든 단어가 특별한 가치와 윤리적 태도를 포함하는 말들이다. 첫 두 문장을 보자. "우리는 민족중흥의 역사적 사명을 띠고 이 땅에 태어났다. 조상의 빛난 얼을 오늘에 되살려 안으로 자주독립의 자세를 확립하고 밖으로 인류공영에 이바지할 때다."
민족중흥, 역사적 사명, 조상의 빛난 얼, 자주독립, 인류공영 등 매우 추상적인 단어들이라 초등학생이나 중학생들이 그 구체적인 의미를 파악하기 쉽지 않다.

차라리 어렵기만 하면 나을 터인데, 충돌하는 개념과 관점들이 그대로 나열되는 경우가 많다. "자유와 권리에 따르는 책임과 의무를 다하"는데, "나라의 융성이 나의 발전의 근본임을 깨달아"야 한다고 한다. 국가와 개인의 권리와 의무, 자유와 책임이 상호 관계가 아니라 국가가 당연한 주인공이며 채무자인 것처럼 정의된다. '반공 민주 정신에 투철한 애국 애족'이 아니라면 받아들이기 쉽지 않은 민주주의가 아닐 수 없다. 좋은 말만 나열한다고 해서 훌륭한 사상이 되지는 않는다. 각각의 말이 가지는 현실적인 입장의 차이와 모순을 조화하는 논리적이고 실천적인 장치와 구조를 만들 때, 비로소 말들은 사상이 되고 이념이 된다. 그런 의미에서 〈국민교육헌장〉은 말들의 향연에 그쳤으니 가르치려 해도 가르칠 것이 없었다.

문교부는 〈국민교육헌장〉의 이념을 교육 현실에 반영하기 위해 다각적인 노력을 기울였다. 전국의 학생과 공무원은 〈국민교육헌장〉을 암송하는 것은 물론, 필요한 곳에 이를 게시하고 행사 때에는 반드시 낭독하게 했다. 그렇지 않아도 각급 학교의 긴 조회 시간은 이 때문에 더욱 늘어났다. 수많은 국민학생이 전혀 이해하지도 못하는 문장들을 외우고 검사를 받아야 했고, 교사들 또한 아이들을 방과 후까지 남겨서 억지로 암송하게 하는 고초를 겪어야 했다.[5]

정부는 〈국민교육헌장〉이 선포된 1968년부터 학교를 총력안보체제의 실질적인 재생산 공간으로 재편하는 작업에 나섰다. 먼저 반공교육 강화를 본격적으로 천명했다. 1969년에는 중고등학교에 교련 과목을 설치했다. 국민학교의 반공도덕 시간을 늘렸으며, 인문계 고등학교의 국민윤리 과목을 반공 및 국민윤리로 이름을 바꾸고 시간을 늘렸다. 교육청에서 장학지침을 만들고 학교마다 다니며 강습회·협의회를 열었다. 시범학교를 만들고, 학교에서 현장 교육 연구도 실시했다. 수업 시간이나 특별활동, 학생 생활지도에서 〈국민교육헌장〉을 어떻게 반영할지도 항상 유념해야 했다. 1973년 3차 교육과정을 만들 때는 아예 기본 방향을 〈국민교육헌장〉의 이념 구현에 두었다. 일선 학교는 "국책에 순응하여 어느 교과보다도 반공교육을 우선하며, 전 교과와 관련하여 충실을 기하고", 학교의 교육목표를 "민족중흥의 역사적 사명을 완수해가는 기반으로서의 우리 교육의 목표는 국가와 민족을 위해 헌신하는 성실하고 유능한 국민을 육성하는 데 있다"라고 규정하기도 했다.[6]

이렇게 〈국민교육헌장〉을 교육과정의 핵심 이념이자 구현해야 할 인간상이라고 제시했지만, 정작 학생들에게 얼마나 영향을 미쳤을까 따져보면 그 효과는 그리 크지 않았다. 좋은 말은 일단 다 넣고 보자는 식으로 구성하다 보니 정작 무엇을 중심으로 가르쳐야 할지 아무도 알 수 없는 지경에 이르렀다. 모두가 외우고는 있지만, 그 내용을 알지도 못했고 관심도 없었다. 이미 1990년대부터 〈국민교육헌장〉은 실제 교육 효과를 거두지 못한 것으로 평가되었거니와 1970년대 초등학생들의 개인적인 경험에서도 무조건 외웠던 것 외에는 별 다른 기억이 없었다.[7]

한편 1970년대 새마을운동이 확산되면서 학교도 새마을교육을 실시해야 했다. 새마을교육은 1960년대 향토개발교육에서 시작했다. 원래 장면 정부 시절부터 농촌 지역과 학교를 연계하려는 발상은 있었고, 박정희 정권하에서 이미 향토개발을 위해 학교교육의 사회화를 추진하고 학교교육과정을 향토화하자는 논의는 있었다. 그러나 새마을교육을 전면에 내세우면서, 1972년 문교부는 전국의 학교를 새마을운동의 센터로 만든다는 '새마을교육 3개년 계획'을 입안해 추진했다. 학교가 중심이 되어 학생을 조직적으로 지도하고 가정까지 파고드는 마을 지도를 구체적으로 추진해야 한다는 것이었다. 박정희 대통령도 직접 경제개발만이 아니라 반공 이념의 실천과 안보 태세 확립에도 기여할 것을 주문했다.

아무래도 새마을교육은 농촌 지역에서 중점적으로 진행되었는데, 정신 개조와 생산 증대 두 방향으로 추진되었다. 정신 개조는 애국심·애향심·협동의식, 합리적 생활, 중농사상, 성인교육 강화 등을 목표로 하되 실질적으로는 학교에서 청년교실·어머니교실을 운영하고 마을 반공관 및 향토관을 운영하게 했다. 생산 증대를 위해서는 생산과 직접 관련되는 교육, 소득 증대 기술 제공, 협업체 지도 육성 등이 목표로 제시되었다. 실제로 학교에서 절미운동이니 농한기 부업 장려, 일손 돕기, 지역개발 토론회, 1가정 1통장 갖기 운동, 1가정 1유실수 심기, 지역개발 교재 발간 등을 추진했다.

한편 학생들은 '애향단'으로 조직·동원되었다. 애향단은 1960년대 말부터 일부 지역에서 향토교육이나 안보교육을 위해 만들었는데, 1972년부터 전국적으로 시행되었다. 전국에 1만 5000개의 애향단을 만들고, 학교마다 향토관을 설치하겠다는 거창한 계획이었다. 마을을 기본 단위로 해서 초중고등학생들을 모두 단원으로 삼았으며 애향단마다 교사들을 배치했다. 그 상위에 읍면 단위의 애향단도 만들었다. 애향단원들은 아침 일찍 마을회관 앞에 모여 국기게양식을 하고 체조와 마을 청소를 실시한 다음 하루를 시작했다. 마을마다 공부방을 만들고 새마을사업이나 일손 돕기, 마을 청소, 파리와 쥐잡기, 식수 관리 등에 참여하게 했으며, 마을 게시판 관리, 꽃길 만들기, 국민가요 보급 등도 이들에게 기대했다. 그러나 그렇지 않아도 격무에 시달리던 1970년대 교사들이 이런 애향단 활동을 실질적으로 맡아 처리할 수는 없었고, 교사의 감독 없이 학생들이 자율적으로 이런 사업을 추진할 수는 없었다. 시작부터 애향단 사업은 형식적으로 흐를 소지가 다분했다.[8]

자조와 자율이 강조되면서 학습에서도 '자율학습'을 실시해야 한다고 했지만, 실제 내용은 없었다. 도시 학교들의 경우 생활면에서의 활동, 즉 물자 아껴 쓰기, 폐품 및 휴지 수집, 교통정리, 교내 특별 청소, 학우 돕기, 불우 이웃 돕기나 고아원 양로원 위문 위로, 수목 보호 등의 '봉사활동'이 강조되었다. 매주 1~2회의 새마을청소가 실시되어 아침부터 교사와 학생들이 주변 지역을 청소하게 했다. 또 공업입국을 향한 국가 시책에 부응한다면서 학생들에게 고철과 폐지를 수집해 오게 했다. 1973년 인창중학교는 498킬로그램, 인창고등학교는 512킬로그램을 모았으며, 신문지 같은 폐지도 모아 왔다. 인창중고등학교는 1학기 동안 3.6톤 정도의 폐지를 수집·판매하여 5만 4781원을 모았는데, 이 돈은 장학기금에 보탰다. 적십자나 종교 계열 동아리들은 고아원이나 양로원 같은 사회 시설에서 봉사활동에 나서기도 했지만, 1970년대 학교에서 봉사는 전 학년의 학생을 모두 동원해 지역사회의 공공 노역에 나가는 경우가 많았다. 교육위원회에서 아예 연합 봉사활동을 계획했는데, 1976년 인창고등학교 1~2학년 300여 명은 오전 3시간 동안 영등포구 화곡동에서 250미터의 하천을 넓히는 작업에 동원되었다. 이외에도 교실 환경미화, 학교 건물과 시설 미화, 2킬로미터 이내 거리는 걸어 다니는 걷기 운동 등이 추진되었다. 심지어는 새마을운동 추진 상황도 평가단의 검열을 받기도 했다.[9]

결국 농촌이나 도시 어느 곳이든 새마을교육은 마을 청소, 근검절약과 저축 장려, 유적지 및 주변 정화 등 눈에 띄는 성과를 중심으로 진행될 수밖에 없었고, 교사들의 실제 교육활동을 방해하는 역할만 했다.

사실 근대적 국민상의 형성이라는 측면에서 〈국민교육헌장〉을 암기하거나 새마을청소에 참가하는 활동들은 개인의 삶에 크게 영향을 미치지 못했다. 그러나 학교교육을 통해 사회적 의식과 개인의 내면을 장악하겠다는 국가의 시도는 '반공'이라는 측면에서는 성공적이었다. 그 시대를 경과한 사람들조차도 때로는 이해하기 힘들 정도로 강렬했던 '반공' 공포와 히스테리가 학교 현장에서 어떻게 나타났는지 살펴보자.

반공, 그 히스테리의 시대

반공교육은 대한민국 정부가 수립될 무렵부터 실시되었고 한국전쟁과 함께 더욱 강조되었다. 그러나 학교교육의 교육과정 내에서 본격적으로 강화되기 시작한 것은 5·16쿠데타로 군사정권이 들어서면서부터였다. 군사정권이 내건 〈혁명공약〉 1조는 '반공을 국시의 제일로 삼고 지금까지 형식적이고 구호에만 그친 반공태세를 재정비·강조하겠다'는 것이었고, 5조는 '민족적 숙원인 국토통일을 위하여 공산주의와 대결할 수 있는 실력배양에 전력을 집중한다'고 했다.[10] 이후 군사정권은 반공교육을 실시할 지침으로 1961년 《반공교육 강화를 위한 교사용 지침서》를 발간해 배포했다.

앞서 언급했듯이 2차 교육과정에서 정규 교과목으로 '반공도덕'을 개설하고 시수를 늘렸으며, 도덕 과목과는 별도로 반공교육 교재를 만들고 교육을 실시하게 했다. 중학교용《승공통일의 길》과 고등학교용《자유수호의 길》을 국정교과서로 개발해 학교 현장에서 활용하게 했고, 고등학교의 사회과 과목 즉《일반사회》·《국민윤리》·《정치경제》교과서에도 반공교육을 위한 내용이 편성되게 했다.[11] 그러나 시간을 늘린다고 해도 원래 의도했던 만큼 반공교육이 철저히 시행되지는 못했다. 워낙 입시 경쟁이 치열했고 학교교육도 시험 위주로 진행된 탓이기도 했다. 정부는 문제 해결 방안도 입시에서 찾았다. 1966년부터 입시에 반공도덕 과목을 포함했으며, 점점 그 비중을 강화했다.[12] 1967년 말 문교부는 "반공도덕 생활이 전체 교육계획의 근본이 되어 실효를 거두도록" 하기 위해 "1968학년도 중고교 입시에 있어 반공도덕교육의 출제 비중을 높일 예정"이라고 예고했다.[13]

전환점이 된 것은 1968년이었다. 1968년 1월 발생한 북한의 청와대 습격과 그 후 일련의 무장공비침투사건으로 정부는 향토예비군제도를 만들고 반공교육과 홍보활동을 강화했으며, 일반인들의 정서 속에서도 공산주의와 북한에 대한 공포감이 급속히 확산되었다. 정부는 1969년부터 남자고등학교에 교련 과목을 개설해 1주일에 2시간씩 사격술·총검술 등 군사교육을 실시하게 했고 1969년 3월부터 고등학교에 교련 교관과 조교를 배치했다.[14]

이제 반공 이념은 군사문화와 직접 결합해 학교의 일상생활 속에 더 깊이 뿌리 내렸다. 당시 문교부는 교련을 개설한 이유가 반공교육의 결여로 학생들이 국가 안보 위기에 대응할 능력이 없기 때문이라고 했지만, 실제로는 군사훈련을 통해 북한의 붉은근위청년대를 상대할 수 있는 집단이 되기를 원했다. 문교부의 교련 장학 방침도 "반공정신을 높여 국토방위에 대한 의무감을 강화"하고 "기초적인 군사 지식을 체득시키며 집단행동 능력"을 기르는 것이 목적이었다. 특히 교련 교사는 "훈련을 통해 반공과 국방 정신을 함양시키는 책임감"에 더욱 유의해야 한다고 했다.[15]

이 무렵 남북의 정권은 상호 경쟁적으로 군사주의 체제를 강화하고 국방체육과 학교의 병영화를 추진했는데, 아이러니하게도 서로 극단적으로 비난하면서 실제 사회의 조직 방향이나 귀결점은 유사한 면이 있었다.

1969년부터 정규 교과목으로 교련이 실시되었다. 공식적으로 교련은 "반공통일의 신념에 입각한 애국·애족 정신"을 불어넣을 것을 표방했지만, 현실적으로는 "전투력으로 쓰일 수 있도록 군사 지식과 체력을 갖추게 하는 것"과 "단체 훈련을 통해 규율적이며, 단결심과 집단의식을 지닌 개인을 만드는 것"을 목표로 했다.[16] 나치 독일이나 일본제국주의의 국방체육 교육이념과 흡사한 것으로 군사교육과 체력단련의 중요성이 거듭 강조되었다. 1970년부터는 여학생들도 교련 과목에서 구급법이나 간호법을 배웠다. 이렇게 교련을 강조하면서 일부 학교에서는 체육과를 교련의 일부로 여기는 사태를 빚기도 했다.[17] 현역 군인들이 교관으로 오면서 교련 교관들이 학생들을 구타하거나 기합을 주는 것은 예사였다. 사립학교에서는 교련 시간에 학생들을 교사 증축에 동원하기도 했다. 교련 교관이 "하늘이 노랗게 보일 정도"로 때려서 맞은 자리가 피멍이 드는 일 정도는 일상이었다.[18]

1975년에는 '반공'의 목소리가 절정에 달했다. 1975년 4월 30일 남베트남 정부가 무조건 항복했고 베트남은 '공산화'되었다. 이날부터 한국사회는 반공궐기대회의 홍수에 빠져들었다. 국민학교부터 대학까지 모든 학교의 교직원과 학생, 기업과 단체들이 저마다 궐기대회를 열었다. 승공이라고 쓴 머리띠를 두르고 현수막을 내건 채 반공과 총력안보를 외쳤다. 심지어 박정희 정권이 반유신 학생시위를 빌미로 〈긴급조치 7호〉를 발포해 휴교한 고려대학교도 학생과 교직원들을 모아 반공궐기대회를 열어야 할 지경이었다.[19] 압권은 1975년 5월 10일이었다. 총력안보국민협의회는 여의도 5·16광장에서 총력안보서울시민궐기대회를 열었다. 5·16광장은 오늘날의 여의도공원 자리인데, 원래 비행장이 있던 자리를 그대로 광장으로 만들고 국군의 날 행사 같은 대규모 행사나 집회 장소로 사용됐다. 주최 측은 이날 시민 200만 명이 참여했다고 했다.[20] 서울 인구를 흔히 700만 명이라고 할 때였다. 200만은 과장일 수 있으나 150만 명이라 쳐도 얼추 한 가정에서 한 사람 이상이 나온 셈이었다. 학생들도 당연히 이 대회에 참여해야 했다. 〈그림 21〉은 검은 교복 차림의 학생들이 학교 단위로 집회에 동원된 모습이다.

1975년 5월 이후에도 베트남 사태에 대한 공포감 조성은 끝나지 않았다. 베트남을 탈출한 난민들의 이야기가 신문과 방송에 연일 보

〈그림 20〉 1975년 5월 10일 총력안보서울시민궐기대회(공보처 홍보국 사진담당관, 국가기록원 소장)

〈그림 21〉 1975년 5월 10일 총력안보서울시민궐기대회에 동원된 학생들(공보처 홍보국 사진담당관, 국가기록원 소장)

도되었고, 비극·패망·최후·철수·탈출·난민 등의 단어들이 일련의 사태를 설명하기 위해 동원되었다. 언론은 베트남 피난민의 생활이나 사회주의화 이후 현상 등을 자세히 보도하고 항복과 철수 당시의 긴박한 화면을 반복해서 보여주면서 사람들에게 강한 인상을 심어주었다. 북베트남의 전차가 대통령 관저에 진입하는 장면이나 피난민들이 미국 대사관 옥상의 헬기에 필사적으로 탑승하는 모습은 '패망'의 공포를 극단적으로 자극했다.

이 무렵부터 학교는 본격적으로 '반공'을 학생들의 몸과 마음에 각인하는 교육을 실시하기 시작했다. 1970년대에도 일부 윤리 교사는 "반공이란 말 그 자체를 여러 번 되풀이시키는 것보다 민주주의 생활을 알게 함으로써 공산주의나 공산당보다 민주주의가 얼마나 인류에게 행복을 주며 우리의 삶을 보람되게 해주는가를 마음에서 느끼게 하는 교육"이 이상적인 반공교육(그런 것이 있는지도 의심스럽기는 하지만)이라고 생각했다. 또 교사들은 반공교육이 정치교육이므로 도덕과 분리해야 한다고 주장하기도 했다. 반공이란 윤리의식과 다른 정치적 판단력과 선택의 문제라는 것이었다.[21]

그러나 1970년대 학교 현장에서 반공교육은 "하루 세끼 밥 먹는 식으로 학생들에게 계속 주입시킴으로써 머리에 남고 몸에 배이도록" 하는 것이었다.[22] 충북고등학교 교장은 "반공교육은 반복교육"이라고 단언하면서 중요한 것은 "뇌리에 젖어 있게 하는 방법"이라고 단언했다. 그는 "국민학교, 중학교, 고등학교에서의 반공교육의 표현이나 언어는 달라도 그 뜻은 같"아야 하는데, 반공·멸공을 끊임없이 되뇌는 교육이 이미 "어느 정도 정상적으로 정착"된 상태라고 평가했다.[23] "우리나라는 자유 국가이므로 온 국민이 반대 없이 모일 수 있는 것은 반공밖에 없다"는 논리가 등장했다.[24] 반공이야말로 총화단결로 국민 전체를 이끌어가는 핵심 가치관이고, 국민 정체성의 기준이었다.

교육현장의 이런 거친 교육방식을 공식적인 용어로는 반공의 내면화 또는 생활화 등등의 용어로 포장했다. 그러나 실제로 그 의미를 가장 잘 살린 표현은 반공의 '체질화'였다. 대구고등학교는 "생활화, 내면화, 체질화를 위한 실질적인 반공교육"을 목표로 삼았다.[25] 생활 속에서 항상, 그리고 어느 곳에서나 반공 이념을 접하게 해서 학생들의 의식 깊은 곳에 스며들게 해 결국은 몸에 배게 하겠다는 것이었다. 대전고등학교도 "반공안보의식을 내면화하고 공산주의의 허구성, 침략성, 기만성을 분석 비판할 수 있는 능력을 기르"고 있다고 했고,[26] 전주고등학교도 "반공의식의 내면화"를 위해 "포괄적인 국민정신교육"을 심화하고 있다고 했다.[27] 한마디로 반공의 내면화·체질화로 집약된다.

'체질화'란 몸과 마음에 반공을 습관과 체질로 각인해 이성적·논리적 판단 이전에 몸이 자동적으로 반응하게 하게 한다는 것이었다. 공산당·공산주의란 말만 들어도 공포와 증오의 감정에 가득 차서 그동안에 배어 있던 구호들이 머릿속에서 자동적으로 재생되고 입 밖으로 튀어나오게 만드는 것이었다. 이런 반공의 체질화가 도덕·국민윤리·사회 등의 정규 교과목의 수업만으로 이루어질 수는 없었다. 몸에 각인하고 내면화하기 위해서, 생활 속에서 일상화하기 위해서는 다른 수단들이 동원되어야 했다.

　반공 규율이 극단적으로 강조된 의례를 자주 치르는 것이 중요한 방법이었다. 각급 학교에서 실시하는 조회는 일제강점기부터 제국주의 권력이 학생들을 규율하는 주요한 수단이었다.[28] 이 조회는 일제 패망 이후에도 여전히 계속 실시되다 박정희 정권기에 들어는 '애국조회'라는 명칭으로 실시되기 시작했다. 원래도 교련조회를 실시하는 학교가 있었지만, 1969년부터 교련이 고등학교 정식 교과목이 되면서 정기 조회로 자리 잡았다. 교련조회는 학생들이 마치 군인들처럼 열병·분열하는 사열식의 형태로 진행되었다.[29]

　이것만으로도 피곤한 일이었지만, 반공교육을 강화하면서 일부 학교는 아예 조회 수를 더 늘려 이념교육을 강화했다. 경기도 가평고등학교는 애국조회를 주 2회로 늘렸다. 교련조회까지 포함하면 조회만 1주일에 3번을 하는 셈이었다.[30] 매주 화요일 점심시간을 교내 반공방송 시간으로 정하고 미리 녹음해둔 대북방송을 내보내는 학교도 있었다.[31] 북한 주민들을 대상으로 하는 대북방송을 굳이 학생들에게 방송하는 것이 무슨 의미가 있는지 알 수 없는 노릇이지만, 아무도 의문을 제기하지 않았다.

　내면화를 위한 또 다른 좋은 방법은 강력한 시각 이미지에 반복적으로 노출하는 것이었다. 반공포스터 대회와 반공 표어대회가 학교·언론사·반공연맹, 도 교육위원회에서 개최되었다. 우수 작품들은 상을 받았을 뿐 아니라 눈에 잘 띄는 곳에 게시되었다. 단체 영화 관람도 반공 영화로만 했다. 1970년대는 정부의 후원을 받은 반공 영화들의 전성기였으며 대종상에 반공 영화상 부문이 따로 만들어지기도 했다. 물론 이것은 당시 반공 영화들이 어지간해서는 작품성이나 흥행성을 가지기 힘들었다는 점을 역으로 보여주는 것이기도 했다. 북한과 김일성, 공산당의 이미지는 그렇게 덧입혀졌다.

한편 1970년대 유신정권은 시청각교육의 중요성을 강조했던바 학교마다 강당이나 복도에 '민족중흥관'이라는 이름의 전시실을 만들게 했다. 기존 전시시설을 모아서 만들기도 했고, 새로 만들기도 했지만 북한의 실정과 침략의 실태를 다루는 반공코너와 새마을운동과 '조국의 발전상'을 다루는 코너는 반드시 포함되었다. 전주고등학교의 민족중흥관에는 한국전쟁 기간에 학도의용군과 국군으로 참전해 전사한 재학생 38명과 교사 10명의 영정과 함께 북한의 실태를 시각적으로 보여주는 것에 주력했다. 북한의 정치적 숙청, 물가와 주민의 생활고, 남북한 사회 비교 등이 전시의 주 내용으로 고통받는 북한 주민과 남한의 발전상을 비교해 보여주었다.[32]

간첩과 공산당은 항상 '붉은 악마'였고 김일성 부자는 탐욕스러운 돼지로 묘사되었다. 반공 애니메이션의 대명사 〈똘이 장군〉의 이미지는 사실 초등학생들만 가진 것이 아니라 거의 대부분의 학생, 심지어

〈그림 22〉 1975년 총력안보서울시민궐기대회에서의 화형식(국가기록원 소장)

는 전 국민에게 주입되었다고 보아도 무방했다. 학교의 반공궐기대회
나 심지어 운동회도 김일성 화형식으로 마무리되었다. 이 잔혹한 피
날레에 대해 누구도 북한 정권의 수령이지만 살아 있는 '사람'인 김일
성을 태워 죽이는 '화형'이 잔혹하고 야만적이라는 생각은 하지 못했
다. 인형이 불타오를 때 군중은 박수를 치고 환호했다.

1970년대 학생들은 '적'으로서 '북한 공산 집단'의 존재를 직접 확
인하는 작업도 반복했다. 특히 농촌 학교는 학생들이 '불온 문서'를 수
집하고 신고해 스스로 반공 활동에 직접 참여하도록 했다. 물론 학생
들이 혼자 또는 친구들과 북한의 선전용 '불온 문서'들을 모아 오기도
했지만 대부분은 반공소년단이니 멸공소년단이니 하는 청소년단체
를 만들어서 활동하게 했다.

학교 안의 권력,
학교 밖의 권력

〈그림 23〉 1970년대 간첩 식별 요령(《뉴시스》 2013년 4월 8일)

대표적인 것이 가평군의 반공소년대·반공소녀대였다. 가평고등
학교 전교생은 반공소년소녀대원으로 매월 첫째·둘째 일요일 반공
훈련을 받았는데, 주로 마을 단위 봉사활동이나 불온 문서 수집이었
다.[33] 전라북도 지역의 중고등학생들은 마을 단위로 멸공소년단에 가
입해야 했다. 멸공소년단은 '방첩연합훈련'을 매년 실시했고, 간부 학
생 600명은 수련회에 참가했다. 불온 유인물 습득과 신고보다 더 열
심이었던 것은 간첩 식별과 신고 요령에 대한 교육이었다. 많은 학교
가 간첩 식별 요령을 인쇄물로 학생들에게 나누어 주었고 게시판에
부착해 두었으며 교내 방송을 통해 거듭 알려주었다. 간첩 식별 요령
이란 무엇일까? 지금도 전남 함평군 나산면 장터 한 점포 천장에 붙
어 있는 나무판에는 당시의 간첩을 알아내는 방법이 적혀 있다. 포스

터도 아니고 손으로 써 놓은 〈알리는 말씀〉이다.

1. 야간이나 아침 일찍 낯모르는 사람이 부락을 통행하거나 음식점에서 취식하는 자
2. 6·25 때 부역 또는 행방불명되었다가 갑자기 나타난 사람
3. 촌가에서 좌우를 살피며 행로에 익숙하지 않다고 인정되는 자
4. 좋은 날씨에 옷이나 신발에 뻘이 묻어 있는 사람
5. 물건을 살 때에 물가에 밝지 못한 자와 적은 물건을 사고 큰돈을 내는 자
6. 밤 12시 이후 남 몰래 라디오를 듣는 사람
7. 이웃 사람 중 상업 취직 또는 친척 방문을 구실로 오랫동안 미행하는 자
8. 일본이나 북한·만주·중국 등지에 갔던 사람이 나타났을 때

눈으로 익히고 난 다음에는 직접 손으로 쓰는 것만큼 효과적인 것이 없었다. 대구고등학교는 1976년부터 학생들에게 반공일기를 쓰게 해 반공의 내면화와 생활화를 달성하고 있다고 자랑했다.[34] 반공일기는 학생들이 매일 공책의 오른쪽 면에는 신문·잡지 등에서 찾은 북한 실정 등 북한 관계 자료와 기사들을 스크랩해서 정리하고, 왼쪽 면에는 학생의 소감을 기록하게 한 일기였다. 군대에서 쓰는 일기인 수양록(최근에는 병영일기로 바뀌었다)을 연상케 하는데, 학생들이 매일 이 반공일기를 작성해서 매달 제출하면 윤리 교사와 담임 교사가 읽고 우수 작품을 표창했다. 또 1년 뒤에는 학생들이 그동안 자기가 쓴 일

기를 읽고 소감문을 쓰게 했다. 1년간의 자기(의 반공 생활)를 반성하게 한다는 것이었다. 한편 대구고등학교는 충효일기도 쓰게 했다. 마찬가지로 공책의 오른쪽에는 자료를 스크랩하고 왼쪽에는 자기의 소감을 쓰게 해 "고유 전통인 충효사상을 앙양시켜 겨레와 국가에 유능한 인재를 양성하겠다"는 것이었다.[35]

윤리 교사와 담임에게 보여주기 위해 매일 작성하는 이 공책은 '일기'라기보다는 '일지'라고 불러야 하지 않을까 싶다. 학생들로서는 매일 관련 자료를 찾는 것도 쉽지 않았을 터였다. 지금처럼 인터넷이 발달하지도 않았고 거의 온종일 북한 관련 프로그램들을 틀어대는 종합편성방송 같은 것도 없었으니, 대체로 신문에 의존할 수밖에 없었을 텐데, 기숙사에 살거나 하숙을 하는 지방 학생들은 스크랩할 자료들을 어디서 구해야 했을까? 반공일기와 충효일기를 작성하는 일 자체가 큰 고역이었을 것이다. 또 학생들에게 사상교육을 하는 차원을 떠나 자기 내면을 투명하게 교사에게 보여야 한다는 발상 자체가 그들이 그토록 증오했던 공산주의와 유사하다는 점 또한 아이러니가 아닐 수 없다.

사실 이 시기 교육 전문가들도 공산주의나 북한 체제에 대해 거의 무지했다. 대전고등학교 교장은 "우리에게는 할머니 아저씨가 있지만 북괴는 전부 '동무'라고" 칭하는 사회라고 생각했다. 위아래도 없고 예의염치도 없는 패륜 집단이라고 생각한 듯하다. 그러니 "반공의식 고취는 장유유서 정신 없이는 어렵다"며 효도나 예의범절 같은

"선행 사례를 소개, 표창하여 국민적 도의를 실천"하는 것이 "투철한 반공민주정신에 입각한 애국애족의 마음가짐"이 된다고 보았다. 한 달에 두 번 효행 사례를 조사·발표하고 표창하며, 질서지키기·인사하기·이웃돕기 등의 도의교육 생할 지표를 지키게 하는 것이 진정한 의미의 "산 반공교육"이라고 하는 주장도 이런 문맥이라면 이해가 되지 않는 것도 아니다.[36] '공산주의=인류을 저버린 패륜집단'이니 '도의교육=반공교육'의 등식이 성립했던 것이다.

이런 식의 반복된 교육을 통해 학생들은 반공을 내면화·체질화했다. 1977년 여의도고등학교 2학년 학생은 〈역사 앞에서〉라는 제목의 수필에서 "김일성이라는 악마를 '아버지 수령'이니 뭐니 하고 불러대라니 이 어찌 말이 될 노릇"이냐고 반문한다. "자식이라고 하면서 죽이지 못해 몸부림치고 있는 김일성이란 붉은 악마"가 어찌 아버지가 될 수 있냐는 것이었다. 이 학생이 가장 분노한 것은 "먹을 것을 제대로 먹지도 못하고, 입을 것을 제대로 입지도 못해, 초라한 몰골로 죽어 가고 있는" 북한의 "우리의 형제, 이웃"들이었다. 이 북한 동포들이 김일성 부자에게 "제 생일이니, 제 자식 놈 생일이니 하면서 … 우리의 형제 이웃들의 뼈를 깎아서" 선물을 바치게 하는 것이 북한의 현실이라고 했다. 결론적으로 "우리들의 형제, 이웃들을 위하여 역사의 정당한 심판의 시기를 1초라도 재촉하지 않으면 안 된다"는 것이었다.[37] 수필이라기보다 웅변 원고를 손본 듯한 느낌의 글인데, 당시 체질화된 반공교육의 북한관을 단적으로 보여준다. 북한은 김일성 부자를 중심으로 하는 소수의 공산당이 지배하고 다수의 북한 주민은 고통받고 억압당하는 사회이며, 남한의 학생들은 김일성 부자와 공산당을 축출하고 북한 동포를 해방할 역사적 책임을 가져야 한다는 것이었다.

이런 북한 인식에는 《승공통일의 길》같은 반공 교재의 영향이 컸다. 1970년대 사용된 중학교 교과서 《승공통일의 길》은 북한 주민의 궁핍한 생활상을 소

〈그림 24〉 1970년대 중학교 교과서 《승공통일의 길》

개하면서 공산당의 감시와 착취, 억압과 통제로 북한 주민이 비참한 생활을 꾸려가고 있다고 강조했다. 그 고통의 원인은 김일성 부자로 규정되었다. 1960~1970년대 반공교육의 일반적 지침이 북한 동포와 공산당을 구분하고, 공산당은 귀족처럼 살고 있는데 나머지 북한 동포들은 조금의 자유도 없이 경제적 궁핍에 허덕이며 하루하루 생존해가고 있으니 우리가 그들을 구해야 하는 역사적 사명을 안고 있다는 것을 학생들에게 각인하는 것이었다.[38]

이런 체질화된 증오는 조건반사처럼 정형화된다. 반공적 증오가 작동해야 할 상황이 되면 학습한 방식대로 답이 튀어나오는 것이다. 휴

전선을 방문한 학생이 북한 지역을 바라보며 "저곳에도 나의 동포가 살고 있을 텐데 하며 생각하니 … 김일성이 어떤 놈인지, 모두 쳐 죽이고 내 동포를 하루 빨리 자유의 세계로 구해 주고 싶은 심정을 가눌 길이 없었다"고 생각했다고 했다. 살벌한 용어와 역사적 사명, 동정심 등 사용한 단어들은 감정들이 폭주했지만 이 대목 전후는 아주 평온한 여행기일 뿐이었다. 자연스럽게 감정이 흘러가지 않고 필요한 대목에서 자동적으로 흘러나온 단어들이었다. 땅굴 방문기도 마찬가지다. "북괴가 파놓은 땅굴로 들어갔다. 실로 무시무시한 감을 느끼게" 되었으며 "분노로 몸서리쳐지는 몸"을 끌고 돌아왔다고 했지만, 공포와 분노의 구체적 내용은 없다. 학생들은 증오와 분노의 반공적 정서 위에서 권력이 요구하는 인간형에도 익숙해졌다. 이들이 위선이나 가식을 떨었다기보다는 몸에 배고 학습된 반응을 보였을 뿐이었다. 이 모든 현장을 직접 보니 다시 "국가와 민족을 위해 내 한 몸을 봉사할 것을 굳게 다짐"한다는 것이었다.[39]

그러나 학생들이 반공교육을 기계적으로 수용하기만 하지는 않았다. 때때로 천편일률적인 반공교육의 논리적 맹점을 예리하게 공박했다. 이미 학습된 반응을 보이기 시작하는 중고등학생들보다 국민학생들의 질문이 더 날카로웠다. 국민학생들은 아직 권력에 대한 공포감도 덜했고 또 중고등학생들처럼 반복된 주입식 교육으로 이런 문제만 나오면 수동적인 태도를 보이는 경향도 덜했기 때문이었다. 먼저일부 학생은 수업 자료나 교과서가 제시한 북한의 상황을 도저히 믿을 수 없다며 교사에게 질문했다. 당시 교과서나 반공 교재가 여러모로 과장됐거나 당초에 근거가 없는 자료를 사용하고 있었으므로 당연히 품을 만한 의문이었다. 사실 반공 교재에서 묘사한 대로라면 과연 그 사회가 유지될 수 있을까라는 질문은 한번씩 해봄직했다. 한 국민학생은 김일성 우상화를 맹비난한 교사에게 "김일성도 웬만한 인물이니까 북한 사람들을 그 정도로 얽어맬 수 있는 것 아니냐?"는 예상치 못한 질문을 해서 교사를 당혹하게 했다.[40] 물론 이런 질문은 교사들을 크게 당황하게 했다. 당시 반공교육 책임자들은 전쟁을 경험하지 않은 학생들이며 교사들조차 전쟁을 경험하지 못한 세대라서 그렇다고 했지만, 사실 전쟁 경험 세대가 할 수 있는 답도 '너희들은 전쟁을 겪어보지 않아서' 모른다라는 것이었다. 전쟁에서 겪은 폭력과 빈곤, 죽음에 대한 공포 등이 모두 공산당과 김일성 탓이라는 식이었다.

젊은 세대 교사들은 아무런 실증 없이 무조건 나쁘다는 주입식 교육이 제대로 된 반공교육을 가로막고 있다고 보고 개혁이 필요하다고 생각했다. 교사들조차 실증적 정보가 제공된다면 반공교육의 근간이 흔들릴 것이라는 사실은 몰랐을 터였다. 1970년대 남한의 주민 가운데 북한에 대해 그나마 가장 정확한 정보를 접할 수 있었던 사람들이 민통선 안쪽에 사는 대성동 마을 주민들이었다. 매일같이 북한군과 북한 주민을 보는 대성동 마을 어린이들은 교과서에 그려진 인민군의 삽화가 실제와 다르다는 것을 느끼고 의문을 제기했다.[41] 실제 인민군들은 그렇게 흉측하지도 무섭지도 않은 보통의 젊은이들일 뿐이었다.

교과서와 수업 시간의 반공교육보다는 별도로 설립한 반공교육원이나 수련원의 교육이 좀 더 효과적이었다. 이런 교육시설은 경주를 비롯해 전국 각지에 설립되어 선발된 학생들에게 반공교육이나 충효교육을 실시했다. 반공이념과 엘리트주의를 교묘히 결합한 이 교육원이나 수련원은 학생회나 학도호국단의 '간부' 학생들에게 국가의식과 반공주의, 엘리트 의식을 함께 심어 주었다. 서울의 사직동 교육원과 경주의 화랑교육원 등에서는 간부 학생들을 대상으로 짧게는 2박 3일에서는 길게는 1주일까지 입소 교육을 실시했다. 일반 학생들이 하루 과정인 한국반공연맹의 1일 승공학교에서 강의와 영화를 보고 돌아오는 것과는 수준이 다른 교육이었다.

입소하기 전부터 학교의 대표요 얼굴이라는 교장·교감의 격려와 당부를 잔뜩 듣고 들어온 학생들에게 교육원 관계자들은 계속 너희들은 간부라는 의식을 주입했다. 여러 학교가 모여 있으니 내가 우리 학교의 명예를 걸고 있다는 의식은 더욱 강해졌다.[42]

교육원의 일정은 군대식으로 진행되었다. 학생들은 구대와 중대·대대 단위로 편성되었고, 구대장이나 중대장이라도 되면 우쭐했다. 새마을노래를 신호로 기상, 국기게양식, 구보와 체조로 아침을 시작했고, 저녁은 일석점호로 마무리했다. 다양한 일정을 소화했지만, 빠지지 않았던 것은 행군과 사격 등 실제 군사훈련이었다. 도착하자마자 모의 소총을 받아들고 총검술과 구령법을 배우고 행군을 했다. 일정에 따라 다르지만 장거리 행군은 필수 요소였고, 행군 중에는 공습 대비 훈련과 고지 점령을 넣기도 했다. 길을 가다가 경보가 울리면 길 양쪽으로 흩어져 대피해야 했고, 숨이 턱에 닿아도 총을 들고 산을 뛰어 올라가는 것도 새로운 경험이었다. 실제 사격 훈련도 빼놓을 수 없는 코스였다.

학생간부교육은 실제 기본 군사훈련에서 실시하는 것을 한 번씩은 다 겪게 했다. 자고 있는 학생들에게 한밤중에 비상을 내리고 운동장에 집합하게 했다. 당연히 우물쭈물할 수밖에 없는 학생들에게 집합 상태가 좋지 않다면 운동장을 뛰게 했다. 모의소총을 들고 불침번을 서던 학생들은 아침 식사를 준비하러 오는 아주머니들에게 '정지', '누구냐'를 외치기도 했다. 전방 방문도 필수 과정 중 하나였다. 판문각을 견학한 학생들은 '쳐부수자 공산당 때려잡자 김일성! 몰아내자 공산 도배! 타도하자 김일성!'을 목청껏 외쳤다. 간부라는 엘리트 의식, 낯선 군사훈련과 내무반 생활 등은 이 기간을 함께했던 학생들에게 동료의식을 느끼게 해주었고, 우리는 하나라는 생각은 의혹이나 주저함도 사라지게 해주었다. 파주의 화석정을 방문해 율곡 이이의 십만양병론을 생각하며 유비무환을 떠올리고, 반공 영화를 보며 총력 안보를 되뇌었다. 수료식까지 마치고 과정이 끝나면 배지를 달게 해주었고, 학생들은 방위성금을 걷어 교육원에 내고 다른 학교 학생들과도 아쉬움 속에 헤어졌다.[43]

수련원의 교육은 반공을 단순히 반복적으로 주입하지 않았다. 참여한 학생들의 엘리트 의식을 자극하면서 민족주의와 반공이데올로기를 함께 주입해 사명감을 고취했다. 1975년 학도호국단 간부로 경주 화랑수련원에서 교육에 참여한 부산동고등학교의 한 간부 학생은 그들이 "간부로서, 아니 새 화랑으로서의 자격을 키워나가기 위해 수련을 계속"한다고 생각했다. 수료식에서 '화랑 배지와 수련장'을 받아들고 "그렇다, 나는 화랑이다. 국가를 위해 바친 몸, 무엇을 못하리오. 이제 우리가 나설 시대다. 새 화랑, 국가 다음에 우리다. 국가가 없으면, 설 땅이 어디겠는가?"라고 다짐했다.[44]

그러나 모두 그렇게만 생각하지는 않았다. 같은 수련회에 참가했던 부산동고등학교의 다른 학생은 단 한 번도 간부라는 표현을 사용하지 않는다. 그에게 동료들은 "모순 속에서 허덕이는" 젊은이들이 "함께 모여 한 불을 피웠"을 뿐이었다. "우리는 취침 명령에도 불구하고 웃고 재미있게, 그 명령을 장난으로 넘겼다. 기합도 받고 꽉 짜인 스케줄에 허덕였"다. 교육이 끝난 다음 분명히 "어떤 학생은 전에 느끼지 못하던 애국이라는 말에 다시 눈을 돌려보고 애국해 보고자 뜻을 다진다. 그러나 그 몇 시간이 애국을, 반공을 영원히 우리의 뇌리에 박을 수 있었을까? 실체적인 애국은 결코 아니"라고 한다. 그는 오히려 "다만 구세대를 현실의 각박함을 통해 느낄 수 있고 우리의 세대를 더욱 이해할 수 있었"던 경험이었다고 회상한다. 특이하게도 그는 수련회를 자기 세대의 공통 경험으로 파악했다.[45]

그러니 이전의 반공궐기대회는 억지로 소리 지르는 어색한 모임에 불과했다면, 수련회에서 느낀 반공이나 애국은 자기 세대의 감성으로 재구성된 감정이라고 받아들였다. 그는 그 결의가 구세대와 대별되는 '틴에이저'로서 그들이 "가정을 떠나 자유로이 생각했고, 혼자가 아니라 모여서" 생각하는 가운데 형성된 "진정한 외침"이라고 생각했다.[46] 반공교육이든 엘리트간부교육이든 학생들의 내면을 완전히 장악할 수는 없었다. 내면화는 무서운 지경이었지만 영원하거나 완전하지는 않았다.

한편 1970년대 이른바 총력안보체제의 교육환경에서 교사나 학생 모두에게 가장 고달팠던 것은 교련 검열이었다. 학교마다 문교부와 국방부에서 각각 검열관이 나와 교련 교육의 상황을 점검하고 점수로 매겨 평가했다. 학생들은 교련복을 입고 모의 소총을 들고 집결해 열병이나 분열을 보이고, 교련 시간에 배운 기본 군사훈련이나 간호법 등의 시범을 보여야 했다. 국방부 검열관은 참여도나 교육내용, 훈련 상태 등을 평가했고, 문교부 검열관들은 교사들의 협조, 승공교육의 일상생활화, 교육보조재료의 준비 상태, 심지어는 복장과 모표, 두발, 개인위생 상태까지도 검열해 점수에 반영했다.[47] 교련 검열은 학교 전체의 총력안보체제에 대한 준비 상태를 평가하는 것이었으므로 최대 행사 중 하나였고, 교장 이하 모든 교사의 관심사였으며, 학생들에게는 가장 피곤한 일 중 하나였다. 한 달 이상 야외에서 지겹게 반복 훈련을 거듭해야 했다. 교련조회 대신 오후에 교련석회를 하기도 했는데, 학생들에 대한 정신 훈련의 기회로 삼기도 했다. 1970년대 한 고등학교에서 석회 도중 갑자기 소나기가 쏟아졌다. 졸업하면서 기억에 남을 정도의 폭우였으니 감기가 들 수도 있으니 일단 석회를 중단하고 학생들을 실내로 들여보내는 것이 상식일 것이다. 그러나 1970년대 교련조회나 석회라면 그대로 끝까지 마쳐야 했다.[48]

〈그림 25〉 교련 사열-소총의 분해·결합
(경성종합고등학교, 《용마성》 1, 1976)

　이러다 보니 지친 학생들이 훈련을 거부하는 일도 생겼다. 1970년 10월 교련 검열을 대비해 연습하던 문산북고등학교 학생 일부가 고된 훈련과 단체 기합에 교육을 거부하거나 집에 돌아가 버렸다.[49] 문교부는 지나치게 과도한 훈련 자제를 지시하면서도 주동 학생을 색출해 무기정학 처분을 내렸다. 1979년 7월 한양여자고등학교 야간부 학생 1400여 명이 한 달 동안 준비하던 교련 검열 종목이 갑자기 바뀌고 학교가 과도한 훈련을 진행하자 5시간 동안 집단 항의 농성을 벌이기도 했다.[50]

　교련 검열 결과를 점수로 내고, 지역 학교별로 순위를 매기면서 좋은 성적을 내기 위해 학교장이나 교련 교사 사이에 과도한 경쟁이 붙었다. 다른 학교에서 하지 않는 것을 보여주기 위해 실제 교육과정에 없는 것도 학생들에게 실행하게 했다. 〈그림 25〉는 경기도의 한 고등학교 교련 사열 장면이다. 소총의 분해·결합 시범을 보이고 있는데,

심지어 눈을 가리고 있다. 현역 군인들도 잘 하지 않는 훈련을 했던 것이다. 아마도 국방부 검열관들은 높은 점수를 줬을 것이다. 학생이 곧 군인이라는 의식을 잘 반영한 장면이라 하겠다.

유신의 나팔수: 교단의 정치화

1960~1970년대 교사들은 수업 시간에는 반공교육, 독재 정권을 옹호하는 한국적 민주주의 교육, 〈국민교육헌장〉 교육 등에 내몰렸고, 새마을운동이 시작되자 그 선전에 적극적으로 나설 것을 강요당했다. 초중고등학교를 막론하고 교사들은 노골적인 체제 옹호 선전에 동원되었으며, 이런 동원은 학교 안에서 그치지 않았다. 정권은 교사들에게 학부모를 직접 찾아가서 정권을 위한 홍보에 나서라고 요구했다.

가장 많이 동원되었던 것은 역시 선거였다. 삼선개헌을 준비하던 박정희 정부는 1967년 총선 전에 전국의 공사립고등학교장에게 공문을 보내 교장·교감·교사를 대상으로 하는 경제개발계획의 성과를 소개하는 대규모 세미나에 참석을 권유해서 반발을 샀다. 선거철이 다가오자 교사들을 직접 부정선거에 동원했다. 전북 고창군 교육장은 선거를 앞두고 관내 국민학교 교사들에게 "전 직원은 가정방문을 실시하여 공화당 후보 당선을 위해 유권자를 포섭하라"고 지시했다. 당시 고창군 교육장은 선거관리위원장도 겸하고 있었으니, 불법적으로 교사를 선거에 동원하는 것은 당연한 일이 되었다. 물론 이런 식의 교사동원은 고창군 교육청에서 그치지 않고 전국에서 벌어졌다. 다만 고창군의 경우에는 지시에 반발한 교사가 이를 폭로하고 사표를 제출하면서 세간에 널리 알려졌다.[51] 1971년 봄 선거에서도 일부 교사의 선거 개입이 지탄의 대상이 되기도 했다.[52]

유신체제가 성립된 이후 교사를 정권 홍보에 동원하는 일은 더욱 잦아졌다. 공립학교 교사는 학교에서 유신찬양교육을 해야 하는 것은 물론이고, 독재에 대한 불만이 고조되면 이를 무마하기 위한 선전에 직접 동원되었다. 유신체제가 학교와 교사들을 체제 유지와 이데올로기 선전에 어떻게 활용했는지 단적으로 보여준 것이 1975년의 '유신새야'사건이다. 1975년은 대학생들이 시작한 군사정권에 대한 저항에 지식인, 종교인, 야당 정치인과 언론인, 그리고 일반 시민과 고등학생까지 참여하기 시작한 해였다. 1972년 유신체제가 선포된 지 만 1년이 지나지 않은 1973년 9월부터 전국 대학가에서 반유신시위가 급속히 확산되었고, 다음해인 1974년 4월 '전국민주청년학생총연맹(민청학련)'사건이 일어났다. 8월 15일 광복절 기념식장에서 대통령 부인 육영수 여사가 목숨을 잃는 사태가 벌어져 반정부 분위기가 약해질 것이라고들 추측하기도 했으나, 1974년 가을 대학가의 유신 반대 투쟁은 더욱 격렬해졌고 언론인들의 자유언론실천운동, 종교계의 반독재운동이 더욱 확산되었다. 이에 정부와 여당은 〈유신헌법〉 찬반 국민투표를 실시하겠다는 카드를 빼들었다. 1975년 1월 22일 박정희 대통령이 직접 〈유신헌법〉에 대한 찬반과 대통령에 대한 신임을 묻는 국민투표를 실시하겠다고 했다. 이후 국민투표일까지 행정관청을 총동원해 〈유신헌법〉에 대한 선전과 회유, 반정부 성향의 시민에 대한 협박까지 벌어졌다.

두드러진 것이 학교와 교사를 동원한 선전활동이었다. 전국에서 이런 일이 벌어졌지만 가장 노골적인 사례가 경기도였다. 경기도 교육위원회는 1975년 1월 27일 방학 중인 학교 교사를 모두 소집해 학교로 출근하게 했다. 아침 10시 반까지 학교에 나온 교사들은 교장이 주도해 민요 〈파랑새〉 곡조에 맞춘 〈유신새야〉라는 노래를 함께 부른 다음 맡은 구역별로 가정을 방문해 학생들에게 노래를 가르치고 학부모들에게 국민투표에 참가해 〈유신헌법〉에 찬성표를 던지라고 계몽해야 했다. 그런데 〈파랑새〉 곡조에 실로 낯 뜨거운 체제 찬양의 가사를 붙인 이 〈유신새야〉가 유출돼 신문에 보도되자 문교 당국이 부인할 수도 없는 상황이 되었다. 경기도 교육위원회는 〈유신새야〉의 곡과 가사를 황급히 회수하는 한편, 반납하지 못하는 교사들을 중심으로 누설자를 색출하려 했다. 복사기가 없어 일일이 등사해서 원본을 복사해야 하던 시절이라 이런 방법으로 제보자를 찾아내려고 했던 것이지만 결국 찾지 못했다. 잃어버린 교사들이 한두 사람이 아니었고, 제출을 독촉하자 다급해진 교사들이 여분의 인쇄물을 찾는 소동만 일으켰을 뿐이었다. 〈유신새야〉의 가사는 다음과 같다.

1) 새야 새야 유신새야 푸른 창공 높이 날아

조국 중흥 이룩하고 자주 통일 달성하자

2) 새야 새야 유신새야 너도나도 잘살자는

유신 헌법 고수하여 국력 배양 이룩하자

3) 유신 유신 우리 유신 우리 살길 오직 유신

유신체제 반대하면 붉은 마수 밀려온다.[53]

2

학교, 왕국이 되다:
사립학교의 증가와
사학재단의 문제

교육은 〈헌법〉이 보장한 국민의 권리이자 의무이므로 국가가 책임지는 것이 옳다. 그러나 1960~1970년대 한국 정부는 초등교육만을 의무교육으로 책임지면서 실제 중등교육이나 고등교육의 상당 부분을 사립학교들에게 넘겼다. 국민의 교육에 대한 열망을 수용하면서도 국가나 자본의 부담을 최소화하기 위한 선택이었고, 이 기조에서 사학진흥 또는 육성 정책들이 시행되었다.

　그나마 1980년까지는 의무교육을 실시하겠다고 발표했던 중학교의 경우에는 국공립학교의 수가 사립학교의 수보다 많아지며, 학생수도 1965년 국공립학교 재학생 비율이 56퍼센트에서 1981년 63퍼센트로 꾸준히 늘어났다.

　이에 비해 고등학교는 점점 더 사학재단에 의존하는 비중이 커졌다. 고등학교도 얼마 되지 않았고 학생 수도 많지 않았던 1965년까지 만 해도 크게 차이가 나지는 않았다. 그러나 1970년대 접어들면서 고 등학교와 학생 수가 폭발적으로 증가하자 사립학교의 비율이 급격히 늘어났다. 1970년대 말이 되면 고등학교는 국공립과 사립의 비율이 6 대 4가 되어 사학이 고등학교교육의 주류가 되는 상황을 낳았다.

단순히 사립학교가 많이 늘어났다는 것만이 문제는 아니었다. 중학 교평준화나 고등학교평준화는 실질적으로 시설과 설비, 교사의 수준 등 교육의 질이 어느 정도 수준에서 비슷해져야 제대로 시행될 수 있 었다. 중학교의 경우에는 공립학교의 비중을 높임으로써 점차 해결해 갔지만, 고등학교는 사립학교가 점점 더 많아지는 상황에서 교육수준 을 제고해야 하는 문제에 부딪혔다. 교육 당국은 사학재단에 대한 행 정 지원과 재정 지원을 늘려가려는 당근과 규제와 감시라는 채찍의 두 가지 수단을 사용해야 했다. 당국이 사용할 수 있는 최대한의 규제 는 학생 모집을 제한하거나 인가를 취소하는 것이었다. 그러나 교육 수요가 폭발적으로 증대하면서 매년 진학하지 못하는 학생들이 늘어 나는 상황에서 학교 인가를 취소하는 것은 실질적으로 선택하기 어려 웠다. 이에 비해 사립학교의 설립은 비교적 쉬웠다. 어느 정도의 기본 재산만 있으면 사립학교를 일단 설립할 수 있었고, 교육수요가 자꾸 늘어나니 학생 지원은 걱정할 필요가 없었다. 게다가 점차 국가가 운 영비를 지원하는 추세였다. 교육 당국의 통제나 개입은 적당히 버티 면 넘어가는 문제이기도 했다. 이러니 부실 사학이 점점 늘었다.

〈표 20〉 중학생 수의 변화
(단위: 명)

연도	국공립	사립
1965	418,059	333,282
1967	465,132	446,860
1969	572,378	575,030
1971	841,215	688,362
1973	1,072,113	759,979
1975	1,203,560	823,263
1977	1,323,844	871,926
1979	1,457,887	936,733
1981	1,614,748	959,197

출전: 강성국 외, 《한국교육 60년 성장에 대한 교육지표 분석》, 한국교육개발원, 2005.

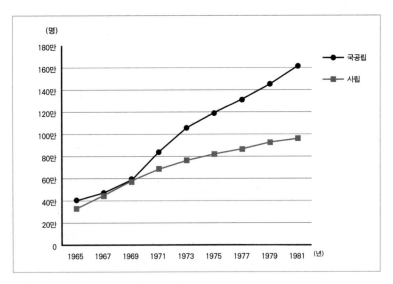

〈그림 26〉 국공립중학생과 사립중학생 수 추이

〈표 21〉 고등학생 수의 변화

(단위: 명)

연도	국공립	사립
1965	210,193	216,338
1967	215,278	226,668
1969	245,415	284,686
1971	290,945	356,235
1973	360,609	478,790
1975	482,801	640,216
1977	577,125	773,475
1979	646,012	919,943
1981	729,592	1,093,447

출전: 강성국 외, 《한국교육 60년 성장에 대한 교육지표 분석》, 한국교육개발원, 2005.

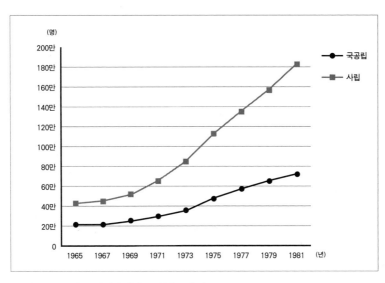

〈그림 27〉 국공립고등학생과 사립고등학생 수 추이

사학재단의 문제는 부실과 전횡 두 가지로 집약된다. 교육사업은 이윤을 추구하는 사적 기업 활동이 아니며, 그렇게 되어서는 안 된다는 것이 원칙이고 상식이다. 그러나 현대 한국에서는 많은 재단이 처음부터 공익사업으로 교육을 실시할 수 있는 재정 기반을 갖추지 못한 채 인가를 받고 학교를 설립·운영했다. 그 결과 학교 운영은 공익을 위한 교육사업이 아니라 영리 활동이 되었다. 공납금 수입에 대한 의존도가 높고 재단이 학교에 새로 투자를 거의 하지 않다 보니 학교 시설이나 설비는 낙후될 수밖에 없었다. 또 인건비를 아끼려다 보니 교원 수도 부족했고 자격을 갖추지 못한 교사도 채용했다. 무자격 교원은 대부분 재단 관계자들의 친인척이었다. 이사장의 가족을 직원으로 채용해 수입도 챙기고 인건비도 절감하는 일이 비일비재했다.

이런 부실과 비리가 고질적인 문제가 되었던 것은 학교법인이 사립학교의 운영을 완전히 장악할 수 있었기 때문이다. 1963년 6월 제정된 〈사립학교법〉은 학교재단 이사회가 민법상의 친족과 배우자의 3촌 이내 혈족이 3분의 1을 넘지 않게 규정했다. 즉 3분의 1 범위 내에서는 이사장·배우자·직계가족이 임용되어도 무관하다는 의미였고, 이를 제외한다면 이사 선임에 대한 특별한 규정은 없었다. 직계가족과 친척으로 3분의 1을 채우고 나머지 이사들도 친분 있는 인사로 채운다면 법인을 지배하는 것은 손바닥 뒤집기와 마찬가지다. 게다가 〈사립학교법〉은 재단 이사장에게 강력한 권한을 부여했다. 이사장은 단독으로 이사회를 소집해 의사 결정을 진행할 수 있지만, 이사는 과

반수가 요구해야 이사회를 소집할 수 있었다. 몇 사람의 이사가 설령 문제를 제기하려 해도, 쉽지 않았다.[54]

그러나 앞서 살펴본 바와 같이 1963년 제정된 〈사립학교법〉은 국가가 사학을 통제할 수 있는 강력한 수단을 제공했으므로 사학재단들은 여기에 대응할 수 있는 방법을 모색했다. 이들의 로비 끝에 1964년 11월 〈사립학교법〉이 개정되어 이사들이 중임할 수 있게 규정을 바꾸었다. 또 〈사립학교법〉이나 〈사립학교법〉에 의해 시행된 국가기관의 명령 또는 학교 운영에 관련된 법령이나 법령에 근거한 국가기관의 명령을 위반한 적이 없다면, 감독청은 재단이 제출한 이사진의 승인을 거부할 수 없게 했다. 결국 결정적인 법령의 위반이나 범죄 사실이 없고, 학교법인이 국가 시책에 순응하기만 한다면 사립학교에서 재단의 학교 지배는 확고한 것이 되었다.

이런 사립학교의 문제점을 가장 잘 보여주는 것이 서울 등 도시의 전수학교들이다. 정규 고등학교가 아니지만 진학하지 못한 청소년들을 대상으로 상업이나 공업 등 직업교육을 실시한 학교가 전수학교였다. 대부분 서울 등 고등학교교육수요를 감당하지 못하던 대도시에 몰려 있었고, 일부는 정규 실업고등학교로 승격되기도 했다. 그러나 대체로 시설이나 교사 등 교육환경이 일반 학교에 비해 많이 미흡했고, 실태조사를 할 때마다 심각한 문제를 드러냈다. 특히 1970년대 폭증하는 교육수요를 충족하기 위해 전수학교의 인가 기준을 낮추면서 교육환경은 더 악화되었다. 1974년 서울 시내 27개 전수학교의 운용 실태에서 온갖 불법과 비리, 문제점이 다 드러났다. 교원에 대한 보수 규정을 지키는 학교는 극소수에 불과했고 나머지는 규정의 60~70퍼센트만 지급했다. 임금이 이렇게 낮다 보니 고등학교 교사자격증이 없는 무자격 교사도 많았고, 실습실이나 특별교실은 거의 제대로 갖추지 못했다. 27개 학교 중에 운동장 시설을 제대로 갖춘 학교는 단 두 개에 불과했다. 실제 고등학교 학력을 인정받을 수 있는 학교는 12개에 불과했는데 나머지 학교도 마치 학력 인정 학교인 것처럼 선전하기도 했다. 어느 모로 보나 실업교육을 위한 학교인 데도 대학 진학을 희망하는 학생이 많다 보니 진학반을 따로 운영하기도 했다.[55]

일부 사학재단은 전수학교 못지않게 문제가 많았다. 그런데 재단법인이 권력의 비위를 거스르지 않는 다음에야 내부에서 문제가 제기될 수 없는 구조였으므로 외부에서 사태를 알았을 때에는 이미 학교를 거의 유지할 수가 없는 지경에 이른 경우가 허다했다. 1970년 5월 서울시 교육감은 정릉에 있던 경일중고등학교를 폐교 조치했다. 학교 재단의 채무가 1억 6000만 원에 이르러 도저히 감당할 수가 없는 지경이었기 때문이었다. 재학생 2700여 명은 각 학년별로 전학해야 했다. 무시험 진학한 중학생들은 어떻게든 학군 내 다른 학교에 학급을 증설해 전학하게 했으나, 입시를 거친 중학생이나 고등학생은 마땅히 전학할 학교도 없었다. 결국 이들은 학군에 관계없이 입학 성적이 비슷한 수준의 중고등학교에 학급을 증설해 배정하고 지망자가 많으면 추첨해야 했다.[56] 이런 식의 폐교 사례는 끊이지 않고 나타났다. 사실

교육 당국은 재단에 문제가 심각하다는 것을 알아도 학교가 폐교되었을 때 발생할 곤란한 사태를 막기 위해서도 사학 문제에 적극적으로 개입하는 것을 회피했다.

학교의 기본적인 입학·퇴학, 편입, 교사 임용에서도 사립학교들의 허술하고 방만한 경영은 심각했다. 입시에 실패한 고학생이 야간학교에 다니다 모 고등학교에 약간의 학비를 들고 직접 찾아가 호소했더니 그 자리에서 입학이 허가되었다.[57] 정원에 자리가 있고 학력이 인정된다면 있을 수 없는 일은 아니겠지만, 시험도 서류 심사도 없이 편입을 허용하는 이런 사례는 그다지 드문 일이 아니었다.

신생 학교법인에서만 이런 갈등이나 분쟁이 생기지는 않았다. 사학의 명문이라고 하는 보성고등학교에서는 1960년대 학교 운영과 관련된 문제로 몇 차례나 동맹휴학이 벌어졌다. 1963년 3월 보성고등학교 학생들이 학교에서 농성하며 외부인의 출입을 차단하고 동맹휴학에 돌입했다. 재단법인이 고등학교 3학년 담임교사 가운데 국어·수학 등 세 사람을 무자격 교사라는 이유로 해임했는데, 학생들은 이 해임 교사들이 실제로는 15년 이상 근속한 유능한 교사이므로 복직되게 할 것을 요구했다.[58] 이들은 학교 운영의 문제점도 같이 추궁했고, 교장과 교감에 대해서도 반감을 보였다. 결국 재단과 학교가 48시간 이내에 문제를 해결하겠다고 약속하자 학생들은 농성을 풀고 정상 수업에 들어갔다.[59] 또 1967년 4월에는 보성고등학교 교사 32명이 처우 개선을 요구하며 집단 사표를 제출했고,[60] 같은 해 9월에는 보성고등학교 학생 1000여 명이 운동장에 모여 "잃어버린 학교 대지의 반환", "부정에 관계한 모 재단 이사의 자진사퇴" 등 6개항의 결의를 내걸고 학교 측 해명이 있을 때까지 수업 거부에 돌입하기도 했다.[61] 폐쇄적 재단 운영은 어느 사립학교에서든지 문제로 폭발할 수 있었던 것이다.

보성고등학교처럼 세간에서 '7대 사립'에 꼽히던 경신고등학교도 1960년대 학교 운영의 난맥을 드러내고 있었다. 특히 교사들이 학교에 자리 잡지 못하고 자꾸 사직하는 바람에 수업도 안정적으로 하지 못했다. 1962년부터 1967년까지 5년 동안 46명의 교사가 사직했으니 심각한 수준이었다. 교사들이 자주 바뀌는 와중에 학생들의 입학·퇴학도 빈번했고, 학생들에게 헌금 목표를 정하게 하는 등 지나치게 강한 종교교육도 불평을 불렀다.[62] 한 사립학교 교장은 지방 학교 견학을 마치고 돌아와 교실의 청소를 강조했는데, 교사들에게 직접 청소를 하게 했다. 교장의 지시를 충실히 따라 속옷 바람으로 직접 청소를 한 교사들은 칭찬을 듣고 수업 부담도 크게 줄어드는 특혜를 받았다. 반면 교장의 청소 지시를 이행하는 데 소극적이었던 교사들은 그날부터 여러 가지 불이익을 당했다. 이렇게 생긴 파벌은 교내 갈등의 근원이 되었다.

재정이 빈약해서 공납금에 의존해야 했던 사립학교는 학생들에게 납입금을 독촉하는 일도 교사들에게 떠맡겼다. 1966년 말 서울의 어느 사립고등학교는 수업료도 아닌 잡부금 납부가 밀린 학생들을 졸업 시험조차 치르지 못하게 하고 귀가하게 했다. 이날 오후 한 교사가 이

비교육적 처사에 대해 항의하고 학교의 명망에도 악영향을 미칠 것이라고 지적하자 교장은 그 자리에서 교사에게 폭언을 퍼붓고 면직해 버렸다.[63]

재단과 학교장이 학교 운영을 좌우하면서 운영상의 부조리 정도가 아니라 학교가 문을 닫을 만큼 심각한 공금횡령이 수년간 진행되어도 파탄이 나기 전까지는 막을 수 없었다. 1970년대 내내 학교법인의 공금 유용은 끊이지 않았다. 1972년 한영중고등학교의 이사장이 구속되고 중학교·고등학교의 교장과 서무주임이 입건되었다. 이사장은 신입생을 모집할 때 정원 이상 학생을 뽑고 편입생을 받으면서 찬조금 명목으로 돈을 받아 횡령했으며, 학교 공금을 빼내 이사장 소유의 호텔을 짓는 데 유용했다.[64] 1973년에는 동양중학교와 고등학교를 운영하던 동양학원 이사장이 학교 공금 2억 원을 횡령하고 6억 원을 부도낸 후 종적을 감춰 버리는 사태가 발생했다.[65] 1978년에는 청구상업전수학교의 설립자 겸 교장이 공납금은 물론이고 학생들의 저축·교과서비·수학여행비·교련복비 등 공금 3억 8000만 원을 횡령했고, 교직원들의 인감증명을 도용해 신용대출까지 받았다. 이 학교는 학원 설립인가 서류조차 위조된 것이었다. 결국 교장과 교장의 부인인 재단 이사장, 서무과장 등은 자취를 감춰 전국에 지명수배되었다.[66]

1979년 서울 갈현동에 있었던 성정여자고등학교도 폐교 위기까지 몰렸다. 제법 큰 출판사를 경영하던 재단이사장이 경영 부진으로 도산 위기에 처하자 학교 돈을 사업자금으로 빼돌렸던 것이다. 1977년부터 2년간 학생들의 공납금과 교직원들의 퇴직적립금, 학교를 강남으로 이전하기 위해 학교 터를 매각한 자금 일부까지 포함해 11억 원을 유용했다. 결국 1979년 1월부터 교사들의 급여를 지급하지 못하는 지경에 이르렀다. 결국 교사들이 시 교육위원회에 진정해 감사가 시작되었으며 이사장과 교장이 구속되고 관선 이사가 파견되었다.[67]

3

학생활동에 대한 통제: 학생회에서 학도호국단으로

1960년대 학생회와 동아리 활동

1968년 진해여자고등학교 교지인《산호수》에는 다음과 같은 학생의 날 대통령의 담화문이 실렸다.

> 일 분 일 초를 아껴 공부에 힘쓰고 건전한 지성을 함양하며 생산적인 국민
> 이 되도록 모든 학생들은 노력해야 하겠습니다. … 학생의 신분이란 세계
> 각국의 학생들과 자기 조국의 운명을 걸고 "교실에서의 경쟁"에 나선 선
> 수들입니다.[68]

박정희 정부는 모든 국민이 근대화를 위한 경쟁에 나선 선수라고

생각했다. 일탈이란 허용되지 않았고, 전 사회를 강력한 군대식 조직으로 만들고자 했다. 쿠데타 직후 만들었던 재건학생회니 재건청년회 · 재건부녀회 등 재건으로 조직화하려는 시도가 그 연장선이었다. 그러나 이런 시도는 쉽지 않았다. 쿠데타 직후 군대가 시가지에 주둔하고 현역 군인들이 정부 곳곳에 자리 잡고 정책을 좌우할 때도 있었지만, 사회는 점차 자기 논리를 찾아 갔다. 학교도 마찬가지였다. 특히 1960년 4 · 19혁명은 실질적으로 고등학생들의 투쟁 속에서 전개되었으니 젊은 사자라는 자의식을 무시할 수 없었다. 또 실제로 사회 일반에서 고등학교를 다닌다는 것은 꽤 높은 수준의 교육을 받는 것이었으니 학생회의 구성과 운영 또한 상당히 자율적이었다. 또 학교 안의 운동부나 동아리 활동도 나름의 독자적인 전통을 유지하는 경우가 많았다.

학교가 얼마나 자율적이었는지 살펴보기 위해서, 먼저 고등학생들이 학생회나 동아리 활동에 대해 어떻게 생각했는지 알아보자. 1960년대 학생들은 학교의 역사와 전통을 민주주의나 민족운동, 현실 참여 속에서 이해했다. 4 · 19혁명의 기억이 남아 있기도 했지만 자기를 입시 준비자라기보다는 나름의 고등교육을 받는 지성인으로 생각하는 면도 있었다.

1960년 대구 계성고등학교 2학년이었던 조채충은 졸업 후에 교지에 쓴 글에서 4 · 19혁명에 참여하지 못한 것에 강한 회한을 드러냈다. 1960년 2 · 28대구학생시위야 민주당 유세가 예정되어 있던 일요일 대구 시내 공립중고등학생들을 학교로 불러내면서 시작된 것이니 사립학교인 계성고등학교가 참여할 상황이 아니었다. 하지만 그 이후 4·19혁명의 진행과정에서 참여하지 못했던 행로에 대한 아쉬움과 부끄러움이 곳곳에 보인다. "우리도 늦지 않았다. 지금이라도 나가자"라는 학생들의 움직임이 있었으나 데모에 가담하지 말아달라는 학교 당국의 미온적인 요청을 그대로 받아들인 대의원회 간부들이 어리석었다고 평가했다. 그는 "우리 전의 계성인이 그랬고, 우리가 그랬고, 또 앞으로 올 우리가" 지켜야 할 계성의 정신은 레지스탕스 정신이라고 했다. "3·1운동의 중추였고, 만세사건의 앞장이었던 계성의 피, 농도가 붉었던 그 피"가 학교의 전통이라는 것이었다.[69] 학생과 학생회의 사회적 역할에 대한 강한 신념을 느낄 수 있다. 실제로 1960년대 고등학교 학생회는 한일회담반대운동·삼선개헌반대운동 등에서 매우 중요한 역할을 수행했다.

학생회나 학생들이 늘 군사정권을 거부하거나 정책에 반대하지는 않았다. 오히려 1960년대 중고등학생회는 대부분 지극히 계몽적인 의식개혁운동에 더 열심이었고, 이런 운동은 정부 정책과 반목하지 않았다. 고등학생들의 여름 농촌계몽활동은 농촌의 4H클럽[70]과 학교 봉사동아리가 연결해 진행했으며, 정부의 근대화 이념을 충실히 전달하는 데 최선을 다했다. 예를 들어 1965년 부산 동성고등학교의 청소년적십자JRC(Junior Red Cross) 학생들은 7월 23일 전남 고흥으로 농촌계몽활동을 떠났다. 7월 23일 뱃길로 무려 9시간이나 걸려 여수에 도착한 이들은 다시 배를 갈아타고 고흥군으로 갔다. 고등학생들의 농촌계몽활동이라도 경찰의 허가를 받아야 했으므로 고흥경찰서에 신고를 하고 목적지 마을로 가야 했다. 이들을 맞은 4H클럽 지도자는 마을이 옛 풍습을 철저히 지키므로 어른을 만날 때는 큰 절을 해야 하며, 아무리 더워도 웃통을 벗어서는 안 된다는 엄포를 놓았다. 이들은 낮에는 갖가지 노력 봉사와 어린이 여름 강습회를 진행했고, 저녁에는 응급처치법 강습회도 열었다. '계몽'이라고 했지만, 현지의 청년회와 4H클럽과 함께 진행한 농촌 근대화와 생활 개선 홍보 활동이라고 해도 무방했다.[71]

1966년 5월 광주의 남녀 중고등학생들이 〈학생헌장〉을 선포했다. 이해 봄 소풍 때 학생들의 음주와 패싸움으로 학부모의 비난이 일자, 각 학교의 대의원회에서 학생의 자각과 대책 마련의 필요성이 논의된 후 학생회 간부들이 모여 정화와 헌장 채택의 필요성 논의했다. 5월 5일 광주 시내 학도체육대회에 여러 학교 학생이 모였을 때 학생대표 45명이 학생생활태도확립운동 앞장서겠다는 선언문을 채택했다. "스스로 봉사하자, 사고 발생을 막자, 복장을 단정히 하자, 바른 예절 고운 말을 쓰자"는 등이 핵심 내용이었다.[72]

사실 이 운동은 그야말로 학생들이 마땅히 해야 할 일을 하겠다는 것이며, 기성 가치와 충돌하지 않는 통속적 도덕운동이었다. 국기에 대한 예의를 꼭 지켜 나라에 대한 '충성심'을 기르고, 소행이 나쁜 문제 학생들을 교화하고 퇴치하겠다는 엘리트주의적인 면도 있었다. 학교나 교육정책 담당자들의 입장에서 문제가 될 만한 것은 학생들이 교사나 부모의 지도를 받지 않고 학생회 같은 자율 조직이 스스로 정화·통제하겠다는 발상이었다. 실제 광주공업고등학교 학생들은 학생회에 '정화위원회'를 만들고 기획·지도·봉사·운영·집행의 분과를 두어 문제 학생들을 교화하는 일을 담당하게 했다. 실천 목표가 '고운말 쓰기', '복장 단정'이었지만, 학생 자율의 통제 체제라는 측면에서 학생들의 자율적 힘이 성장할 수도 있었다.[73] 학교와 당국에서도 가장 경계했던 것은 이 점이었다.

학생들의 잠재력이라는 내재적인 폭발성을 가지고 있었던 운동이었지만, 교육행정 담당자들이 그 힘을 순화하는 것도 그리 어렵지는 않았다. 1966년 문교부는 광주 시내 중고등학생들이 일으킨 '학생생활태도확립운동'을 전국남녀학생운동으로 발전되게 하기로 하고 〈행동강령〉을 제정했다.

① 학생은 모범 국민임을 자인하고 학교의 명예를 지킨다.
② 학생은 면학과 근로를 통한 건전한 심신의 발전을 기한다.
③ 학생은 예절을 지키고 명랑한 생활을 이룩한다.[74]

이렇게 문교 당국이 관제운동으로 적극 추진하자 원래 운동을 주도한 학생들은 순수한 학생운동이 어용화될 수 있다고 경계했다. 그러나 원래 자기 색채가 강하지 못한 계몽운동이었던 터라 전국 각 학교의 관제개혁운동으로 변화했고, 거창한 결의대회 사이로 흐지부지 사라졌다.

이 운동은 1960년대 고등학생들의 집단적인 자기 인식을 잘 보여준다. 고등학생들은 자기들이 한국사회에서 매우 지적으로 우수하고 사회를 선도하는 집단이라고 생각했다. 자기 스스로 계몽할 수 있으며, 학생들이 자율적으로 일탈한 학생들을 교화하며 생활의 규율을 정하고 지켜나갈 수 있다고 생각했다. 학생회는 이런 계몽과 규율 활동의 실질적 주체가 되었으며, 이들이 계몽의 대상으로 본 집단은 '문제 학생' 또는 '불량 학생'이었다. 그리고 이 규율화의 과정에서 학생들은 자치권의 문제에 접근했다. 관제운동이 되어서는 안 된다고 생각한 학생들이 꽤 있었던 것이다. 그러나 교육 당국은 운동의 자율화를 단호히 차단하고 관제시위와 관제대회로 만들어 버렸다. 학생생활태도확립운동은 권력에 대한 저항이라기보다 결국 권력의 가치를 내면화했다. 그러나 학생의 자율성, 학생회의 자치라는 의식이 학생들 사이에서 존속했음을 보여주기도 했다. 개별적인 학교의 학생회는 물론이고, 지역 내의 여러 학교 학생회가 연대해 사회적인 운동을 독자적으로 창출해내는 역량을 보여주고 있었다.

한편 1960년대 고등학교 학생회나 동아리의 문화제 활동도 매우 활발히 이루어졌다. 어떤 면에서는 대학 축제를 연상하게 하는 장면들이 등장한다. 1966년 부산진여자상업고등학교 학생회는 개교 12주년 체육대회에서 '700여 소녀의 미美의 상징'인 '시월의 여왕' 진·

선·미 대관식을 열었다. 부산에서는 여자 고등학교로는 처음 있는 일이었다. 학업성적이 우수한 학생 중에서도 라이너 마리아 릴케Rainer Maria Rilke와《좁은 문》을 사랑하는 소녀가 시월의 여왕이 되었다.[75] 동아리 또한 지역사회에서 요즘 대학의 문화 동아리와 비슷한 활동을 했다. 밀양 밀성고등학교는 밀양문화제 가장행렬에도 참가하했고, 연극제에는 연극부가 참여했다.[76] 1960년대 중학교의 학생회 활동도 우리가 생각하는 것보다 활발했다. 서라벌 중학교는 1970년 이미 11회째 예술제를 개최해 합창과 연극 공연을 올렸고, '학원 뮤직 살롱'을 열어 가수들을 초대하기도 했다.[77]

1960년대나 1970년대 초반 중고등학생들의 동아리 활동은 오늘날보다 더 활발한 편이었다. 중학교와 고등학교의 형편이 좀 다르지만, 앞에서도 살펴봤듯이 1970년대 중반까지 많은 학생에게 고등학교는 마지막 정규 교육과정이었다. 대학 입시가 치열하기는 했지만, 모든 학생이 다 참여하지는 않았다. 대학에 진학하는 학생들도 1~2학년 때는 동아리(당시에는 일반적으로 서클이라고 했다) 활동에 참가했고, 서클 내 선후배 사이의 관계도 매우 친밀했다. 여러 학교의 서클이 연대해 활동하는 보이스카우트·걸스카우트·RCY(적십자 학생회)·YMCA청소년모임·불교학생회·흥사단과 같은 동아리도 활발했다. 연극반이나 무용반 같은 공연 동아리, 사진반·문예반과 같은 작품 동아리는 물론이고, 향토반 같은 조사연구 동아리도 활발하게 움직였다.[78] 체육 동아리들도 엘리트교육이 본격적으로 시행된 1970년대 이전에는 학생들이 자율적으로 참여하는 경우가 많았고 나름대로 전통을 만들어 유지했다. 당시 중고등학교 행사 중에 가장 많은 학생이 참여하고 활기를 띤 것은 역시 체육대회였다. 차전놀이·매스게임 등을 위해 몇 주동안 매일 연습하는 것은 고생스러웠지만, 체육대회는 학생들이 고대하는 행사였다. 축구·배구·발야구·릴레이·차전놀이·매스게임·단체무용 등 체육대회의 프로그램은 다양했지만, 마지막은 항상 가장행렬로 끝났다. 가장행렬은 답답한 학교생활에서 그나마 창의력이나 끼를 발휘할 수 있는 행사이기도 했다. 전체 주제에 따라 반별로 소재를 정해 분장을 하고 행렬에 나섰다.

　그러나 창의적이라고 해도 주제는 학교에서 정해주었고, 또 당시 사회의 일반적 편견에서 자유롭지 못했다. 학생들이 각자 비용으로 하는 분장이었으니 큰 예술성을 기대하기는 어려웠겠지만, 가장 흔한 소재가 흑인이나 거지 등 당시의 관점에서 낙후했거나 실패한 사람들을 웃음거리로 만드는 것이었다. 가장행렬이 아니더라도 체육대회의 행사에서 흑인이나 각설이 분장은 거의 빠지지 않은 레퍼토리였다. 남녀를 불문하고 가장 손쉽게 웃음을 사고 인기를 끄는 분장은 "얼굴에 연탄 칠을 하고 토인 춤을 추는" 것이었다.[79] 중고생들이 재현한 '토인'들은 당시 한창 인기를 끌던 타잔 같은 미국 드라마나 영화에서 등장한 벌거벗은 야만인들이었다. '흑인'이라는 소재는 낙후한 세계를 드러내 주는 것이며, 검은 피부와 헐벗은 복장은 그 자체로 웃음의 소재였다.

〈그림 28〉 1966년 개교 10주년 서울여자고등학교 무용제의 한 장면
(서울여자중고등학교,《무궁화》14, 1966, 30쪽)

〈그림 29〉 서라벌고등학교 가장행렬. 주제는 '여성상위 시대'
(서라벌중고등학교,《서라벌》, 17, 1973, 11쪽)

가장행렬은 학교만이 아니라 지역 축제나 어린이날 행사, 6·25 기념행사 등에서도 가장 중요한 이벤트였다. 볼거리가 부족했던 1960~1970년대 대규모 축하 행사를 하면 반드시 시가행진이 있었고, 가장행렬이 따르는 것이 일반적이었다. 학생들이 지역 축제나 반공 행사의 가장행렬에도 종종 참여했는데, 어린이날 가장행렬은 관중들의 투표로 시상을 하기도 했다. 이런 가장행렬의 주제는 반공·근대화·과학기술·새마을·총화단결 등 국가 시책에 호응하는 내용이 많았고, 그렇지 않은 것도 지역 축제에서 지방관의 행차나 설화·전설의 재현 등 민족문화의 복원을 다루는 것이었다. 당시 정권의 민족 주체성 찾기의 일환이었던 것이다.

학도호국단의 시대

뒤에 나올 학생운동 부분에서 자세히 다루겠지만, 1960년에는 고등학생들이 길거리로 뛰쳐나와 반정부시위에 나서는 사태가 드물지 않았다. 한일회담반대운동이나 삼선개헌반대운동이 대표적이다. 군사정권은 대학의 학생운동만으로도 골치 아팠으므로 학원에 대한 통제를 강화할 필요가 절실했다. 특히 1972년 국민의 기본권조차 억압하는 유신체제가 들어선 이후 폭압적인 권력에 대한 저항이 점점 거세졌고, 정부는 대학은 물론 고등학생들의 일상 활동도 장악하고자 했다. 박정희 정권은 1975년 각급 학교의 학생회를 없애 버리고 학도호국단을 조직하게 했다. 이제 학교는 군대가 되었으며, 학생 자치는 완전히 소멸되었다. 대대장·중대장·소대장이 학교장의 명령을 따를 뿐이었고, 각 학교의 학도호국단은 중앙학도호국단 산하에 소속되었다.

1975년 9월 중앙학도호국단 발단식에 참가했던 부산동고등학교 학도호국단원들의 일정은 1970년대 후반 학교에서 학생조직의 운명을 보여준다. 8월 24일 상경한 학도호국단원들은 공덕동 여관에 묵으면서 25일부터 27일까지 기수단 종합훈련에 들어갔다. 새벽 5시에 기상해서 공덕국민학교까지 구보로 이동한다. 국기게양과 조회 후 구보로 돌아와 식사를 마친 후 여의도의 5·16광장에서 11시까지 자체적으로 분열 대형으로 행군 연습을 한다. 점심 먹고 다시 광장으로 돌아와 8월 말의 태양열로 끈적거리는 아스팔트 위에서 맹훈련을 실시한다. 온종일 연습 후 오후 4시 30분 대대별로 검열을 받는다. 불합격하면 30분 간격으로 있는 재검열에 합격한 후에야 숙소로 돌아갈 수 있다. 오후 5시에야 연습을 마치고 숙소로 오는데, 버스도 없이 걸어서 돌아오지 않으면 안 되는 상황이다. 발이 부르트고 물집이 잡히는 고역이다. 그런데도 저녁 9시에 나오는 간식에 다른 도에서는 볼 수 없는 부산에 대한 특별대우에 감사한 마음을 금치 못했단다. 이 간부 학생은 규칙적인 내무생활을 통해 질서 있는 행동을 재확인하고, 강인한 정신력을 습득할 수 있었다고 평가했다. 마지막으로 그는 동고등학교 참가단의 성적이 좋아 31일 버스를 타고 서울 시내 관광을 했다고 자랑했다. 관광의 첫 코스는 국립묘지의 육영수 여사 묘지였다.[80]

〈그림 30〉 중앙학도호국단 발단식 후의 시가행진
(공보처 홍보국 사진담당관, 〈중앙학도호국단시가행진7〉, 국가기록원)

  학도호국단의 학교 내에서의 활동도 교련 검열, 자매 부대 일일 입대가 주요 활동이다. 학도호국단으로 바뀌면서 문화나 예술 활동, 다른 학교 학생들과 교류 같은 행사들은 줄었고, 근로봉사, 부대 위문, 유적지 순례 등이 늘었다. 전통 있는 학교들의 경우 이전부터 활동하던 동아리들이 문학의 밤이나 예술제 같은 행사들을 진행했지만, 학도호국단과는 무관했다.[81]

학생들이 학교나 학생회에 대해서 생각하는 것도 변했다. 고등학교 평준화로 배정받아 진학하는 학교에 대한 애착이 이전 세대보다 훨씬 덜한 것은 당연하다. 학교에 대한 공동체 의식이 약화되면서 소속감이나 자부심은 매우 공리적인 것으로 바뀌었다. 학교의 '성적'이 가장 중요한 요소가 되었다. 예를 들어 학교의 빛나는 '전통'에 대한 생각도 변했다. 1960년대 중반 대구 계성고등학교의 선배는 후배에게 4·19혁명의 유산을 강조했지만,[82] 1970년대 말 유신체제에서 평준화된 경북고등학교 졸업생은 입시 명문의 전통 계승을 요구했다. 경북고등학교에 평준화 첫 세대로 들어온 이 학생이 볼 때 후배들이 이어가야 할 '빛나는 전통'은 입시 성적이었다. 그는 경북고등학교가 무엇보다 "공부로 이름을 날린 학교다. 이것은 우리가 저버릴 수 없는 큰 사명인 것"이며, 복장부터 단정한 모습으로 노력해 "새로운 전통과 역사를 만들어야" 한다고 주장했다.[83]

평준화된 상황에서 어떻게 입시 명문이 될 수 있을까? 이 학생은 유신체제에서 매우 상식적인 모범답안, 즉 신념과 노력·단결을 내놓았다. 그가 보기에 경북고등학교가 도내 교련 실기대회에서 우승한 것이나 가장행렬에서 2등을 한 것은 학생들의 기백과 단결을 보여준 것이었다. "교련을 우승한 그런 기백으로, 하면 된다는 신념으로 학교 전체가 면학하는 자세만 가지면" 입시 명문이라는 새로운 사명을 달성할 수 있다는 것이었다. '교련 우승=학교 총화=입시 성적=전통의 복원'이라는 매우 유신 이데올로기적인 등식을 만들었던 것이다.[84]

3쪽도 되지 않는 이 짧은 원고에 '경고(경북고의 준말)', '삼선(경북고 교모에 세 줄이 있었던 것을 가리킨다)', '선배', '후배'라는 폐쇄적 단어들이 수없이 반복된다. 전통은 입시 성적이고, 다시 살릴 방법은 '하면 된다'는 신념과 전 학교의 단결이었다. 1964년 계성고등학교 졸업생은 경북고등학교 학생들이 2·28대구학생시위를 주도했던 것을 그렇게 부러워한 것에 비하면, 참으로 단순한 자기 역사와 전통의 인식이 아닐 수 없다. 유신체제의 폭압이 극에 달했던 시기라 자기 검열이 있을 수도 있고 학교에서 내용을 수정했을 수도 있겠으나, 내용 전체에서 민주주의·독립운동 등의 내용은 단 한 구절도 등장하지 않는다. 실제 자기 학교의 역사와 전통에 대해 그다지 아는 바가 없었던 것이다.

학도호국단 체제에서는 체육대회나 문화제에도 유신 이데올로기가 강한 영향을 미쳤다. 1976년 대전 성모여자고등학교 체육대회 가장행렬의 주제는 '총화'였다. 그야말로 유신적인 주제였던 만큼 나름 여성성을 살리려 했으나 매우 군사적이고 반공적인 가장행렬들이 등장했다. 고등학교 3학년들은 '여성의 국방 참여'를 냄비부대로 묘사, 머리에 냄비를 쓰고 색색의 스타킹과 교련복으로 꾸민 행렬을 만들었다. 또 다른 학생들은 '골고다 언덕을 오르는 예수와 그 일행의 총화 행렬'이라는 주제로 가장행렬을 꾸몄다. 가톨릭 계열의 학교다 보니 자연스럽게 착안한 것인데, 십자가를 지고 가는 예수의 가장 성스러운 모습을 '총화'로 해석한 것이다. 신성함마저 총력안보로 해석하는 시대의 한 단면이었다.[85]

4

교사와 학생,
참교육과 민주주의를
꿈꾸다

교사들의 개혁과 민주화운동

학교는 공교육체제 안에 머물러 있어야 했으니 국가의 교육정책에 영
향을 많이 받게 마련이었고, 교육 관료나 법인 재단의 의지가 먼저 작
용하기 쉬웠다. 그러나 학교의 구성원인 교사나 학생들이 일방적으로
권력의 의지만을 수용했던 것은 아니었다. 1960~1970년대 교사들은
다양한 방식으로 교육현장의 모순을 시정하려는 노력을 기울였다.

교사들이 교원노조와 같은 자율 조직을 결성할 수는 없었다. 1960
년 4·19혁명 이후 교원노조가 결성되어 교육개혁을 추진했으나 제
2공화국 정부로부터도 합법성을 인정받지 못했다. 게다가 5·16쿠
데타가 일어나면서 교원노조 관계자들은 구속되거나 도피생활을 하

는 등 큰 곤욕을 치렀다. 현실적으로 교사들이 공개적인 노동조합 형태의 조직을 만들어 학교 내외의 문제에 개입할 수는 없었다. 특히 5·16쿠데타 직후에는 군사정권이 무단으로 교원들을 면직하거나 사퇴하게 하고, 본인의 동의 없이 인사이동을 단행하면서 교사들의 자율성은 크게 침해되었다. 또 급격한 교육 팽창 속에서 교직의 전문성과 자격, 직업의식을 제대로 갖추지 못한 교사가 많이 늘었던 것도 사실이었다.

하지만 일선 교사들은 입시에 병들어 가는 학교를 '정상'으로 돌리려는 시도를 지속적으로 전개했다. 1966년 3월 대구 중앙국민학교에 근무한 최상덕 교사는 학교교육에 대한 사회적 지탄을 해소하기 위해 10개 항의 〈6학년담임헌장〉을 만들었다. 이를 토대로 대구 시내 6학년 교사들이 모여 논의한 후 대구 옥산국민학교에서 6학년 담임주임 교사협의회를 열고 다음과 같은 10개 항의 헌장을 발표했다. 헌장의 내용은 다음과 같다.

① 우리는 어린이들의 성숙 발달을 저해하는 입시 위주의 교육을 하지 않는다.
② 우리는 소홀히 하기 쉬운 예능 교과 기능 교재의 학습지도를 강화하고 학습 지도법 개선을 위한 자가 연수에 힘쓴다.
③ 우리는 건전한 학풍 조성을 위하여 교내의 각종 활동 및 행사에 중추적 역할을 담당하고 학부형 계몽에 앞장선다.

④ 우리는 정과 수업을 확고히 행하고 법정 시종 시간을 엄수한다.

⑤ 우리는 부독본 교재 알선과 강매를 금하고 학교에 가져오지 못하게 한다.

⑥ 당국에서 허용한 이외의 잡부금 징수를 일체 안 한다.

⑦ 비진학생들의 취업 진로 지도를 착실히 이행한다.

⑧ 재수생과 청강생의 부정취학을 방지하는 데 적극 협력한다.

⑨ 어린이들의 전인적 발달을 위해 생활지도에 힘쓴다.

⑩ 교직적 경험을 고루 고루기 위하여 되도록 6학년 담임을 중임 않는다.[86]

이 운동은 곧 전국으로 확산되어 여러 지역에서 교사들이 〈6학년 담임헌장〉 또는 〈교사헌장〉을 발표했다. 《동아일보》는 교사들의 선언을 대대적으로 보도하는 한편, 교사 등 관계자들의 의견을 받아 지면에 게재했다. 《동아일보》는 사설에서 교사들의 학원정화운동이라고 평가하며 적극적으로 지원했다.[87] 또 "참교육을 바라는 모든 뜻 있는 사람들의 성의 있는 노력", "일선 교사들 모두 발 벗고 일어서야" 할 일 등이라는 학교 현장의 호응도 상당했다.[88]

그러나 이 운동은 교단 내의 중심과 변방, 교육열의 수혜자들과 소외된 자들 사이의 입장 차이를 그대로 드러냈다. 대구·부산에서 시작된 '6학년담임헌장운동'은 광주·진주·김천·여수·순천·천안 등에서 활발한 호응을 얻었는데, 유독 서울에서만 잠잠했다. 《동아일보》가 적극적으로 교사들의 목소리를 수합해 보도했는데, 지방 교사

대부분은 이 운동에 적극 동조했지만, 서울의 교사들은 별다른 반응
이 없었다. 가끔 나오는 의견도 원칙적으로는 옳은 이야기지만 실질
적인 영향이 있겠느냐는 회의적인 반응이거나, 교사도 하나의 직업
인으로 먹고 살아야 하는데 지나친 이상주의라는 부정적인 반응이
많았다.[89] 부산에서도 교사헌장운동에 적극적인 것은 변두리 지역 학
교들이었다.[90]

서울 공덕국민학교 재직 중인 이재학 교사는 이 운동이 관념적이
라고 비판했다. 과외를 막기 위해 교과서 위주로 문제를 내겠다는 등
문교부의 대책과 마찬가지로 헌장운동도 근본적인 대책이 되지 못한
다는 것이었다. 그는 입시 위주의 교육을 하지 않겠다고 하는 것은 결
국 학부모가 요구하는 교육을 하지 말자는 것이니, 어쨌거나 "사회가
요구하는 교육이 아니고, 입시 위주의 교육을 안 하면 부형은 교사를
불신임하게 된다"라고 주장했다.[91] 정확하게 표현하자면 사회가 요구
하는 것이 아니라 수요자가 요구하는 교육이겠지만, 학부모와 지역사
회의 요구를 무시할 수 없는 현실적 상황을 타개하지 않고, 교사의 의
식 개선만으로 문제를 해결할 수 없다는 지적은 타당했다.[92]

한편 1966년 학생들의 운동과 마찬가지로 문교 당국은 교사들의
운동에도 자연스럽게 개입해 이를 체제내화했다. 교사나 교장이 내
세운 정화 내용과 거의 다른 점이 없는 내용을 새삼스럽게 각 시도
교육감에게 지시해 실시를 강력하게 종용했다. 《동아일보》가 사설에
서 문제를 제기했으나 교사운동이 흐지부지 사라지는 것을 막을 수

는 없었다.[93]

이후 교사들은 1970년대까지 개인적으로 반정부운동에 참여하거나 수업 시간에 학생들의 의식을 일깨워주는 강의를 해 독재 정권에 저항하려 했다. 1978년 4월 21일 전남 완도군 청해국민학교 박민철 교사가 3·1절 기념 기도회 당시 기도 내용이 문제가 되어 구속된 것이 대표 사례일 것이다.[94]

4·19혁명 직후 조직된 교원노조가 이미 엄청난 탄압을 받은 경험이 있는 데다 1960~1970년대 내내 민주화를 위한 조직들이 간첩으로 몰려 온갖 수난을 당하는 상황에서 교사들은 섣불리 조직을 만들거나 교육민주화운동에 뛰어들 수 없었다. 특히 유신체제의 폭압이 점점 심해지면서 1970년대 말이 되면 수업 시간에 한마디 하는 것조차 힘들었다. 학원강사가 강의 중에 한 말을 수강생이 신고해 〈국가보안법〉 위반으로 구속되는 사회에서 선생 노릇 하는 것은 쉬운 일이 아니었다.

이에 따라 1970년대 말 개인적 저항과 올바른 교육을 위한 노력에 한계를 느낀 교사들은 모임을 가지기 시작했다. 광주·전남 지역이 대표적이었다. 1977년 당시 광주 대동고등학교 박석무 교사를 비롯한 20여 명의 선생님이 교원노조의 정신을 계승하기 위한 모임으로 삼봉조합을 결성해 매달 모이기 시작했다. 공식적으로 노출이 되어서는 곤란했기 때문에 친목 모임으로 가장해서 삼봉조합이라고 했지만, 사안이 생길 때마다 모여서 토론도 하고 교육 문제가 생기면 함께 논의하기도 했다. 또 1978년 4월 부산에서 시작한 양서협동조합이 확산되어 11월에는 광주에도 결성되었다. 광주양서조합에는 대동고등학교 윤광장·박행삼·박석무, 전남고등학교 김준태, 중앙여자고등학교 송문재·임추섭 교사 등 삼봉조합의 교사들이 중심이 되어 학생들이 독서클럽을 결성하게 하고 좋은 책을 읽게 했으며 공개 강연도 개최했다. 양서조합운동 속에서 성장한 교사와 학생들은 5·18민주화운동에도 중요한 역할을 했으며, 1980년대 교육민주화운동의 근간이 되었다.[95]

학생시위와 반독재운동

1960~1970년대 고등학생들의 적극적인 저항도 끊이지 않았다. 1960년 4·19혁명은 실질적으로 고등학생들의 참여와 희생으로 이루어졌다. 이후 1960~1970년대 고등학교에서도 시위와 저항운동은 일어났다. 지속적이고 고정적으로 활동하는 조직도 없었고 적극적으로 지도하고 지원하는 단체들도 없었지만, 민족적 자존이나 민주주의에 관련된 문제에는 적극적으로 나섰다.

1960년대 가장 강력하고 뚜렷한 고등학생들의 저항운동은 1964~1965년 한일회담반대시위였다. 1960~1970년대 정권의 안보교육이 강화되었지만, 역설적으로 학생들의 민족주의와 민주주의에 대한 신념도 확고했다. 따라서 민주적 질서와 민족적 자존심을 무너뜨리는 행위에 대해서는 강력히 반발했다. 1964년 3월 25일 대학생시위가 벌어지는 가운데 고등학생들도 시위에 나섰다. 1964년 3월 25일 배명고등학교·수송고등학교·성동고등학교 전교생들이 대학생들과 함께 싸웠고, 이어 3월 26일 전국으로 시위가 확산되는 가운데 고등학생들이 대거 참여했다. 언론에 보도된 사례만 살펴봐도, 서울에서는 배재고등학교·중동고등학교·동도공업고등학교·한영공업고등학교·마포고등학교·경신고등학교·성북고등학교·삼선고등학교·보성고등학교가 시위를 벌였고, 지방에서도 광주농업고등학교·대전고등학교·부산고등학교·부산남고등학교·남성고등학교 등도 참여했다. 3월 27일에는 서울에서 영등포고등학교·보인상업고등학교·용문고등학교·동국대학교부속등학교가 시위를 벌였고, 대전과 천안에서는 사레지오고등학교·천안고등학교·천안농업고등학교가, 청주에서는 청주고등학교와 청주농업고등학교가, 목포에서는 목포고등학교·문태고등학교·목포농업고등학교·목포상업고등학교가 시위에 참여했다. 전주에서도 5개 고등학교 6000여 명이 시위를 벌였다. 진주고등학교와 진주해인고등학교, 충주실업고등학교와 충주여자고등학교, 춘천고등학교, 수원고등학교, 부산혜화여자고등학교도 시위에 참여했다.[96]

1965년 4월 13일 한국과 일본 정부는 어업청구권, 재일 한국인의 법적 지위 등 논란이 되던 문제를 일괄 타결하고 한일협정을 체결했다. 야당과 시민, 학생들이 격렬히 반대하며 시위를 벌였다. 1965년

〈그림 31〉 1964년 보인상업고등학교 학생들의 한일회담반대시위(민주화운동기념사업회 소장)

4·19혁명 5주년이 다가오자 정부가 대학생시위의 확산을 우려해 4월 말까지 대학에 휴교령을 내렸다. 그러나 고등학생들이 거리로 나서 시위를 벌이기 시작하면서 휴교령은 무위로 돌아갔다. 4월 15일 경기고등학교 학생 1000여 명이 '평화선 암매暗賣, 을사년은 통곡한다'는 현수막을 들고 가두로 진출해 안국동에서 경찰과 투석전을 벌여 33명이 연행되었다. 1965년 4월 17일 '한일회담반대 시민궐기대회'에서 배재고등학교·보성고등학교·마포고등학교 학생들이 시위를 벌였다. 배재고등학교는 '신新을사조약 반대', 보성고등학교는 동국대학교 학생으로 시위 도중 경찰에 구타당해 사망한 '김중배 군의 사인 규명', 마포고등학교는 '매국 조약 폐기' 등을 내걸고 투쟁했다. 이날 고등학생 466명이 연행되었다.[97] 5월 6~7일 광주고등학교와 광주 숭일고등학교 학생들이, 5월 12일에는 목포 지역 학생 1000여 명이 굴욕외교 반대를 외치며 시위를 벌였다. 교육 당국은 1965년 4월 17일부터 4월 말까지 서울 시내 30개 중고등학교를 휴교하지 않을 수 없는 지경에 이르렀다.[98]

민주주의의 기본적인 틀을 유린하는 행위에 대해서도 고등학생들은 적극적으로 저항했다. 박정희 정부는 독재를 연장하기 위해서 대통령의 3선을 금지한 제3공화국 헌법을 고쳐야 했다. 이를 위해 국회의 3분의 2 이상 의석을 장악해야 했고, 1967년 총선에서 대규모 부정선거가 벌어졌다. 선거 이후 대규모 규탄 시위가 벌어졌는데, 여기에도 고등학생들이 적극적으로 참여했다. 부산에서는 학생들이 특히 격렬한 시위를 벌인 동래고등학교 교장에게 책임을 물어 해임하기로 했는데, 학생과 동문회가 극력 반발하고 여론의 반대도 심해지자 해임을 취소하고 다른 학교로 전보 발령했다.[99]

1969년 삼선개헌이 본격화되자 고등학생들도 반대시위에 나섰다. 1969년 7월 9일~10일 이틀 연속으로 대구 경북고등학교 학생 500여 명이 대구 시내에서 삼선개헌반대시위를 벌였다. 10일에는 대구 계성고등학교·대륜고등학교·대구고등학교 학생들이 항의시위를 벌였다. 경북고등학교는 시위 주동자 2명에게 무기정학, 4명에게 유기정학 처분을 내렸다. 경북 안동고등학교에서도 7월 27일 학생회가 시위를 주도했는데, 문교부와 도 교육위원회의 지시에 따라 학교는 학생회장을 퇴학시키고 나머지 간부들도 무기정학 처분했다.

고등학생들의 반대시위가 본격화될 기미를 보이자 서울시 교육위원회는 아예 학교별로 학생회 간부 등 시위를 주동할 우려가 있는 학생들을 아예 등교를 하지 않게 지시를 내리기도 했다. 이에 따라 경기고등학교 학생회 간부 4명이 무기한 등교금지조치를 당했다. 또 장학사들을 학교에 파견해 학생 동태를 지속적으로 보고하게 했다. 그래도 학생들은 격렬히 저항했다. 9월 12일 경기고등학교 학생 500여 명이 각 교실에서 성토대회를 열고 개헌반대토론을 벌였고, 15일에는 300여 명이 복도에서 개헌반대성토대회를 벌이려고 했다. 교사들이 말리자 학생들은 일단 해산했지만 오후 2시 30분쯤 다시 200여 명이 운동장에 모여 스크럼을 짜고 애국가를 부르며 교문 밖으로 진출해

거리로 나갔다 경찰에 의해 해산되었다. 학교에 남아 있던 3학년 학생 중 150여 명이 교실 두 개를 점거하고 농성을 벌이다 해산하기도 했다. 한편 이날 오전 경기고등학교 2학년 김홍수 학생이 학교 측의 성토대회 금지에 반발, 음독하는 사태가 벌어졌다. 김홍수는 동급생 3명과 함께 개헌반대성토대회를 열려다 담임교사에게 크게 꾸중을 듣고 강제로 귀가 조치를 당했다. 학교를 나오던 그는 현관에서 미리 준비한 극약을 마셔 중태에 빠졌으나 다행히 곧 의식을 회복했다. 이 사건으로 경기고등학교의 교장과 교감이 직위 해제당하기도 했다.[100]

9월 16일 서울고등학교 학생들이 삼선개헌반대성토대회를 열고 시위를 하려다 경찰의 제지로 귀가했다. 동성고등학교 학생 500여 명도 교정에서 삼선개헌반대성토대회를 벌이고 교문 밖으로 나왔으나 경찰이 최루탄을 쏘며 저지하자 학교로 돌아왔다. 이 달에 언론에 보도된 것만 해도 대광고등학교·건국고등학교·휘문고등학교·동성고등학교·경남고등학교·광주제일고등학교·부산상업고등학교·양정고등학교 학생들이 반대시위를 벌이거나 시도하다 휴교에 들어갔고, 휴교하지 않은 학교들도 학년별로 귀가 시간을 조절하는 등 시위 방지에 안간힘을 썼다.[101]

신문 등에 보도되지 않았으나 한일회담반대시위와 삼선개헌반대시위는 거의 모든 고등학교에서 시도되었다. 인창고등학교 학생회 간부들은 학생회 활동을 평가하는 좌담회에서 이 데모를 뿌듯하게 회고했다. 인창고등학교 학생회 간부들은 시위를 시도하다 교사들에게 제지당하고 교감에게 호출당했다. 교감은 학생회 간부 중 한 학생에게 진짜 데모를 할 거냐고 물어봤다. 학생은 서슴없이 할 것이라고 대답했다. 교감이 두 번 세 번 물어도 심지어 목숨을 걸고라도 할 거냐고 물어도 하겠다고 답했다. 결국 주동 학생들은 1개월의 유기정학에 처해졌지만, 당사자는 후회하지 않는다고 했다.[102] 1969년 9월 23일까지 삼선개헌반대시위로 정학 이상의 처벌을 받은 학생이 75명이었고, 퇴학당한 학생도 9명이나 되었다.[103]

정권에 대한 반대는 아니지만, 학교 안의 비민주적인 관행과 감시에 대한 저항도 자주 일어났다. 1971년 6월 광주제일고등학교 3학년 학생 600여 명이 강당에 집결해 교육 풍토 개선과 교육민주화를 요구하는 농성을 벌였다. 각 반 반장과 부반장, 동아리 대표 등이 주도해 학년 전체가 참여하는 항의집회와 농성시위를 벌인 것이다. 이들은 학생과장을 비롯한 학생과 교사들의 폭력과 향토반 등 동아리 활동에 대한 부당한 탄압을 성토하고 교육민주화를 요구하는 결의문을 채택했다.[104] 또 1974년 9월 9일 목포 문태고등학교에서 학교 당국의 부당한 비용 징수, 재단과 결탁한 일부 교사들의 부정부패와 무능에 항의하며 전교생이 모두 운동장에 모여 집회를 벌이기도 했다.[105]

한편 유신체제의 폭압 속에서 고등학생들이 본격적인 반유신운동을 벌이기도 했다. 1974년 10월 전국에서 반유신운동이 일어났는데, 고등학생들도 참가했다. 10월 20일 광주제일고등학교 학생 500여 명은 시위로 구속된 대학생들의 석방을 요구하며 가두시위를 벌였다.

11월 15일에도 광주제일고등학교 학생 200여 명은 조회를 마친 후 교문을 뛰쳐나와 〈유신헌법〉 철폐를 외치며 전남도청 광장까지 시가행진을 벌였고 18일에는 광주 조선대학교사범대학부속고등학교 학생 60여 명이 도청 앞 광장에서 구속학생 석방을 요구하는 시위를 벌였다. 이에 따라 19일에는 광주 시내 7개 고등학교에 휴교령이 내려졌다.

서울에서는 11월 18일 경기고등학교에서 유신철폐를 주장하는 유인물이 배포되었고 성토대회를 열려 했으나 교사들의 만류로 실패했다. 이에 경기고등학교 학생 40여 명이 23일 종로2가 YMCA 본부 앞에 모여 '학원의 정당한 의사 표시를 탄압하지 말라'는 등 6개 항의 결의문을 낭독한 뒤 가두시위를 벌였다. 이날 동성고등학교 학생 1500여 명도 가두시위에 나섰다가 경찰의 제지로 학교에 돌아와 농성에 돌입했다. 11월 25일 광신상업고등학교에는 각 교실에 '사회정의를 실현하는 길은 〈유신헌법〉을 무너뜨리는 것'이라는 유인물이 살포되기도 했다.

1970년대까지 고등학생들의 반정부시위는 끊이지 않았다. 어떤 면에서 이것은 1960년 4·19혁명 이후 젊은 사자 전통의 계승이기도 했다. 그러나 고등학생들의 사회정의에 대한 관심이나 정의의 수호자로서 자의식은 점차 약해졌다. 1960년대까지 꽤나 높은 수준의 엘리트 교육이던 고등학교 과정이 점차 모든 사람이 다니는 일반적인 학교가 되었던 것이 가장 큰 원인이었다. 사회적으로도 학생 스스로도 고등교육을 받는다는 생각이나 지식인 의식이 크게 줄어들었다.

1970년대 후반에도 각지 명문 고등학교의 일부 동아리는 대학의 학생운동의 연원이 되기도 했고, 학교의 전통이나 명문의 사명감이 저항적 주체 구성에 긍정적으로 작용했던 것도 사실이다. 그러나 많은 학교의 교지에 실린 글이나 개인의 회고에서 확인한 수 있듯이 명문이라고 불린 학교들이 사회문제에 대한 정의감과 책임의식을 독점하지 않았다. 많은 일반 학교와 실업계 고등학교의 학생들은 학교의 처벌에도 시위에 참여한 것을 자랑스러워했고, 다른 학교를 단순히 따라하지도 않았다. 나름의 논의와 준비, 결단을 거친 행동이었다.

명문 학교의 소멸보다는 평준화 이후 사립학교를 중심으로 입시교육과 학생통제가 강화된 것이 학생들의 사회의식이나 정치적 참여가 약해지는 데 더 큰 영향을 미쳤다. 끊임없는 시험과 보충수업, 체력장 대비 훈련, 교련 검열 준비, 청소와 봉사활동 등의 통제는 학생들이 정치나 사회문제에 대한 관심을 가질 여유가 없게 만들었다. 게다가 1970년대 이후 대학 진학 희망자가 급격히 늘어나면서 대학 입학 경쟁은 갈수록 치열해졌다. 학생들이 입시에서 느끼는 중압감이 늘어날수록 사회적 관심은 줄어들 수밖에 없었다.

학교의 일상: 교사와 학생

1
교사 되기,
교사로 살아가기

I

교사 되기,
교사로
살아가기

교사 양성과 교원 자격

일제강점기 각급 학교의 교사 중 다수는 일본인이었고, 상급학교로
갈수록 이런 경향이 심했다. 공립중등학교는 극히 일부를 제외하고
대부분 일본인 교사였다고 봐도 무방했다. 본격적인 중등학교 교사
양성기관인 고등사범학교는 일본에만 있었고, 식민지 조선에는 아예
없었다. 그러므로 해방이 되자 중등학교 교사 양성이 큰 과제였고, 해
방 이듬해인 1946년부터 중등학교 교사를 양성할 사범대학이 설립되
었다. 처음 사범대학들은 일제강점기 말까지 초등교사 양성학교였던
사범학교들을 국립대학의 사범대학으로 승격해 만들었다. 국립서울
대학교 사범대학은 경성사범학교와 경성여자사범학교를 합병해 설

립했고, 대구사범학교도 1946년 국립대구사범대학으로 출발했다가 경북대학교가 만들어지면서 경북대학교 사범대학이 되었다. 1948년 공주사범대학이 2년제로 발족했다가 1954년 국립 4년제 사범대학이 되었다.

1950년 〈교육법〉이 제정되면서 중학교 교원 양성기관으로 사범대학이 법제화되었다. 이후 한동안 2년제 사범대학에서 중학교 교사, 4년제 사범대학에서 고등학교 교사를 양성하기도 했다. 그러다 1962년 초등교원 양성기관으로 기존의 사범학교를 교육대학으로 승격해 운영하면서 중등학교 교원을 양성하는 사범대학은 모두 4년제 대학이 되었다. 한편 1955년부터 사범대학이 아닌 일반 대학의 해당 학과에도 교직과를 설치해 원래 전공과목 외에 정해진 교직과목을 이수하면 2급 정교사자격증을 주게 했다. 현재 우리나라 중고등학교 교사 대부분이 교사 자격을 획득하는 과정은 이 무렵에 완성된 셈이다.

그러나 교사를 양성하는 대학의 학생 정원은 그리 쉽게 늘리고 줄이고 할 수 없었는데 반해 교사의 수요는 폭발적으로 늘거나 줄었다. 해방 직후에는 중학교 일본인 교사들이 대폭 빠져나간 데다, 학교 설립을 억제하던 총독부가 사라지자 각지에서 중등학교가 연달아 세워졌다. 중등학교 교사가 턱없이 부족했으니 자격이 없는 교원도 수두룩했다. 사범대학으로 이 수요를 감당할 수 없었으므로 1947년부터 1956년까지 대학에 임시교원 양성소를 설치해 교사를 양성했다. 1955년부터는 일반 대학에 교직과를 설치해 재학 중 교직과정을 이수한 사람에게 중등교사자격증을 부여하는 제도도 운영했다.

1960년대 이후 중등교육이 확대되면서 교원 양성제도도 늘어났다. 5·16쿠데타 이후 실시된 군사정권은 대학의 수와 학생을 대폭 줄이는 대학 정비계획을 수립하면서 교사 양성제도 개혁방안도 여러 가지로 논의했다. 결국 1962년 3월 사범대학을 모두 4년제로 통일해 교사 양성의 중심 기관으로 운영했다. 1963년에는 실업계 대학에 실업교육과를 설치해 농업·공업·수산해양계 과목 교사를 양성하게 했다. 1963년 서울대학교에 교육대학원을 설치했는데, 1965년부터 교직과정을 이수한 졸업자에게 중등학교 교사자격증을 수여했다. 1966년에는 사범대학이 없는 경우 일반 대학에서도 교과교육학과를 설치해 교사를 양성할 수 있게 했다.[1]

중등교원의 수요가 급격히 확대되자 1965년 5개의 사립대학에 사범대학이 새로 생겼다. 1968년 중학교 입시가 폐지된 이후 교사 수요가 더욱 늘어 1969년에 사범대학이 2개 증설되었다.[2]

1960년대 중등교육의 폭발적 팽창으로 교사가 부족하자 폐지했던 임시중등교원 양성소를 1967년부터 다시 운영했다. 5개 사범대학에 임시중등교원 양성소를 두고 16주 정도의 교육기간을 거친 대학 졸업자들에게 자격증을 부여했다. 이 임시중등교원 양성소는 1973년 폐지되었으나 그동안 부실한 운영과 속성 과정으로 자주 교사의 자질 논란을 빚었다.[3]

교육수요가 폭발적으로 늘면서 교사는 항상 부족했다. 그런데 부실한 사립학교들은 말할 것도 없거니와 비교적 괜찮다고 하는 사립학교도 교사는 신분도 불안하고 처우도 좋지 못했다. 공립학교 교사도 사립학교보다 안정된 자리였지만 급여나 복지는 좋은 편이 아니었다. 이러다 보니 1960년대까지 정식 중등학교 교사 자격을 갖추지 못한 교사들이 교단에 서는 경우도 많았다. 1962년까지는 고등학교 과정의 사범학교를 졸업하면 초등교사 자격을, 2년제 사범대학을 졸업하면 중학교 교사 자격을, 4년제 사범대학을 졸업하면 고등학교 교사자격을 부여했으니, 1960년대까지 중학교 교원의 기준 학력은 14년(초등교육+중등교육+초급대학)이었다. 그런데 1962년 조사 결과 기준 학력에 미치지 못한 교사는 공립중학교에서 15퍼센트, 사립중학교에서 12퍼센트였다. 기준 학력이 16년인 고등학교 교사의 경우 공립고등학교의 정교사 중에 기준 학력 미달 교사의 비율이 22퍼센트였다. 또 강습소 같은 임시 양성기관을 졸업한 준교사 이하의 자격증 소지자도 20퍼센트 정도를 차지했다. 사립고등학교에서는 기준 학력 미달 교사가 24퍼센트였고, 준교사가 40퍼센트였으며, 아예 자격이 없는 교사도 16퍼센트나 되었다.[4]

1960년대 후반으로 가면서 교사 부족은 더욱 심해졌다. 1969년 10대 도시 중학교 교원 확보율은 법정 기준의 60.4퍼센트에 불과했다. 교사 중에 사범계열 출신은 23.9퍼센트에 불과했고, 무자격 교사가 136명이나 있었으며, 원래 전공하지 않은 과목을 가르치는 이른바 과목 상치 교사도 282명이나 되었다.[5] 중학교나 인문계 고등학교의 평준화가 진행되면서 이들 무자격 교사나 과목 상치 교사들이 크게 문제가 되었다. 평준화의 명분 때문에라도 당국은 이들에 대한 정리를 진행하지 않을 수 없었다. 그러나 그렇지 않아도 교사 수가 부족한 와중에 이들마저 한꺼번에 도태하면 교사가 더 모자랄 것이 뻔했다. 1968년 서울시 교육위원회는 무자격 교사, 과목 상치 교사 등 200여 명을 찾아내었으나 실제로는 겨울방학에 80시간의 보수교육을 게 해서 그대로 교사직을 수행하게 했다.[6] 새로 임용되는 교사들은 대부분 자격이 있었고, 기존 교사들도 어떻게든 자격을 얻게 하면서 무자격 교사는 거의 사라졌다. 그러나 지나치게 빠른 교육 팽창의 와중에서 속성으로 양성된 교사나 무능 교사들의 자질 시비는 끊이지 않았다.

교사의 업무와 처우

1960~1970년대 한국사회가 다 분주했지만, 학교 현장의 교사들은 더욱 바빴다. 1970년대 말 서울 한 사립여자고등학교에 근무하던 김 선생의 하루 일과를 보자.[7] 김 선생은 아침 6시에 일어난다. 잠시 수업 준비를 한 다음 아침을 먹고 출근 준비를 해서 도시락을 들고 학교로 간다. 아침 7시 50분에 직원 조회가 있으니 그전에는 학교에 도착해야 한다. 8시 10분에 담임을 맡은 반의 학급조회가 있고 8시 20분에는 1교시를 시작해야 한다. 원래 중고등학교 교사의 법정 수업 시

간은 주당 18시간, 하루에 3~4교시 정도를 맡아야 한다. 그러나 그건 그야말로 법정 수업 시간이고 실제 수업 시간은 사정이 좀 나은 공립 중고등학교에서 24시간이고, 사립학교에서 27시간이 예사다. 보충수업까지 포함해서 보통 하루에 6~7교시 수업을 해야 한다.

수업만 한다면 차라리 감당할 수 있을 것이다. 수업 외의 이른바 '잡무'라는 것이 더 많다. 이제 경력이 쌓여 어지간한 문서 처리 정도는 척척 해내지만 그것도 워낙 양이 많으니 힘들기 짝이 없다. 학급일지도 정리해야 하고 각종 일지도 작성해야 한다. 교실 환경미화도 해야 하고 담당 구역의 학교 환경도 관리해야 한다. 전학 오고 가는 학생들에 관한 업무도 처리해야 하고 입학이나 졸업 관련 사무도 맡아야 한다. 이 정도면 학생지도에 관한 필수 업무니까 당연히 할 수 있다. 그런데 돈 걷는 것조차 교사가 책임져야 하니 못할 일이다. 학생들에게 육성회비를 내라고 독촉해야 하고, 학생들이 학교에서 하는 저금 관리도 맡아야 한다. 교과서 및 방학 책값도 받아야 하며, 납부 실적이 나쁘면 노골적인 압박이 들어온다. 학생 교육과 무관한 정부 시책들 때문에 해야 하는 잡무는 그야말로 짜증나지만 어쩔 수 없다. 어머니교실이나 어머니합창단도 운영해야 하고, 새마을금고나 민방위대 운영도 학교 업무에 포함되어 있으며, 경로잔치, 애향단 활동까지 맡아야 했다.

1978년 대한교련이 조사한 바에 의하면 서울 시내 고등학교가 한 해 접수·처리한 공문서는 학교당 평균 2547건이다. 그중에서 서울시

교육위원회 발신이 954건이고, 각 교육구청에서 보낸 것이 17건이며, 교육구청 전언통신문 99통, 각급 연구원 및 다른 학교에서 보낸 공문이 340건으로 교육기관 공문이 1410건으로 55.3퍼센트 정도 차지했다. 나머지는 다 교육과 관련 없는 행정기관이나 사회단체의 문서다. 서울시나 구청·경찰서에서 보낸 것이 111건, 특히 많았던 것이 민방위 관련 공문이 182건이었으며, 종교 단체에서 보낸 것이 57건, 사회단체 초청 및 안내 169건, 기타 194건이었다. 교육기관에서 보낸 공문도 3분의 1 이상은 학교 본래 업무와 무관했다. 이들 공문에 대해 일일이 회답 문서를 보내거나 조치를 취하고 보고하는 것도 거의 교사들의 몫이었다. 젊은 교사들은 각종 경시대회나 모임·연수회·캠페인·특별활동도 떠맡았다. 수요봉사활동·여교사회·어머니교실·학년협의회·친선체육대회·자모연수회·자연보호캠페인·보이스카우트·걸스카우트·새마을청소 및 각종 회의에 참석하고 진행해야 했다.

그런데 교사의 급여는 형편없는 수준이었다. 서울의 나름 유명한 사립대학교 전기공학과를 졸업하고 서울의 한 사립고등학교에서 근무하던 32세의 한 교사는 1978년 당시 월급이 14만 8000원에 불과했다. 이해 5인 가족 최저생계비가 21만 992원이었으니 실제로 제대로 생계를 유지하기 힘든 수준이었다. 그는 1978년 6월 학교를 그만두고 일반 기업으로 옮겼는데 월급은 24만 원에 수당 7~8만 원을 더 받았다. 앞서 예로 든 김 선생도 공립고등학교에서 근무하다 유리한 조건으로 사립학교에 스카우트까지 되었으나 여전히 넉넉하지 못했다. 수학 교사였던 그에게 과외 교사나 학원강사 수입은 큰 유혹이었다. 결국 사직하고 학원 두 곳에서 강의하고 개인 과외를 하게 된 그의 수입은 한 달에 60만 원으로 교사 시절의 서너 배가 되었다.

1960~1970년대 중등교육이 팽창하면서 교사 수도 크게 늘어났다. 젊은 교사가 많은 것이 이 시기의 특징이다. 1967년 서울의 한 학교를 살펴보자. 1967년 서울여자고등학교의 교장과 교감을 제외한 교사 33명 가운데 경력 20년 이상의 선임 교사 9명, 6년 이하의 초년생 교사 17명이며, 그 사이의 중견 교사는 7명에 불과했다. 일종의 양극화 현상이 진행된 것인데, 이직이 많았던 당시 교사들의 현실을 보여준다.

서울여자고등학교 교사들의 학벌도 만만치 않다. 17명이 서울대학교 출신으로 거의 절반이고, 그중에서도 서울대학교 사범대학 출신이 많았다. 숙명여자대학교 출신 교사가 3명이고, 나머지 교사는 경북대학교 사범대학·공주사범대학교·경희대학교·성균관대학교·연세대학교 등이다. 경력이 오래된 교사 중에는 일제강점기 교사 양성기관 출신도 있다. 경성고등공업학교·도쿄여자고등사범학교·이화여자전문학교·혜화여자전문학교·일본여자체조전문학교·서울약학전문학교 등의 졸업자가 8명이다. 정식 사범교육기관 출신이 아닌 사람은 사범대학 부설 중등교사 양성과정 출신 1명밖에 없다. 이러다 보니 남교사들은 기회가 있으면 다른 직장으로 옮기는 일이 많았다. 수학 담당의 교무주임 이경환 선생은 경성고등공업학교 출신으로 일반

회사를 다니다 고등학교 교사가 되었다. 용산고등학교에 근무하다 서울여자고등학교로 옮겨 20년 넘게 교직에 있었지만 곧 자기 사업을 할 계획을 가지고 있다고 했다.[8]

1960년대~1970년대 중고등학교 교사 집단의 변화를 추적해 보자. 일단 교사 수의 변화부터 파악해야 할 것이다. 1960년부터 1980년까지 약 20년 동안 중학교 교사의 수는 〈표 22〉와 같이 늘어났다.

1965년 16.1퍼센트에 불과한 중학교 여교원은 1980년에도 32.8퍼센트에 머물렀다. 여학교가 많이 늘었어도 교사는 대부분 남성이었다. 이 정도의 증가도 여학교들이 크게 늘어나면서 나타난 현상이었으니, 고등학교의 경우와 대조해보면 금방 알 수 있다.

고등학교 여교사는 1965년에는 11.9퍼센트, 1980년에는 17.2퍼센트로 중학교의 절반 수준에 머물렀다. 여자 중학교에 비해 인문계나 실업계 여자고등학교의 수는 여전히 적었으니 1975년 약 14퍼센트 정도의 여교사 가운데 가정이나 가사 같은 여교사 전담 과목을 빼고 나면 그 비율은 더욱 줄어든다.[9]

1960~1970년대의 교사들은 대체로 젊었다. 학교와 학생이 1960년대 폭발적으로 증가하면서 새로 생긴 학교가 많았고, 교사도 그 무렵 늘어났던 사범대학 졸업생이나 교직과정 이수자가 다수를 차지할 수밖에 없었다. 1963년 전국 중고등학교 교사의 평균연령은 32세였으며, 남교사 33세, 여교사 27세였다. 교사들이 젊었던 것은 새로 뽑은 교사가 많아서만은 아니었다. 1960년대 초반 평균 근속연수는 6

〈표 22〉 중학교 교사 수의 추이

(단위: 명)

연도	1960	1965	1970	1975	1980
중학교 교원 수	13,053	19,067	31,207	46,917	54,858
여교원 수	–	3,078	5,805	11,755	18,010
백분비(%)		16.1	18.6	25.1	32.8

출전: 교육부·한국교육개발원 편,《통계로 본 한국교육의 발자취》, 교육부·한국교육개발원, 1997.

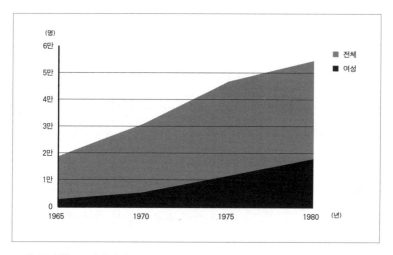

〈그림 32〉 중학교 교사와 성비

년이었는데, 특히 여교사의 경우에는 4년에 불과했다. 결혼하면 학교를 그만두는 것이 보통이었기 때문이다.[10]

남교사도 오래 재직하는 사람은 많지 않았다. 대학을 졸업하고 얻을 수 있는 다른 직업에 비해 교직의 급여 수준은 상대적으로 점점 열

<표 23> 고등학교 교사 수의 추이

(단위: 명)

연도	1960	1965	1970	1975	1980
고등학교 교원 수	10,022	7,984	9,845	20,415	27,480
여교원 수	–	942	1,196	2,904	4,734
백분비(%)	–	11.9	12.1	14.4	17.2

출전: 교육부·한국교육개발원 편, 《통계로 본 한국교육의 발자취》, 교육부·한국교육개발원, 1997.

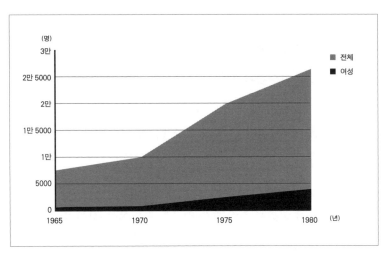

<그림 33> 고등학교 교사와 성비

악해졌지만 교사의 업무는 계속 늘었다. 학생 수가 늘면서 교사 한 사람이 맡는 학생 수도 많아졌고, 학생지도 부담이 늘었다. 1960년대 후반 교사들의 수업 부담은 법정 수업 시간을 훨씬 초과했고, 새벽에 출근해서 밤늦게까지 학교에서 온갖 잡무와 학생지도 업무를 처리해

야 했다. 1968년 대한교련의 조사에 의하면 중학교 교사는 주당 평균 55.1시간, 고등학교 교사 57시간을 근무해 하루에 보통 10시간 이상 일해야 했다. 교사 한 사람이 담당하는 학생은 대개 60명을 훌쩍 넘었다. 중학교 교사의 45.17퍼센트가 61~70명, 고등학교 교사는 42.22 퍼센트가 61~70명을 맡았으며, 89.87퍼센트의 교사가 법정 정원 60 명 이상 담당했다.[11]

1960년대 전반 서울 지역 학생들에 대한 설문조사에 의하면 64퍼센트의 학생이 자기를 이해해주는 선생님을 아직 만나지 못했다고 대답했다. 학교 선생님과 개인적인 대화를 원한 학생도 64퍼센트였다.[12] 학생들은 개인적인 대화를 원했지만, 실제 각종 잡무와 수업에 시달리는 교사들이 점점 늘어나는 학생들과 이야기를 나눌 시간은 없었다.

중고등학교 교사들의 수업과 업무 부담은 1970년대 들어서도 줄지 않았다. 오히려 학생 수가 급증하면서 더 늘었다. 아침저녁으로 보충수업도 해야 하고 전공하지 않은 과목도 가르쳐야 했다. 근무 시간도 여전했다. 중학교 교사들은 주당 평균 55.4시간을 일했고, 고등학교 교사들은 56.3시간을 근무했다. 대부분 오전 8시 이전부터 저녁 늦게까지 하루 10시간 이상 학교에 머물러 일해야 했다. 실제 근무시간 중 수업 부담은 30퍼센트에 불과했고, 잡무(사무분담)에 제일 많은 시간을 할애해야 했다. 교사들은 출석부·생활기록부·건강기록부 등 장부와 학급일지를 정리해야 했고 공문서·전언통신문의 수발과 보고를 담당했으며, 학생들에게서 육성회비를 받아야 했고 학교 저금, 교과서 대금 등 잡부금 수납도 맡았다. 입학·퇴학 및 전학도 교사들이 담당했고, 교실 청소와 꾸미기, 교내외의 환경미화, 시설관리, 그 외에도 시시콜콜한 업무 일체를 맡아야 했다. 1970년대 후반에는 문교부 지시에 따라 이틀에 한 번꼴로 혼식 조사도 해야 했다. 쌀 소비를 줄이기 위해 보리를 섞은 혼식을 장려했는데, 학생들도 반드시 도시락에 보리쌀을 섞어 오게 했다. '장려'라고는 했지만, 교사들이 검사하고 다녔으니 강제로 보리밥을 먹게 한 것이었다. 교사가 학생들 도시락을 검사하고 다니는 모습은 어느 모로 보나 아름답지 못한 풍경이었다. 육성회비 등 공납금을 독촉하는 것은 힘들 뿐만 아니라 학생지도에도 큰 고충이었다.[13] 1975년 서울의 한 여자고등학교 교사는 수업료 납부 고지서를 교사가 직접 배부하면서 학생들이 교사들의 처우 개선이 곧 학부모 부담의 증대가 되는 것으로 느끼는 현실을 개탄했다.[14]

한편 교사들은 수업에 필요한 자료도 직접 만들어야 했다. 요즘처럼 컴퓨터로 교재를 척척 만들 수도 없었고, 예산도 부족했으므로 어지간한 교육보조재(교보재)들은 모두 교사들이 손수 제작했다. 괘도나 실험장비 따위를 교사 혼자 만들기는 어려웠으니 〈그림 34〉처럼 함께 제작했다. 시골 학교의 경우에는 심지어 학교 건물도 교직원들이 지어 올리기도 했는데, 〈그림 35〉에서 보듯이 해남 현산중학교에서는 교장과 행정과장이 직접 숙직실을 건설하는 공사에 참여했다.

〈그림 34〉 1970년 해남 현산중학교 숙직실 건설현장

〈그림 35〉 교보재를 만드는 교사들(해남 현산중학교, 1970)

한편 산업화와 도시화가 진행되면서 도시 학교와 시골 학교의 격차는 점점 커졌는데, 교사들의 수입은 그 대표적인 사례였다. 도시 학교의 교사들이 과외로 월급보다 더 많은 수입을 올릴 때, 시골 학교 교사들은 가축을 기르고 농사를 지으며 부업을 해야 생계를 유지할 수 있었다.[15] 그러나 과외 수입 같은 비정상적인 수입을 제외하면 1960~1970년대 교사들의 급여는 도시와 농촌을 막론하고 대졸자들의 다른 직종에 비해 크게 낮은 편이었다. 1965년 6월 19일 경상북도 초중등교사 1500명이 대구상업고등학교 강당에서 교원처우개선촉구 경북도교육자대회를 열고 최저생활의 보장을 요구했다. 이들은 ① 교재비 및 연구수당 대폭 인상 ② 각급 교원에 대한 단일 봉급제의 조속한 실시 ③ 교원의 생활권 확립을 위한 과감한 정부시책을 요망한다고 했다. 교원 단체인 대한교련은 당시 교원들의 월급이 중학교 7690원 고등학교 8860원(교재연구비 500원 추가)에 불과해 생활비 중 식료품비에도 미치지 못한다고 했다. 생계가 곤란하니 교원들의 이직도 많았다. 1965년 제주도를 제외한 교사 퇴직자 2393명 중 중도에 스스로 그만둔 사람이 2186명이나 되었다. 이때 공무원들은 연구비라는 명목의 수입이 있었는데, 법원 및 검찰서기는 2000원, 세무공무원은 3000원, 경찰이 1800원이었다. 그나마 연구비를 받던 고등학교 교사들의 연구비가 불과 500원이었던 것에 비하면 큰 차이가 났다. 이날 모인 교사들은 모든 교원에게 연구비를 지급할 것과 연구비 인상을 요구했다.[16]

급여의 차이는 점점 더 확대되었고, 특히 대기업 회사원들과는 비교할 수 없을 정도로 차이가 났다. 특히 1960년대 후반부터 1970년대까지는 폭발적인 물가상승의 시대였던 터라 생활고는 점점 심해졌다. 〈표 24〉는 1977년 직종별 월 급여다.

〈표 24〉에서 기업에 15년 이상 근속한 사람에 대한 통계가 없는데, 아마 삼성그룹인 듯하다. 삼성전자가 1969년에 설립되었으니 통계를 낼 당시 아직 10년이 되지 않았고, 그룹의 주력 삼성물산도 1954년에 설립되었으므로 15년 이상 근속자는 거의 임원급이었을 것이다. 통계를 낼 대상자가 없었던 것이다. 교사와 대기업 직원의 월급을 비교하면, 초임부터 2배 정도 차이가 나다가 10년쯤 지나면 3배까지 벌어졌다. 요즘과 달리 기업의 회사원들도 어지간하면 55세 정년까지는 근무했으며 어느 정도까지는 승진할 수 있던 시절이었다. 게다가 대부

〈표 24〉 1977년 직종별 월급

(단위: 100원)

구분＼연차	초임	5년	10년	15년	20년	25년	30년
초등교원	630	800	9,700	1,300	1,600	1,900	2,000
중등교원	770	970	1,300	1,600	1,900	2,000	2,100
일반직 공무원 A	445	675	1,045	1,840	2,940	3,115	3,265
일반직 공무원 B	525	895	1,315	2,160	2,940	3,115	3,265
장교	600	1,097	1,459	2,089	3,013	3,263	3,513
기업(S그룹)	1,561	2,481	3,261	-	-	-	-

출전: 《중앙일보》 1977년 9월 5일.

분 연금이 아니라 퇴직금을 받던 시절이었으니, 노후까지 생각한다면 급여의 격차는 심각했다. 실제로 항상 인력이 부족했던 기업체가 기술 담당 교사들을 스카우트하는 바람에 일선 고등학교의 기술과나 직업과 수업에 차질을 빚는 경우도 많았다.

사립학교의 교원들은 신분도 제대로 보장되지 않았다. 학교가 별 근거도 없이 현직 교사의 호봉을 낮추거나 신규 채용 교사들을 트집 잡아 사직하게 하는 경우가 많았다. 한 사립중고등학교재단은 과오나 실수 없이 근무하던 고등학교 교감을 갑자기 사학의 중학교 야간부 강사로 발령을 냈다. 이사장 친척인 교장이 호봉 높은 교감을 몰아낼 궁리 끝에 곤경에 빠뜨려 자진 사직하게 압력을 넣은 것이었다.

평준화 이후 1970년대 중학교에는 정부가 교사들의 급여를 지원했지만 고등학교에는 지원이 없었으므로 재정이 부실한 사립고등학교는 교사호봉을 3~5호봉씩 낮추기도 했다. 일부 사립학교는 35세 이상 교사들을 일괄 정리하고 해마다 신입 교사들을 채용했다. 6개월이나 1년 임시채용 후 정식으로 발령을 내겠다고 해놓고 실제로는 이 핑계 저 핑계를 대며 그전에 사직하게 만들었다. 호봉이 높아진 교사에게 동일 계열 중학교로 옮겨 달라고 노골적으로 요구하기도 했다.[17] 쫓겨나지 않으려면 때마다 인사치레를 빠뜨리지 말아야 했고, 평준화 이후 학교 서열을 가름할 대학 입시 성적에 대한 독려도 대단했다. 사립중고등학교 교사 71퍼센트가 이직을 고려할 정도로 열악했다. 사립학교들은 규정을 어기고 시간강사들을 채용해 수업을 맡겼다. 일정

기간이 지나면 정규 교사로 채용하겠다고 약속했지만 거의 지켜지지 않았다. 사립학교마다 10여 명의 시간강사로 수업을 담당하게 했다. 사립학교 교원의 신분이 제대로 보장되지 않다 보니, 근무 연차가 쌓인 호봉 높은 교사들을 갖은 방법으로 쫓아냈고 심지어 중견 교사들의 호봉을 낮추기도 했다.

그러다 보니 교사직을 선호하지 않는 것은 당연했다. 엔지니어나 회계 전문가에 대한 산업 분야 수요가 폭발할 무렵일 때라 기업의 일자리는 많았다. 실업계 고등학교는 전공 교사를 확보하는 데 큰 곤란을 겪었고, 인문계 고등학교도 실업 담당 교사 구하기가 힘들었다. 기업체가 선호하는 남성 대졸자들이 학교 교사를 지원하지 않는 대신 대졸 여성들은 교사 자리에 몰렸다. 1977년 사립중등교원 임용학력평가고사 합격자 2106명 가운데 80퍼센트가 여성이었다. 그러나 일선 사립중고등학교는 여교사의 채용을 기피해 합격자를 선발하지 않고 강사를 채용하다 보니 실제 임용된 사람은 소수에 불과했다.[18]

2

교실 풍경의 변화: 공간과 사람들

농촌 지역 학교와 교실의 풍경

1960~1970년대 산업화·도시화가 급격히 진행되었지만, 여전히 많은 사람이 농촌에 살고 있었다. 1970년대 후반부터 유소년층과 청년층의 인구 유출이 급격히 진행되기는 했어도 1960년대 한국의 농어촌 마을들은 아이들이 뛰어 다니고 마을 회관에서는 청년들이 정기적으로 모여 마을 발전을 위해 열띤 회의를 여는 활기찬 곳이었다. 인구가 늘어나고 교육수요가 확대되니 당연히 학교를 많이 지어야 했다. 면마다 중학교가 들어서기 시작했다. 땅이 확보되면 학교 건물은 정부 재정으로 지어 개교는 했으나 시설은 열악했다. 운동장에는 자갈이 굴렀고 화단은 제대로 없었으며 음악실·과학실 같은 특별교실은

갖추지도 못한 경우가 많았다. 체육관이나 도서관은 고사하고, 교내 방송시설조차 제대로 없는 상태에서 개교했다. 교정에는 조회나 운동회를 위한 설비도 없어 〈그림 36〉과 같이 철제로 만든 작은 조회대에 교장이나 교감, 다른 선생들이 올라 훈화나 지시 사항을 전했다. 철봉이나 평균대, 철제 배구 포스트와 축구 골대 같은 기본 체육 시설도 지역 유지나 주민의 도움을 받아 마련한 경우가 많았다. 1970년 개교한 해남 현산 중학교는 운동장의 조회대는 읍내 철공소 대표가 기증했고, 철제 배구 포스트는 당시 현산국민학교 교사들이 중학교에 진학한 제자들을 위해 기증했다. 운동장이나 주변 시설의 정비도 교사들과 학생들이 직접 해야 했다. 시설의 청소나 간단한 수리는 물론이고, 운동장을 다듬거나 화단을 만드는 일도 교사나 학생들이 직접 나서야 했다.

이 무렵 교정에는 몇 개의 동상이 세워졌는데, 이순신 장군상은 거의 반드시 포함되었다. 일부 학교에는 세종대왕상이 함께 세워지기도 했는데, 이순신이나 세종대왕은 〈국민교육헌장〉이 표방하는 올바른 인간의 전형적인 모습이었다. 이런 위인의 동상은 반드시 세워야 하는 것으로 여겨졌지만, 특별한 예산이 지원되지는 않았다. 시골 학교의 경우 지역사회의 주민과 유지들이 모금해서 세우는 경우가 많았고 동상이 만들어지면 제막식 행사도 함께 거행했다.

이순신 장군 동상과 함께 석고로 된 책 읽는 소녀상도 거의 학교마다 있었다. 1970년대 독서교양교육이 강조되면서 책읽기를 확산하는

〈그림 36〉 1970년대 현산중학교 조회대

〈그림 37〉 충무공 이순신 장군 동상(보길동초등학교)

〈그림 38〉 책 읽는 소녀상(현산중학교, 1977)

〈그림 39〉 현산중학교 교무실(1970)

것이 교육정책의 한 목표였다. 학교마다 도서관이나 도서실이 갖추어 진 것도 그 덕분이었으며, '교양경진대회'라고 해서 독후감대회도 자주 열렸다. 책 읽는 소녀상도 그 영향으로 확산된 것으로 보이는데, 이순신 장군상과 함께 학교 건물 앞 화단 한편에 설치되는 것이 일반적이었다.

오래된 학교의 경우에는 일부 목조 건물이 남아 있기도 했지만, 1970년대 학교들은 대개 콘크리트 단층이나 2층으로 교사를 지어졌다. 1층 가운데 현관 부근에 교무실과 교장실이 있었고, 좌우로 교실들과 과학실·음악실·도서실을 배치했다. 교실에 들어가면 정면 칠판 위에는 태극기와 국기함, 국기에 대한 맹세 액자가 놓여 있었으며, 그 옆에는 〈국민교육헌장〉 판이 걸려 항상 볼 수 있게 했다. 칠판 앞에 약간 높게 만든 대 위에 교탁이 놓여 있었고, 그 앞에 학생들이 책걸상을 놓고 공부를 했다. 복도 반대쪽 창틀 밑에 청소도구나 공용물품들을 놓아두는 공간이 있었고, 교실 뒷면 벽에는 유신과 새마을운동 홍보판, 반공포스터와 각종 통계표, 향토와 민족전통 등에 관한 그림이나 사진 등을 게시했다.

시골의 중학교 복도에는 반공관이니 새마을관이니 하는 안보교육관·국민헌장교육관·향토관 등이 만들어져 반공 관련 포스터나 패널, 통계와 도표, 사진 등이 전시되었다. 고등학교쯤 되면 특별교실을 만들어 전시를 하기도 했는데, 전시 외에는 다른 활용도가 없다 보니 지역 주민을 대상으로 하는 특강이나 반공교육을 실시하는 장소가 되기도 했다.

농촌의 고등학교는 농업고등학교나 종합고등학교가 많았고, 인문계 고등학교라도 실업 과목은 농업이었으므로 농업실습시설이 많았다. 그러니 학교는 읍내에서 좀 떨어진 곳에 실습시설과 함께 건축되는 것이 일반적이었다. 1973년 설립된 화성군의 경성종합고등학교(현재 홍익디자인고등학교)는 꽤 넓은 대지 위에 들어선 농촌 고등학교의 전형적인 경관을 보여준다.

〈그림 40〉에서 볼 수 있듯이 도시 학교보다 훨씬 넓은 터 위에 실습지나 시설이 많이 들어섰다. 언덕 왼쪽 위에 본관 건물이 있고 오른쪽 끝부분에 기숙사가 있었다. 기숙사와 본관 앞 흰 지붕의 긴 건물은 닭

〈그림 40〉 1976년 화성군 경성종합고등학교 전경(경성종합고등학교, 《용마산》, 1976, 화보)

을 키우는 축사이고, 닭 축사 오른쪽에 온실이 있었으며, 끝에 사슴사육장이 있었다. 언덕 아래에 운동장이 있었고, 운동장에서 한참을 나오면 교문이 있었다(〈그림 40〉의 오른쪽 하단 흰 기둥 두 개가 교문이다). 교문과 운동장 사이에도 꽤 넓은 논밭이 있었다. 그 외에도 본관 건물 뒤에 소·돼지·토끼 등의 축사, 사일로·현장강의실·원예실습지·사택등이 있었다.

도시 학교와 교실의 풍경

1970년대 도시가 팽창하면서 주거지역은 끊임없이 늘어났고, 도시외곽이나 새로운 아파트 단지에 신설 학교들이 계속 들어섰다. 또 기존의 학교들도 계속 학급을 증설했지만, 여전히 교육수요를 따라가지 못하는 실정이었다. 1970년대 도시 학생들이 중학교나 고등학교에 입학해서 처음 본 풍경은 대부분 '공사 중'이었다. 농촌 학교처럼예산이 부족한 경우도 더러 있었지만, 급하게 공사를 진행하다 보니개교는 했는데 아직 시설을 다 갖추지 못한 경우가 많았다. 교실과 교무실·운동장만 겨우 갖춰 놓고 일단 개학하고 수업을 시작한 것이다. 진입도로 공사는 착수도 못한 채 학교가 문을 열었고, 부실 공사로 말썽을 빚거나 상수도나 전기 공급이 원활하지 못한 경우도 허다했다. 학급 증설로 학교건물을 증축한 경우에는 교련 시간이나 체육 시간에학생들을 동원해 벽돌이나 모래를 옮기게 하는 등 노력 동원도 빈번했다.

원래 교사가 목조 건물이던 학교들도 6·25전쟁 중에 건물이 소실되어 1950년대 다시 짓는 일도 많았고, 특히 신설 학교가 급격히 늘어나면서 철근 콘크리트로 지은 3~4층 건물이 도시 중고등학교의 가장 흔한 풍경이 되었다. 또 도시 외곽의 주거지역이 점점 확대되면서 신설 학교는 변두리 지역에 많이 들어섰고, 원래 도심지에 있던 공사립학교들도 정부 정책에 따라 강남이나 외곽으로 이전하는 경우가 많았다. 특히 서울의 땅값이 급격히 상승하면서 신설 학교들은 언덕 위나 산 중턱에 자리 잡았다. 버스에서 내려서 등산하듯 학교에 가는 것이 이때부터 일상 풍경이 되었다.

서울의 건국중상업고등학교(현재 건국대학교사범대학부속중학교)는 1968년 개교했으나 임시교사에서 수업을 시작했다. 그런데 곧바로 상업고등학교 운영을 포기해 1회와 2회 입학생들만 졸업했는데, 학교 교사는 1969년에야 완성해 사용할 수 있었고, 그조차 중학교 본관은 1971년에 기공할 정도였다. 당시 건물로서는 획기적인 수세식 화장실이 있었으니 나름대로 첨단 설비도 갖추었으나 기본 시설이 공사 중이었다. 1971년까지도 학교 정문이 없는 상태였고, 담장도 제대로 없었다. 체육시설도 부족했고, 본관 공사도 개교 3년이 지난 이때까지 계속했다.[19]

〈그림 42〉는 1975년 대일고등학교의 조회 광경이다. 이 학교도 신흥 명문으로 등장하지만 산 위에 급하게 학교를 지어 개교하다 보니

〈그림 41〉 1971년 영등포 삼신중학교(민주화운동기념사업회 오픈아카이브 소장)

〈그림 42〉 대일고등학교 조회 광경(대일고등학교, 《대일》 창간호, 1975, 화보)

절개지가 살풍경하게 그대로 노출되었다. 축대 공사조차 다 끝내지 않은 상태에서 일단 개교한 것이다.

학급 수가 크게 늘어나다 보니 본관 외에 대부분 학급 증설을 위해 별관을 짓는 경우가 많았다. 그러나 학생 수가 계속 늘어나다 보니 학급 증설 공사를 계속해도 교실 안은 늘 콩나물시루였다. 한 반의 학생 수가 70명을 넘는 경우도 허다했으니 책상만 치우면 사실 수업 시간에 한두 명 빠져 나간다 해도 교사가 눈치채지 못할 정도였다.[20]

도시 학교의 공간 배치나 특별교실의 종류나 활용 방법은 차이가 없었다. 그러나 1970년대 신설한 학교들은 기본적으로 시설이 부족한 경우가 많았다. 부동산 가격이 폭등하면서 학교가 충분한 공간을 확보하지 못했기 때문이었다. 1960년대 학교보다 70년대 학교가 공간이나 설비가 못한 경우도 많았다.

1967년 서울여자고등학교의 교정에는 교장실, 교무실, 서무실, 경비실, 수위실과 같은 일반 관리실과 보통 교실 42개, 미술실, 음악실, 재단실, 미싱실, 조리실, 과학실, 도서실 같은 특별교실, 체육관과 운동기구실, 탈의실, 샤워실 등 체육시설이 갖춰져 있었다. 교재실, 공작실, 상담실, 생활지도실, 방송실, 양호실 등이 있었다.[21]

그런데 1970년대 설립된 서울 서문여자고등학교에는 교장실, 교무실, 서무실, 기획실, 이사장실 같은 관리실과 보통 교실 54개, 특별교실 8개가 있었다. 특별교실은 음악실·시청각실·미술실·가사실습실·과학실·물리실(실험실)·화학실(실험준비실) 등이었다. 그리고 특수

관리실로 양호실·상담실·도서실·기계실·교구관리실 등이 있었다. 체육시설은 공사 중이었고, 가사실습실도 부족했다. 시청각실 같은 새로운 시설들이 갖추어져 있기는 했으나 공간이 심하게 부족했다. 그러다 보니 옥상의 물탱크 실을 학생회실로 사용하게 했다.[22]

1970년대 대입 경쟁은 학교 공간에도 변화를 가져왔다. 도시 학교에는 대부분 상담실을 두었으나, 상담실에서 이루어진 가장 많은 대화는 입시에 관한 것이었다. 특히 평준화 이후 대학 입시 경쟁이 치열해지면서 진학실을 만드는 학교가 늘어났다. 학생들의 학업 능력을 과학적으로 측정하고 입시 정보를 제공해 입시 성공의 지름길을 제공한다는 것이 진학실의 목표였다. 1970년대 부산 동고등학교는 교실 하나를 진학실로 만들었다. 가로 9미터 세로 4미터의 초대형 칠판에다 대학별 모집 정원, 최근 2년간 경쟁률, 과목별 계열별 합격선을 기록했다. 그 아래에는 부산동고등학교 학생들의 희망 대학교별 득점표를 제시해 학교에서 치른 모의고사와 같은 평가의 결과를 지망 학교 합격선과 비교할 수 있게 했다. 다른 쪽 게시판에는 전국 대학의 계열별 학과별 합격자 예비고사 평균치를 게시했다. 또 각 대학의 대학신문, 진학 전문 잡지, 전국 고등학교와 학원의 문제지들을 모아 놓았으며, 대학별 문제 분석, 재학생의 지능지수 분포상황, 장래 유망직업 소개 등을 괘도로 작성해 설치했다.[23]

진학실을 둔 학교들은 개인 상담 공간도 진학실 안에 마련했다. 상담실이 진학실에 흡수되어 버렸던 것이다. 그런데 막상 대입 원서를 쓰는 기간이 아니라면 진학실을 찾는 학생은 거의 없었으니 진학실은 학부모 대기실, 새마을어버이교실, 회의실, 장학사 대기실 등으로 사용했다. 때로는 수업에 지친 교사들이 교장·교감의 눈을 피해 눈을 붙이는 공간이기도 했다.

1970년대 새롭게 등장한 첨단교육시설로는 시청각실이나 컴퓨터실이 있었다. 시청각실에는 칠판, 교육영화, 유리판, 슬라이드 환등기, 녹음기(영어회화용), 라디오(방송지도용), 괘도, 실물자료, 견본(어음·수표·송장), 대상물의 복제 모형(축소 또는 확대), 상업관계 사진 및 그림, TV 등이 비치되었다. 그러나 한 반에 70명의 학생이 넘쳐나는 상황에서 실제 시청각실에서 수업은 거의 이루어지지 않았고, 특별활동이나 행사용으로 사용되는 것이 일반적이었다. 한편 전산교육을 실시하는 상업고등학교를 중심으로 전자계산기가 도입되기 시작했다. 일부 학교에는 전산실이 생겼지만 아직은 낯선 풍경이었고, 외부 연구소의 컴퓨터에 일부 데이터 관리를 맡기는 방식으로 전산화가 진행되기도 했으나,[24] 여전히 수업은 콩나물 교실의 몫이었다.

3

학생의
일상생활과
문화

교복과 교련복

지금도 학생들이 교복을 입기는 하지만, 그 모양은 학교마다 다르다. 그러나 1980년대 초반 교복 자유화 이전까지 중학교나 고등학교의 교복은 거의 같았다. 중학생이 되면 먼저 머리부터 깎아야 했다. 남자 중학생들은 까까머리로 여자 중학생들은 단발머리를 해야 했다.[25] 고등학생이 되면 남학생들은 스포츠형 머리모양을 하게 했고, 여학생들도 중학교 때보다는 조금 더 기르거나 갈래머리로 땋을 수도 있었다. 스포츠형은 뒷머리와 옆머리는 바짝 깎고 앞머리를 3센티미터 정도까지 기르는 형태였다. 요즘도 그렇지만 학교나 학부모들은 학생이 외모에 신경을 쓰면 공부를 못한다고 생각했고, 가장 단순하고 똑같은 모양을 해야 한다고 생각했다. 1970년대 후반 일부 사립학교는 머리가 짧을수록 규율이 강하다고 여겨 거의 삭발을 규정으로 만들기도 했다. 이 학교 학생들은 스님이라는 놀림을 감수하지 않을 수 없었다.

교복은 겨울 교복(동복)과 여름 교복(하복)이 있었으며, 하복은 초여름부터 초가을까지 착용했다. 동복은 검정색 일색이었다. 남학생들은 검정색 교복을 입고, 검은색 운동화에 검은색 교모를 썼다. 학생복은 똑같았으니 차이가 나는 것은 어떤 옷감으로 교복을 만드느냐 정도일 뿐이었다. 남학생들의 교복에는 목까지 올라오는 빳빳한 옷깃이 달려 있었는데, 고리로 연결하고 옷깃 안쪽에 하얀색 받침을 넣어 모양이 유지되도록 했다. 이 검은색 옷깃 오른쪽에 학교 배지를 달고, 왼쪽에는 1, 2, 3의 숫자로 된 학년 배지를 달았다. 상급생을 금방 알아보게 한 것이다. 모자에도 학교 마크를 달았고, 가슴에는 이름표를 달았다. 간혹 구두를 신는 경우도 있었지만, 대부분 검은색 운동화를 신고 다녔다. 여학생들의 교복은 그나마 학교마다 약간 다른 경우도 있었다. 색깔이나 옷깃의 모양, 넥타이·모자로 특색을 나타내기도 했다. 그러나 검은색 치마와 상의, 넓은 흰색 옷깃과 양 갈래로 땋은 머리가 여고생들의 전형적인 복장이었다.

남학생 하복은 동복보다 훨씬 얇은 하늘 색이나 회색 옷감으로 만든 바지에다 V자 형태의 옷깃이 있는 셔츠였다. 교모는 대부분 원래 쓰던 것을 그대로 사용했지만, 간혹 여름용 모자를 따로 정한 학교도 있었다. 여학생들의 하복은 그나마 색이 다양한 편이었지만, 단순한

〈그림 43〉 1966년 겨울 교복을 착용하고 정렬한 군산중고등학교 학생
(민주화운동기념사업회 소장)

〈그림 44〉 여고생들(《경향신문》 1972년 5월 28일)

디자인과 단색으로 이루어진 것은 꼭 같았다. 교복을 두 벌씩 가지고 있는 학생은 거의 없었다. 오히려 빨리 자랄 것이라고 중학교 1학년 들은 자기 몸보다 훨씬 큰 교복을 입히는 경우가 많았다. 단벌 교복을 1주일에 한 번 세탁해서 입고 다녔다.

〈그림 45〉 교련복을 입고 봉사활동 중인 고등학생
(대일고등학교, 《대일》 창간호, 1975, 화보)

　요즘처럼 개인 사물함이라는 것을 생각할 수 없는 시대였으니, 모든 교과서와 공책·사전·참고서를 다 가방에 넣어 다녀야 했다. 참고서라고 해도 《수학의 정석》이나 《성문종합영어》 등의 영어·수학 서적은 시험 준비를 하는 데 필수 서적으로 늘 들고 다니다시피 했으니 가방은 무겁기 마련이었다. 가방의 모양도 교복만큼이나 획일적이었다. 남학생과 여학생 것만 구분되고 나머지 모양은 거의 같았다.

　교련이 실시되면서 교련복은 또 다른 교복이 되었다. 원칙적으로 교복으로 등하교해야 했지만, 교련 검열에 대비해 매일 연습해야 할 때는 교련복을 입고 다니기도 했다. 또 학교 안에서는 교복 대신 교련복을 입는 것을 허용하기도 했다. 남학생 교련복은 얼룩무늬의 천으로 상하의를 만들었고, 교련 사열 같은 행사에는 바지에는 각반을 둘러 군화처럼 활용하게 했지만 일반적으로 각반을 차고 다니지는 않았다. 남학생들은 놀러 다닐 때 간혹 교련복을 입고 다니기도 했다. 여학생들도 흰색 상하의와 모자로 만든 교련복이 있었으나 평소에 입고 다니는 일은 거의 없었다.

지금도 그렇지만 교문에는 늘 학생지도 담당 교사들과 선도부나 지도부 학생들이 늘어서서 복장 위반 학생이나 지각생들을 잡았다. 한여름이나 한겨울에도 교문의 감시를 피할 수 없었지만, 여학생들은 교문 통과용 복장을 따로 준비해서 나름 멋을 부리고 다니기도 했다.

그러나 언제 복장 단속이나 두발 단속이 있을지 알 수 없었다. 복장 단속은 매우 폭력적이었다. 단속은 예고 없이 행해졌고 남학생들은 바로 지도실로 끌려가 흔히 바리캉이라고 불린 이발기로 아무 데나 막 깎아 버렸다. 항의라도 하면 반항한다고 그야말로 실컷 얻어맞았다.[26] 1969년 10월 서울에서 복장이 불량하다고 교사가 학생을 지휘봉으로 때려 숨지게 하는 일도 있었다.[27]

여학생의 문화와 현모양처 의식

격변의 시기였던 1960~1970년대 양적인 추세에서 가장 두드러진 변화를 보인 것 중 하나가 여성의 교육이었다. 1966년 6.40년이던 여성의 국민교육 평균연수가 1980년 9.44년으로 늘어났다. 여성의 고등학교 취학률은 19.6퍼센트에서 62.2퍼센트로 증가했다.[28] 여학생이 엘리트 집단에서 해당 연령을 대표하는 인구 집단으로 점차 변화했음을 의미한다. 대학 진학이 많지 않았던 1960년대 실업계나 인문계를 막론하고 여자고등학교는 최종 교육기관이었으며, 남들의 눈에나 여학생 스스로나 예비 신부라는 의식을 가지지 않을 수 없었다. 이런 의식은 결혼연령과도 무관하지 않았다. 1960년 여성의 평균 초혼 연령은 21.6세였고, 1966년에는 22.8세였다. 고등학교를 졸업하면 곧 결혼하는 것이 일반적이었다고 할 수 있다. 1966년 서울여자고등학교에서는 미스서울선발대회가 열렸다. 〈그림 46〉은 서울여자고등학교 미스 서울 진선미 세 사람과 교장이 함께 교정에서 촬영한 것이다. 부산진여자상업학교의 '시월의 여왕' 선발처럼 마치 대학 축제를 모방한 듯한 이런 행사는 훌륭한 신붓감을 양성하겠다는 교육목표를 그대로 보여준다.

여성은 반드시 현모양처로서 필요한 지성과 소양을 갖추어야 하며, 그것이 다른 가치보다 우선되어야 한다는 생각은 1966년 잡지 《여학생》에 실린 다음과 같은 교사의 회고에서도 그대로 드러난다.

〈그림 46〉 미스 서울로 선발된 여학생들(서울여자고등학교, 《무궁화》 14, 1966, 17쪽)

어느 날 여학교 교실에서, 학생들이 하도 공부하기 싫어하기에 "공부해서 남 주니? 어서 해라"라고 선생이 말하였더니 … "그럼요 남 주죠. 공부해서 남자 주지 않아요?"라고 하더라는 것이다. 물론 농담으로 오고 간 이야기라 퍽 재미있는 웃음소리였으나 나는 참으로 그럴 듯한 말이라고 생각했다. … 좋은 애인이 되고, 좋은 아내가 되고 좋은 어머니가 된다는 일은 여자의 최대의 목적이어야 할 것이다.… 어째서 남자들에게만 주기 위해서 공부를 하는 것이냐고 옹졸하게 대어들 필요는 없다고 생각한다. 사랑하는 사람을 위해서 노력하는 것은 얼마나 아름다운 일일까 그리고 얼마나 보람된 일일까?[29]

1960년대 산업화와 도시화 속에서 여성의 교육과 여성 노동의 급격한 확대는 평균 초혼 연령의 변화를 가져왔다. 그러나 교육 기간의 연장에 비해 혼인연령의 변화는 훨씬 더뎠다. 1980년에 여성의 평균 혼인 연령이 24.1세가 되었으니 여성의 평균 교육연수가 약 3년 늘어나는 동안 혼인연령은 1.3년 정도 늦춰진 셈이다. 이런 현상은 실제 노동이나 교육에서 여성 참여가 확대된 것에 비해 한국인들의 생활문화나 의식의 변화는 완만하게 이뤄졌음을 반영한다.

1960년대 중반 갓 창간된 잡지 《여학생》은 매호 진로 지도 및 가이드 직장탐방, 직업인 소개 등을 다루었다. 잡지 소비자인 여학생들이 대체로 대학에 진학하기보다는 취업하는 경우가 많았으므로 그 요구에 부응했던 것이다. 기자·아나운서·교사·의사·사서·수의사 등 고

학력이 필요한 직업도 있지만, 은행원·통화교환원·타이피스트, 초등학교 준교사, 컴퓨터용 카드에 구멍을 뚫는 작업을 하던 키펀처key puncher·속기사·경리원, 고속버스 안내양 같은 고등학교 졸업의 학력으로도 얻을 수 있는 직업이 더 많았다. 직업을 구하는 데도 가장 중요한 조건 중 하나는 결혼이었다. 결혼과 출산을 감당할 만한 직업인지 아닌지 결혼하는 데 유리한 직업인지 아닌지가 가장 먼저 고려해야 할 요소였다.[30]

따라서 여성의 교육을 지배하던 '현모양처' 의식은 별반 약해지지 않았다. 오히려 1970년대 남학생들이 화랑연수원에 다녀오듯 여학생들도 신사임당수련원이나 교내 생활관에서 실습을 하면서 더 강력한 현모양처 의식을 가졌다.

1976년 여학생들의 교지에 나타난 현모양처 의식은 더 강화되었다. 1976년 대전 성모여자중학교 3학년 졸업반 학생들이 후배들에게 남긴 한마디를 보자. "여성으로써 가장 큰 꿈은 현모양처가 되는 것이 아닐까?" "여자의 교양이란 그것이 남의 눈에 띄지 않아야 진짜다" "훌륭한 남편 뒤에는 더 훌륭한 아내가 있다"는 발언은 그렇다 치더라도, 자기가 어릴 때 아버지가 한 말이라며 "여자는 몽땅 여우다. 생각을 말아라"라거나 "여자－입＝0"(여자는 수다쟁이라는 뜻인 듯하다)이라는 식의 여성을 비하하는 생각들이 넘쳤다.[31] 대전성모여자중학교는 가톨릭 계열의 학교로 당시 꽤 자유로운 교풍이었는데도 학생들은 이렇게 생각했다. 고등학생들도 크게 다르지는 않았다. 〈그림 47〉은

1976년 교지《진원》에 실린 만화인데, 이상적인 (신붓감인) 여학생들이 남학생의 선택을 기다리고 받아들이는 존재로 그려졌다.

1976년 창문여자고등학교 1학년 여학생은 "젊은 여성들에게 앞으로 희망이 무엇이냐고 물어 보면 대부분의 사람들은 현모양처"라고 하며, 실제로 "여성에게 있어서 가장 중요한 것은 현명한 어머니, 어진 아내"라고 했다. 이 여학생은 "세계의 여성들이 '여성의 해'라고 하여 가정을 버리고 나와

〈그림 47〉만화(대전성모여자중고등학교,《진원》창간호, 1976, 134쪽)

사회에 진출하여 그들의 여성의 권리를 내세우며 심지어는 여성의 도리까지 망각하는" 경향에 대해 탐탁히 생각하지 않았다. "가정에 어머니와 아내가 없다면 … 우리 가정은 누가 이끌어 가며, 후세의 자손들에게 어떤 영향을 줄 것인지" 걱정하지 않을 수 없으니 "먼저 가정의 일을 처리한 후 그다음 단계로 사회에 진출하는 것이 현명한 일"이라고 생각했기 때문이었다.[32] 이 학생은 우리나라만이 아니라 세계

사 속의 현모양처를 소개하고 싶어 했다. 그녀가 우리나라의 신사임당과 백범의 모친 곽낙원 같은 외국 현모양처 대표로 소개한 여성은 음악가 클라라 슈만Clara Schumann이었다. 클라라 슈만 본인이 기뻐했을 것 같지는 않다.

이성 교제와 성

1950년대까지만 해도 청춘 남녀의 이성 교제는 결혼을 고려하지 않고는 생각할 수 없었다. 1960년 평균 초혼 연령은 남성이 25.4세 여성이 21.6세로 남성의 나이가 4살 정도 많았지만, 남성도 고등학교를 졸업하고 군대에 다녀오면 바로 혼인연령에 달했다. 1959년 인창고등학교 교지는 3학년들에게 이성 교제에 관한 설문을 실시했는데, 응답이 재미있다. 설문에 응한 학생 169명 가운데 여자 친구가 있다고 한 학생이 104명(62.7퍼센트)이었고, 없다는 학생이 49명(29.5퍼센트)이었다. 기권이라고 한 16명은 아마도 밝히기를 꺼렸거나 교제한다고 확신하기 힘든 경우였을 것이다. 1959년 고3 학생들은 적어도 60퍼센트 이상이 이성 교제 중이었던 것이다. 학교마다 진학 열이나 교풍이 달랐으니 이 사례를 다 적용할 수는 없겠지만 1950년대 말 고등학생들의 이성 교제는 우리가 생각하는 것보다 훨씬 더 활발했다. 이성 교제에 대한 부모님의 반응이 어떠냐는 질문에 89명의 학생이 응답했는데, 반대한다거나(15명), 몰래 하니까 모른다(28명) 또는 무관심하다(28명)는 답이 많았지만, 협조한다(18명)거나 은근히 좋아한다(15명)는 답도 적지 않았다. 부모의 입장에서는 고등학교 정도면 상당히 높은 수준의 교육을 했으니 졸업하자마자 바로 결혼하게 할 심산이었을 가능성이 아주 높다.[33]

이런 상황은 금방 변했다. 1960~1970년대 접어들면서 중고등학생의 이성 교제는 엄격히 금지되기 시작했다. 결혼연령도 늦춰졌고 대학 진학의 비율도 높아지면서 학업에 더 신경 쓰지 않을 수 없었다. 그나마 시골의 작은 학교들은 어린 시절부터 알고 지내던 남녀 친구들이 모두 같은 중학교에 다녔으므로 자연스럽게 어울리는 경우가 많았고 중소도시의 남녀 학생들도 도서관이나 다른 곳에서 만날 기회가 있었다. 고등학생쯤 되면 학교의 규제가 강해졌으니 이전처럼 빈번하게 교류하지는 못했지만, 1960~1970년대 농촌 지역이나 지방 중소도시의 학생들에게 이성 교제에 대한 규제는 덜 엄격한 편이었다.

그러나 서울과 같은 대도시에서 1960년대 보통 고등학생들에게 이성 교제는 가장 큰 관심사지만 실제로 경험하기는 어려운 일이었다. 1962년 6월 여학생 724명 남학생 689명을 대상으로 실시한 설문조사에서 고등학교 시절에 남녀 교제를 해도 괜찮은지 판단을 내리지 못한 학생이 75퍼센트나 되었다. 이성 교제에 대한 욕망과 금기에 대한 반발이 두려움이나 우려와 충돌하면서 빚어진 판단 유보의 상태였다. 또 남녀 교제에서 어느 정도 나아가야 할지 모르겠다고 답한 학생도 54퍼센트, 나에게 맞은 이성을 찾기가 어렵다고 생각한 학생이

61퍼센트였다. 이성과는 사귀지 않겠다는 답도 31퍼센트였지만, 41 퍼센트는 아예 사귈 기회가 없었다고 대답했다. 34퍼센트의 학생은 이성 교제는 결혼을 전제로 해야 한다고 생각했다. 여학생의 30.1퍼센트 남학생의 38퍼센트가 이렇게 답해 남학생이 더 보수적인 연애와 결혼관을 가지고 있음을 보여준다. 한편 이성과의 사귐에서 과거에 쓰라린 경험이 있었다는 답이 20퍼센트(여학생 16.2퍼센트 남학생 23.7퍼센트)였는데, 여기에는 짝사랑의 실패까지 포함되어 있을 테니 실제로 20퍼센트가 이성 교제를 했다고 보기는 어렵다. 실제로 1960년대 도시의 고등학생들은 이성을 대하면 두려움이 앞선다는 학생이 41퍼센트, 남녀 교제를 하는 데 실패하지 않을까 두렵다고 한 학생이 20퍼센트, 이성에 대한 그리움으로 공부에 방해가 된다고 답한 학생이 37퍼센트였다. 1960년대 초 서울의 고등학생 가운데는 이성 교제는 고사하고 이성과 일상적인 접촉도 제대로 하지 못하는 학생들이 절반쯤 되었다.[34]

갈수록 이성 교제의 기회는 줄어들고 통제는 강해졌다. 도시에서는 중학교만 진학해도 남학교와 여학교가 엄격히 구분되어 있는 데다 드물게 있던 남녀공학의 경우에도 학급이 따로 편성되어 남녀 학생이 서로 얼굴을 볼 기회조차 드물었다. 과외를 할 때 간혹 여학생들을 만나는 일도 있었다. 원래는 남학생 그룹과 여학생 그룹을 따로 수업하는 것이 일반적이었지만, 강사 사정으로 합동 수업을 할 때가 있었다. 남녀 학생이 나란히 앉기만 해도 "가슴이 두근거리고 필기도 제대로 못할 지경"이었지만, 그것으로 끝나는 것이 대부분이었다.[35] 이성 교제를 학칙으로 금지하는 학교도 꽤 많았고, 명시적으로 금지하지 않아도 극장도 빵집도 다방도 드나들 수 없게 한 학칙을 지키면서 이성 교제를 할 수는 없었다. 여학생과 약속을 지키기 위해 조퇴를 시도하는 학생도 없지는 않았으나 들키면 최악의 경우 퇴학까지 각오해야 했다.

현실적으로 이성 교제를 할 수 없다 보니 환상을 자극하는 상품들이 등장해서 이성 교제를 대체하는 역할을 했다. 1960년대 말부터 이성 교제와 관련된 상업적 광고와 기획이 범람했다. 사랑의 체험수기, 연애편지, 하이틴 드라마, 펜팔 광고 등의 연애 상품들이 넘쳐났다. 예를 들어 월간《여학생》1969년 4월호는〈이성에 눈 뜰 무렵〉을 특집으로 냈다.〈집 바래다 준 여학생〉,〈말없이 돌아선 남학생〉,〈한 번 사귄 여학생이 내 아내〉등 기성세대의 연애담을 다루었는데, 반응이 좋았던 모양이다. 1969년 12월호는 아예〈러브레터〉를 특집으로 학생들의 연애편지와 그에 관련된 경험을 투고를 받아 소개했다.[36] 사랑의 체험수기였던 셈이다. 여학교 주변 서점에서는《눈물 빛깔의 꽃》,《꽃사슴의 시》,《고교 4년생의 사랑》,《내 마음은 낙엽》등의 사랑의 체험수기 시리즈들이 잘 팔렸다.《눈물 빛깔의 꽃》은 도서출판 메아리라는 곳에서 1977년 냈다고 하는데, 출판사 이름이 바뀌면서 계속 발간되었다.

1970년대 들어서면서 학생 잡지에 펜팔 광고가 크게 늘어나기 시작했고, 펜팔협회들이 등장했다. 광고 제일 위에는 '해외 펜팔'이라고 했지만, 실제로 광고가 주로 노린 것은 국내에서 펜팔 친구, 오빠, 누님, 그리고 데이트 상대자를 원하는 학생들이었다. 학생들은 사진과 편지를 봉투에 넣어 협회의 국내 펜팔 담당자에게 보내면, 여기서 서신을 연결해 주었다. 펜팔사업은 순진한 환상과 기대, 이성 교제에 대한 욕망을 토대로 꽤 번창했다. 이 무렵 고등학생들은 가방 검사에서 펜팔 주소와 편지가 걸려 곤욕을 치르기도 했고 여학생의 주소와 이름을 빼앗기기도 했다. 학생들은 펜팔 전문 업체의 주선이 아니더라도 주간지나 월간지에 있는 이름과 주소를 보고 편지를 주고받기도 했다.[37]

일부 조숙한 남자 고등학생이 사창가에 출입하는 경우가 없지는 않았으나 직접적인 성 경험을 가진 경우는 거의 없었다. 학교 교칙은 성에 접근하는 것을 엄격히 차단했지만 성교육은 거의 실시되지 않았다. 남학생들이 성을 알게 되는 매체는 이른바 '빨간 책'들이었다. 미국의 포르노 잡지들이나 만화도 유통되었지만, 쉽게 출판할 수 있던 소설들이 인기를 끌었다. 해적 출판된《벌레 먹은 장미》같은 대중 소설이 대표적이었다. 1970년대 청계천 서적상들이 마구 찍어낸 이 책의 판권지에는 저자가 방인근으로 인쇄되어 있었지만, 실제로는 소설가 최인욱이 1953년《서울신문》에 연재한 소설이었다.[38] 이후 단행본으로 출간되었는데, 성적인 묘사가 많아 방인근이 쓴《밤에 피는 꽃》과 함께 1960년대 음란물로 내사를 받기도 했다. 작가 스스로도 자기 작품이라고 밝히기를 꺼려했다고 한다. 1970~1980년대까지 이 소설의 해적판들이 유통되었는데 조잡한 마분지 표지에 대충 인쇄해서 싸구려 가판대나 노점상에 판매되었다.

그나마 《벌레 먹은 장미》는 작가가 쓴 소설이었지만, 더 노골적인 도색 서적도 많이 유통되었다. 1970년대 서울의 청계7가나 부산의 서면 또는 보림극장 골목에서 손수레에 책을 쌓아 두고 파는 노점상에게 다가가 '책 있어요?'라고 물으면, 상인은 손수레 밑에서 불그스름한 표지의 조잡한 책 몇 권을 들어 보여 줬다. 물어볼 용기가 없는 학생들이 별 의욕 없이 이 책 저 책 뒤지고만 있어도 상인이 알아서 예의 빨간 책들을 보여주었다. 저자도 출판사도 없는 이 음란 소설들은 학교에서 이 학생 저 학생 손을 거치면서 어떤 고전보다 더 많이 읽혔다. 포르노그래피의 암시장은 경찰과 행정기관의 단속에도 아랑곳없이 그 시장을 계속 확대했다.[39]

1970년대 입시 경쟁의 규모와 강도는 점점 더 강해졌고, 학교는 전쟁터였다. 중학교나 고등학교의 평준화는 학교들이 경쟁에 뛰어들 수 있는 비슷한 조건을 만들어 줬고, 학교는 학생들을 무차별적인 경쟁 속으로 내몰면서 점점 더 일상 통제를 강화했다. 이성 교제는 고사하고 일상생활에서 접촉도 금지되다시피 했다. 성은 금기의 대상이었고, 누구도 제대로 가르쳐 주지 않았다. 남학생들은 포르노에서, 여학생들은 연애소설과 체험수기에서 성과 사랑에 접했다. 인간과 인간의 관계가 아닌 욕망과 환상의 일방통행로가 만들어질 수밖에 없었고, 이 경험들은 현대 한국의 비뚤어진 성과 사랑의 문화와 무관하지 않았다.

수학여행과 무전여행

오늘날처럼 1960~1970년대에도 중고등학교 시절 가장 즐거운 경험 중 하나는 수학여행이었다. 그런데 시간의 흐름에 따라 여행의 풍경도 달라졌다. 1960년대 수학여행은 대체로 4박 5일 정도였고, 서울·경기 지역의 학교는 대부분 경주를 기차로 다녀왔고, 지방의 학교들은 서울로 수학여행을 갔다. 일부는 설악산을 다녀오기도 했다. 1966년 서울여자고등학교의 수학여행을 따라가 보자. 학생들은 새벽부터 집을 나서서 서울역에 모였다. 서울역에서 교장을 비롯한 교사들의 배웅을 받으며 아침 일찍 출발한 수학여행 기차는 중앙선을 타고 수많은 터널들을 통과하며 하루 온종일 달려 저녁 무렵에야 경주에 도착했다. 여관에서 저녁을 먹고 나면 첫날부터 바로 전축을 틀어 놓고 갖가지 춤으로 밤 11시까지 흥겨운 시간을 보냈다. 2일째 아침 일찍부터 경주박물관·분황사·안압지·포석정 등을 돌아보는 강행군이지만, 저녁에는 캠프파이어, 그리고 춤과 노래로 새벽 3시까지 놀았다. 딱 한 시간을 자고 일어나 새벽 4시부터 토함산을 등정하고 일출을 보았으며, 불국사를 다녀왔다. 오후에 다시 전세 버스를 타고 해인사를 방문하고 대구로 가서 저녁을 먹고 밤 11시에 대구역에서 출발하는 서울행 기차를 탔다. 이미 저녁 식사를 한 식당에서 부족한 잠을 보충한 터라 소녀들은 기차에서 "최후의 발악 같은 게임과 노래와 춤"으로 새벽 2시까지 버텼다. 이들의 수학여행은 다음날 새벽 6시 30분 서울역에 도착하는 것으로 마무리되었다. 여행의 출발지나 목적지는 학교마다 달랐지만, 기차를 타고 오가는 동안이나 여행지의 여관에서 춤과 노래로 열정을 불사른 것은 어느 학교나 마찬가지였다.[40] 남학생들의 수학여행은 음주와 탈출의 기회이기도 했으나 대개는 자기들끼리 또는 교사들에게 장난치는 것으로 끝나는 일이 대부분이었다. 그러나 간혹 시비에 휘말리는 사고도 적지 않았으니 교사들은 감시와 긴장을 놓을 수 없었다.

1970년대 고속도로가 건설되면서 전세 고속버스로 수학여행을 가는 일이 일반화되었다. 재단이 고속버스회사를 경영한 유신고등학교는 버스로 전국 일주 여행을 실행하기도 했다. 그러나 1970년대 고등학교교육이 확대되고 이전보다 가난한 학생들도 학교에 다니면서 집안 형편으로 수학여행을 가지 못하는 학생이 더 늘어났다. 이들은 수학여행 기간에도 학교에 나왔으나 따로 수업도 없었고 도서실에서 시간을 보냈다. 학교에서 하루 정도 주변의 산업시찰 등을 보내 주기도 했으나 그 소외감과 서글픔은 이루 말할 수 없는 일이었다.[41]

비극적인 수학여행 사고도 자주 일어났다. 당시 한국이 교통안전의 면에서 많이 취약했던 데다 수학여행 철이 관광 철이라 운전자들이 지쳐 있던 탓이었다. 1970년에는 수학여행 사고가 유난히 잦았다. 1970년 10월 14일 현충사에 수학여행을 갔던 서울 경서중학교 학생들은 버스 7대로 이동 중이었다. 원래 학생 수에 맞춰 버스를 대절하지 못하다 보니 선두의 버스 한 대에 3반과 4반 학생들이 한꺼번에 탔다. 더구나 이 버스에는 인솔 교사도 타지 않았다. 이 혼잡한 버스에서 학생들은 노래를 불렀고, 소란 중에 운전기사는 철도 건널목을 멈추지 않고 그냥 지나가려 했다. 순간 특급열차가 건널목을 건너던 버스의 옆면과 충돌했다. 기차는 버스를 80미터나 끌고 간 다음에 멈췄으나 이미 버스에는 불길이 걷잡을 수 없이 번지고 있었다. 이 사건으로 운전기사와 학생 45명이 목숨을 잃었고, 학생 29명이 중상을 입었다. 버스가 전소되는 바람에 시신조차 분간하기 힘든 참혹한 사고였다.[42] 하루에도 수천 대의 버스가 지나가는 건널목에 인력은커녕 차단기 하나 배치해두지 않은 국가의 안전시스템 자체가 문제였지만, 교사들은 파면·해임되었고 서울시 교육감과 철도국장이 사직하는 선에서 마무리되었다. 불과 며칠 뒤인 10월 16일 원주 부근의 중앙선 터널에서 서울에서 제천으로 가던 여객열차와 제천에서 청량리로 가던 화물열차가 정면충돌했다. 여객열차에는 인창고등학교·보인상업고등학교·보성여자고등학교 학생 700여 명이 타고 있었는데, 인창고등학교 교사와 학생 10여 명이 바로 목숨을 잃었고 50여 명이 중경상을 입었다.[43] 다음 해 1971년 10월 13일에는 남원역 부근에서 수학여행 열차와 유조열차가 충돌해 22명의 학생이 목숨을 잃었다.[44]

　대규모 수학여행 사고가 발생한 다음에는 문책과 처벌이 따랐고 일시적으로 수학여행을 중단하기도 했다. 그러나 곧 수학여행은 재개되었고, 또 다른 사고가 발생했다. 이 시기의 수학여행 사고는 1970년대 한국 학교교육의 일그러진 민낯이다. 1970년대 수학여행은 고속도로를 이용하면서 경로도 바뀌었다. 경서중학교 학생들은 현충사에 다녀오던 길이었고, 인창고등학교는 오죽헌으로 가고 있었다. 이전처럼 경주를 가더라도 해인사에 들리지 않고, 울산공업단지 견학을 가야 했다. 수학여행은 조국 근대화의 현장과 애국애족의 성지를 답사하는 이념교육의 장이 되었다. 함부로 폐지할 수 없었던 중요한 이유다. 수학여행을 계속 보내더라도 소규모로 분산해서 보내거나 학생들의 자율적인 여행으로 대체하면 되었다. 그러나 계속 학생 생활에 대한 통제를 강화하던 1970년대 학교에서 학생들의 자율적 여행은 생각하기 어려운 일이었고, 소규모의 수학여행 또한 현실적으로 있을 수 없었다. 3학년들의 입시에 방해가 되지 않고 시험 일정도 피하면서 모든 학급을 한꺼번에 여행 보낼 수 있는 일정은 뻔했다. 전국의 모든 학교가 비슷한 시기에 비슷한 곳으로 수학여행을 떠나니 사고가 나지 않는 것이 더 이상할 지경이었다.[45]

사실 학생들은 교사나 학교의 보호 없이도 여행을 잘 다녀왔다. 주로 남학생들이 친구들끼리 여름방학 중에 장기간 여행을 다녀오기도 했다. 1960년대 고등학생들은 돈 없이 무전여행을 떠나기도 했다. 1965년 7월 인창고등학교 2학년생 3명이 무전여행을 시작했다. 청량리역에서 기차에 무임승차하고 차창에 매달려 차표 검사를 피하는 무모한 짓까지 했다. 결국은 역무원에게 들켜 얻어맞기도 했으나, 역의 숙직실 온돌방에서 하룻밤 숙박할 수 있었다. 이들은 이 무전여행 기간 중 무임승차를 자주 시도했으나 거의 들켰고 그때마다 맞았다. 역무원들은 때리기는 했으나 경찰에 넘기지도 않았고, 다음 역에서 하차하게 하지도 않았다. 그럭저럭 목적지까지 여행을 마칠 수 있게 해주었을 뿐 아니라, 잠자리나 끼니를 제공해 주기도 했다. 완전히 돈없이 여행하지는 않았지만, 그럭저럭 무전여행을 마칠 수 있었던 것은 어쩌면 공적인 제재나 처벌을 사적 폭력으로 대체하고 그마저 인간관계의 일환으로 받아들였던 1960년대 사회의 비공식적 관계망 덕분이었을 것이다.

이 무모한 고등학생들은 새벽 기차로 영주역에 내린 다음 안동까지 걸어서 이동했다. 점심은 얻어먹고 다시 무임승차로 경주까지 가서 무허가 숙박업소에서 아주 싸게 잠과 다음 날 아침을 해결했다. 이들은 불국사와 석굴암을 구경하고 버스를 타고 포항으로 갔다. 이틀을 머물고 부산까지 버스를 얻어 타고 갔다. 인심 좋은 주점에서 공짜밥을 먹고 자기도 하며 시내를 구경했다. 버스를 얻어 타고 진해까지 가서 친지 집에서 며칠 유숙한 이들은 다시 군인 열차에 무임승차해서 대구로 이동했고 다시 완행열차를 몰래 타고 상경했다. 안양역에서 뛰어내린 이들은 역 대합실에서 날이 밝기를 기다렸다가 집을 돌아갔다. 열흘간에 걸친 긴 무전여행이었다.[46]

1970년대에도 소년들은 무전여행까지는 아니지만 최소한의 비용으로 여행을 떠났다. 1976년 7월 상문고등학교 2학년 학생 세 사람은 설악산-동해안 여행, 원통-백담사-낙산을 거쳐 경포대까지 여행을 떠났다. 낙산 해변 작전구역 안에서 텐트를 칠 장소를 찾다 오후 6시를 넘겨 군인들에게 단속되어 쫓겨나기도 했다. 또 다른 상문고등학교 학생 9명은 목포를 거쳐 제주도로 여행을 떠났다. 중문 해변에서 텐트를 치고 자려다 전투경찰의 수색에 걸렸다. 이들이 텐트를 친 곳은 출입금지 구역일 뿐 아니라, 지뢰 매설 지역이었기 때문이었다. 곡절을 겪으면서도 이들은 제주도를 다니며 근 한 달의 캠핑 여행을 즐겼다.[47] 그러나 이런 고등학생들의 긴 여행 경험은 점점 사라져갔다. 고3만이 아니라 1~2학년들도 여름방학 중에 어떤 형태로든 공부를 계속하는 것이 일상화되면서 열흘씩 걸리는 여행을 떠날 수는 없었다. 일탈은 금지되었고 교사들이 엄격히 감시하는 가운데 수학여행이나 다녀오는 것 정도만 허용되었다.

대중문화의 시대

1960~1970년대는 학생의 시대이며 대중문화의 시대였다. 학생들이야말로 본격적으로 확산되던 대중문화의 소비자였다. 이들은 단순히 구매하는 소비자가 아니라 새로운 매체와 대중문화를 확산하는 역할을 했다. 새로운 시대의 대중문화는 세대를 구분하는 지표가 되었다.

　1960년대는 영화의 시대였다. 학교에서 주관하는 단체 관람 외에 극장 출입 자체를 허락하지 않는 학교가 대부분이었다. 그러나 실제로 많은 학생이 극장에서 영화를 봤고, 매주 극장에 출입하는 경우도 적지 않았다. 1959년 인창고등학교 학생들에 대한 조사에서 4월 1일에서 11월까지 8개월 동안 설문에 응한 163명 중 무단으로 영화를 본 적이 한 번도 없다는 학생은 단 7명(4.2퍼센트)에 불과했다. 입시나 취업 준비를 해야 할 시점이지만 5번 이하 드나들었다는 학생이 54명(32.5퍼센트), 6~10회가 43명(25.9퍼센트)이었고, 11번 이상 드나들었다는 학생이 59명(35.5퍼센트)으로 가장 많았다. 거의 한 달에 한두 번 정도는 극장에 가는 것이 보통이었던 셈이다. 부모도 대체로 학생들의 극장 출입을 인정했다. 부모에게 극장에 간다고 말하는 학생이 105명으로 압도적 다수였으며, 79명만이 몰래 간다고 했다. 7명은 부모님이 말려도 간다고 했으며, 부모님을 설득하고 간다고 한 학생도 17명이었다. 말려도 가거나 설득하고 간 학생들은 아마도 11번 이상 드나들었던 '할리우드 키드'들이었을 가능성이 높다. 영화 관람료는 용돈을 아껴 간다는 학생이 제일 많았지만(81명, 48.8퍼센트), 극장에 간다고 말하고 부모에게 타기도 했다(56명, 33.7퍼센트). 다른 명목으로 얻는다고 응답한 학생은 31명(18.7퍼센트)인데, 아마 교재를 산다거나 학교에 낼 잡부금이라는 핑계를 댔을 것이다.[48]

학교의 단체 관람은 대개 시험 마지막 날이었다. 어차피 이날쯤이면 학생들이 자유를 느끼기 위해 영화관에 가는 일이 많았으므로 아예 단체 관람을 주선했다. 그러나 단체 관람 영화는 반공 영화나 홍보 영화가 많았으므로 막상 영화관에 가보면 학생의 3분의 1~4분의

1 정도밖에 와 있지 않은 경우가 허다했다.[49] 대신 홍콩이나 할리우드 액션 영화 또는 에로 영화들을 보러 다녔고, 변두리 재상영관과 동시 상영관을 드나들었다. 교복은 벗어 가방 안에 넣고 모자를 쓰고 극장을 출입하다 깡패들에게 걸려 변두리 극장 화장실에서 시계나 옷을 뺏기고 맞기도 했고, 때때로 단속에 걸려 정학을 당하기도 했다. 1960년대 중반까지 서부 영화, 전쟁 영화가 주류를 이루다가 1960년대 말부터 홍콩 무협 영화들이 수입되기 시작했다. 왕위王羽(Wang Yu)가 주연한 〈외팔이〉 시리즈도 인기를 끌었으나 1970년대 이소룡의 영화 〈정무문〉·〈맹룡과강〉·〈당산대형〉을 보고 그 흉내를 내는 남학생이 끊이지 않았다.[50]

1970년대 텔레비전의 등장 이후 한국 영화가 급속히 몰락한 상황에서, 그나마 영화관에 출입하는 관객은 10대와 20대가 가장 많았다. 10대의 49.7퍼센트가 두 달에 한 번 영화관에 출입했으니, 20퍼센트에도 미치지 못한 30~40대는 물론이고, 20대의 45퍼센트보다 훨씬 높았다. 관객들의 직업 가운데 학생이 53.3퍼센트로 가장 높았다. 1970년대 후반 관람한 영화의 종류로는 외화 애정물 40.4퍼센트, 외화 액션물 29퍼센트, 고등학생 하이틴 영화 15.3퍼센트였다.[51] 이 중 하이틴 영화의 유행은 1970년대 후반의 문화적 특징이기도 하다. 이 하이틴 영화들이야말로 불황기의 한국 영화를 버텨주는 버팀목이기도 했다. 1975년 김응천의 〈여고 졸업반〉(1975)은 소설 《불타는 신록》을 영화로 제작한 것인데, 김인순이 부른 주제가 〈여고 졸업반〉도 큰 인기를 모았다. 1976년 〈진짜 진짜 잊지마〉 이후 임예진·이덕화·전영록 등이 출연한 청춘물이 큰 인기를 끌었다. 세 사람이 동시에 출연한 〈푸른 교복〉이 상영되기도 했는데, 이런 영화들은 일본에서 유행한 〈청춘산맥〉, 〈남조男組〉 등 학원물의 영향을 받았다.[52]

1976년에만 25편의 하이틴 영화가 제작되었고, 그중에서 10편 정도는 흥행에 성공했다. 앞의 영화들이 청춘 멜로물이었다면 고등학생 코믹 영화 얄개 시리즈가 또 다른 흥행의 축이었다. 1977년 영화 흥행 순위 10위 중 〈고교얄개〉·〈얄개행진곡〉·〈고교우량아〉가 각각 2, 5, 8위를 차지했으며, 서울 개봉관에서 3만 명 이상이 관람한 국산 영화 33편 중 13편이 하이틴 영화였다. 〈고교얄개〉 같은 영화는 중고등학생 관람객으로만 극장을 가득 채웠다.

하이틴 영화 붐은 이덕화·임예진·이승현·전영록·김정훈 등의 스타를 낳았으나 인기가 오래가지는 못했다. 하이틴 스타들이 성인이 되면서 1978년을 기점으로 하이틴 영화는 사라졌다. 중고등학생들이 좋아할 만한 감성적 요소들을 함께 집어넣다 보니 여러 기법과 장치들이 혼재되어 있었다. 뚜렷한 주제 의식이라고 할 만한 내용도 찾기 어려웠으며, 1970년대 학생들의 삶도 제대로 보여주지 못했다. 인기를 끌었던 〈고교얄개〉의 원작이 1950년대 조흔파의 작품이라는 점도 이 하이틴 영화들의 몰시대적 성격을 여실히 보여준다. 어떤 면에서 1970년대 하이틴 영화들은 당시 고등학생들의 삶보다는 그들의 환상을 보여준다. 꼴지 얄개가 여자 친구를 사귀고 학교에서도 인정받는 것은 영화 속에서나 있을 수 있는 꿈이었다. 그러나 이 환상조차도 결말은 항상 기존의 도덕률이나 기성세대와의 도식적인 화해로 끝났다. 하이틴 영화들은 금방 사라질 수밖에 없었다.[53]

대중문화 소비가 증가하면서 소년 소녀 팬들은 국내외의 스타들에 대해서도 더 많은 관심을 가졌다. 1960년대 말부터 잡지《여학생》에서는 국내외 연예인에 대한 소개가 크게 늘었다. 1970년대 창간한《여고시대》같은 잡지는 가장 중요한 소재가 연예인들에 대한 것이었다. 1978년 2월호《여고시대》별책 부록은 미남 영화배우 알랭 들롱Alain Delon의 컬러 화보였고, 표지 모델은 당시 경기여자고등학교 1학년이던 아역 출신 배우 강주희였다. 강주희는 기사에서도 〈하이틴의 친구 스타〉로 소개되었다. 한편 이달의 스타로 당시 최고 인기를 누리던 하이틴 영화배우 이승현과 김정훈이 컬러 사진과 함께 소개되었다. 가수 현이와 덕이도 이달의 싱어로 등장했다.《여고시대》1978년 3월호 부록은 엘비스 프레슬리Elvis Presley의 컬러 화보였다.

1970년대 텔레비전과 라디오가 크게 늘어나면서 청소년들의 문화 소비에도 영향을 미쳤다. 1970년대 텔레비전은 도시 가정의 필수품이 되었다. 1970년 10.2퍼센트에 머물던 텔레비전 보급은 1979년 78퍼센트까지 상승했다. 정부는 전자산업 보호, 그리고 국정 홍보와 계몽 선전의 목표를 달성하기 위해 텔레비전에 대한 특별소비세까지 없애며 보급을 권장했지만, 실제 대중은 드라마와 쇼 프로그램에 몰두했다. 텔레비전 쇼 프로그램은 미국 팝음악의 영향을 받은 새로운 음악들을 확산되게 했다. 이 무렵 큰 인기를 끌었던 김추자나 펄시스터즈의 춤과 노래가 대표적이다.

　텔레비전과 함께 라디오의 보급도 늘었다. 1977년 연세대학교 서정우 교수가 청소년 대중매체 사용 행태에 대해 조사한 바에 의하면, 2700명의 대상자 가운데 집에 라디오가 없는 학생은 6.4퍼센트에 그쳤다. 라디오를 소유한 93.6퍼센트의 가정 중 1대만 가지고 있는 가정이 45퍼센트였고, 29.4퍼센트는 라디오가 2대, 12.3퍼센트는 3대, 7퍼센트는 4대 이상을 소유하고 있었다. 즉 절반에 가까운 48.7퍼센트의 학생이 집에 라디오가 2대 이상 있었다. 그렇다면 학생만의 라디오가 따로 있었을 가능성이 높았다. 학생들 가운데 텔레비전 보유 가정은 68.8퍼센트였는데, 특히 대도시의 보유율이 높아 서울은 87.2퍼센트였다. 종합하면 1970년대 후반 일반적인 도시 학생들의 가정에는 1대의 텔레비전과 2대 이상의 라디오가 있었다.[54]

　이런 상황은 도시 가족의 저녁 풍경을 바꿨다. 온 가족이 모여 저녁을 먹으며 텔레비전을 보는 것이 일상이 되었다. 함께 저녁을 먹은 다음 자녀들은 자기 방으로 갔고, 학생들의 방에는 따로 라디오가 있었다. 학생들이 자기들의 라디오를 가지면서 저녁과 심야 라디오 방송의 가장 중요한 청취자가 되었다. 앞서 서정우 교수 조사에 의하면 학생 가운데 33.7퍼센트가 오후 6~9시, 29.8퍼센트가 오후 10시~새벽 1시, 23.8퍼센트가 오전 6~8시에 라디오를 듣는다고 했다.[55]

　라디오 심야방송은 청소년들이 좋아할 만한 음악, 특히 세련되고 풍부한 멜로디의 팝송을 자주 틀었다. 학생들은 이 방송을 들으면서 팝에 대한 관심이 부쩍 커졌다. 1960년대에도 열성적인 팝송 팬들이 있었지만, 팝에 접하기가 쉽지 않았으므로 그 수는 많지 않았다. 그런데 이제 훨씬 더 많은 수의 고정 팬이 생겼다. 팝송을 듣지 않고서는 공부가 안 된다는 학생도 늘어났다. 라디오 방송에서 팝송을 틀면서 연예인들을 초청해 이야기를 나누었다. 엽서로 신청곡과 사연을 보내면 DJ가 읽어주거나 전화를 연결하는 방식으로 청소년층을 직접 방송에 끌어들이기도 했다. 이렇게 팝에 익숙해지면서 집에 전축이 있는 학생은 용돈을 모아 '빽 판'이라고 불린 무단 복제 음반을 샀다. 이 무렵 좀 논다는 고등학생들은 돈을 모아 흔히 '야전(야외 전축)'이라고 하던 휴대용 전축을 사는 것이 꿈이었다. 이들은 C.C.R Creedence Clearwater Revival의 〈Proud Mary〉·〈Cotton Field〉나 탐 존스 Tom Jones의 〈Keep on Runnig〉은 대충 흥얼거렸다. 1970년대 중후반 고등학교 교지의 〈졸업생 한마디〉에는 〈Keep on Runnig〉이나 〈왜 불러〉·〈고래사냥〉의 가사가 넘쳐났다.[56]

팝송이 크게 유행하자 정부 차원에서 금지하고 나섰다. 정부는 1975년 라디오 심야방송에서 팝을 틀지 못하게 했다. 팝송 중심 선곡을 '건전 가요'로 바꾸고 방송 내용도 '건전 사회 풍토' 중심으로 쇄신해 야간 근로자, 일선 장병, 환자, 연로자 등 각계각층 청취자가 고루 청취할 수 있는 내용으로 바꾸겠다는 것이었다. 밤 10시면 취침해야 하는 일선 장병들이 어떻게 심야방송을 청취하며, 아픈 환자나 노인들이 심야에 무슨 라디오를 듣는다는 것인지 이해할 수 없는 황당한 논리였다. '청소년층의 정신을 불건전하게 좀먹던 퇴폐 가요'를 일소하고 우리 민족 고유의 전승 음악, 가곡, 민요, 국민가요, 군가, 군악, 클래식 등을 다양하게 선곡하겠다고 했다. 전화나 엽서로 신청곡을 받고 사연을 읽던 것도 금지하고 아나운서가 대학교수·언론인·문인, 새마을 지도자들을 초빙해 이야기를 나누어 '국민정신'을 계발하고 '정서를 순화'하는 대화의 광장을 이루겠다는 것이었다.[57] 당시 인기를 끌던 MBC의 〈별이 빛나는 밤에〉·〈한밤의 음악편지〉, TBC의 〈밤을 잊은 그대에게〉·〈밤하늘의 멜로디〉, CBS의 〈꿈과 음악 사이〉 등 라디오 심야방송이 모두 대상이 되었다. 그런데 팝송과 인기 DJ가 사라진 방송의 청취율은 급격히 떨어졌고, 광고에 의지하던 상업방송국이 먼저 나서서 금지 조치의 완화를 요청했다. 서슬 시퍼렇던 기세와 달리 라디오 심야방송은 슬그머니 예전 구성 방식으로 복귀했다. 그러나 국내외의 반유신운동이 갈수록 거세지고, 민심이 장기 집권에 염증을 낸다는 것이 명확해지면서 정권은 다시 '퇴폐'문화 추방에 나섰다. 1978년 8월 25일 정부는 AM 라디오 방송에서 외국 팝송을 전면 금지하고 국내외 가곡, 세미클래식, 외국 경음악, 국내 건전 가요만 방송하게 했다.[58]

팝을 '퇴폐'라고 규정해 추방했지만 한두 곡도 아닌 팝 전체가 퇴폐라는 논리에 근거가 있을 리 없다. 팝 대신 클래식, 가곡, 전통음악, 건전 가요를 틀라고 했으나, 영화관에서는 여전히 미국 영화들이 판을 치고 있었다. 몇 곡을 제외하고 가사를 딱히 문제 삼을 수도 없었다. 젊은이들이 선호하는 음악과 춤 그 자체가 전 국민을 총화단결로 동원하고자 했던 정권의 마음에 들지 않았던 것이다. 그래서 근엄한 도덕주의의 가면을 쓰고 '퇴폐'라는 판결을 내린 다음 문화 시장에서 이 음악들을 퇴출하려 했지만, 실제로는 제대로 작동하지도 못하는 권위주의에 불과했다.

권력은 젊은 세대의 사회적 불만과 동요가 잘못된 정책이나 장기집권에 대한 저항이라고는 결코 인정하지 않았다. 권력이 보기에 기성세대와는 확연히 다른 젊은이들의 문화 소비 양상은 '불온'했다. 1970년대 청년문화라고 했던 젊은 세대의 대중문화 취향에 반권위주의적 요소가 없않았지만, 의식적인 정치적 저항이라고 볼 수도 없었다. 그러나 정권은 사회적 불만과 위기의 요소들이 이런 문화적 '퇴폐'에서 온다고 단정하고 이들을 축출했다. 촛불집회에 수많은 젊은이가 참여하는 현상이 좌 편향된 역사교육 탓이라고 하는 것과 꼭 마찬가지 논리지만, 실제로 퇴폐로 규정되어 쫓겨난 문화 요소들은 정말 일탈의 길로 내몰렸다. 이런 폭압적 조치들의 가장 큰 피해자는 학생들이었다. 이들이 새로운 문화의 가장 큰 소비자층이었으며 실제 생활 속에서 대중문화를 향유하는 계층이었기 때문이다.

교실 밖으로: 일탈과 반항

오늘날도 그렇지만 중고등학교의 교칙이라는 것이 하지 말라는 것투성이라, 다 지키고 살다 보면 재미도 없고 취향도 없으며 신나는 일도 없는 인생이 되기 딱 좋다. 교칙대로 학교에서 단체 관람한 영화나 텔레비전의 〈명화극장〉만 보고, 음악 시간에 배운 고전음악 외에는 듣지 않으며, 라디오 심야방송도 듣지 않고, 빵집도 분식점도 가지 않으며, 예습과 복습에 매진하는 '착한' 학생이 있다면, 친하게 지내기 쉽지 않을 것이다. 사실 이렇게 완벽하게 교칙을 다 지키는 모범생이 현실적으로 있기는 한 것일까?

이 무렵 학교들의 교칙은 지나치게 비현실적인 금지를 나열했다. 아예 몇 년 동안을 군대처럼 공동체 기숙생활을 한다면 교칙들이 실제로 효과가 있을 지도 모르겠다. 그러나 현대의 한국처럼 학생 수가 폭발적으로 늘어난 사회에서 개인적인 영화 관람 금지니 이성 교제 금지, 심지어는 분식점이나 다과점 출입까지 금지한 교칙들이 지켜지지는 않았다. 좋아하는 음악을 듣기만 해도 '퇴폐적'이 되는 사회에서 모든 규칙을 다 지키고 살 수는 없었다.

한 모범생은 교지에서 "명색이 고등학교 학생이면서 교복을 입고 제과점, 당구장, 심지어 다방에 드나든다"라고 개탄했다.[59] 교복을 입지 않고 드나들면 된다는 뜻은 당연히 아닐 테고, 그만큼 공공연하게 다녔다는 뜻이다. 당구장이나 다방은 그렇다 치고, 제과점은 왜 안 될

까? '학생' 신분이기 때문에 보호자 없이는 안 된다는 것인데, 주로 제과점에서 미팅을 많이 했기 때문이다. 사실 학생이 당구를 치거나 커피를 마시는 것이 도덕적으로 문제가 되는 일은 아니다. 당연히 학생들도 크게 개의치 않았고, 가게 주인들도 신경 쓰지 않았다. 결국 이 시기 학교의 교칙은 대부분 위선적인 금지 조항이었고, 학생들은 표면적으로는 순종했지만 대부분 동의하지 않았다. 당연히 발각되었을 때의 처벌을 진심으로 받아들일 수 없었다.

학생들의 일탈은 그 수준이 다양했다. 스트레스 해소 차원에서 금지된 장소를 출입하는 것부터 시작해서 이른바 불량 서클에 가입하는 것, 가출 그리고 범죄행위까지 한마디로 정의하기 어렵다. 그러나 지나치게 엄격한 규칙들은 이런 일탈의 층위와 의미를 제대로 변별하지 않고 모두 퇴폐·불량의 낙인을 찍었다. 한 번 '찍힌' 학생은 그 이미지에서 벗어나기 힘들었고, 학교 밖으로 내몰리거나 진짜 탈선의 길로 밀려 났다. 학생 수가 폭발적으로 늘면서 학교의 학생 관리는 기계적이 될 수밖에 없었다. 모두 다 하는 일상적인 위반이라도 걸리는 학생은 있게 마련이었고 처벌을 받았다. 합동 교외 단속처럼 교사나 학교가 조치를 취할 수밖에 없는 일도 있었다. 무조건적이고 엄격한 금지, 일관되지 않은 처벌, 점점 기계화되는 교사-학생 관계는 학생지도를 점점 더 힘들게 만들었다. 처벌보다 예방이 중요하다는 것은 교사들도 공감했지만, 수업과 잡무에 시달리는 교사들이 60명이 훨씬 넘는 학생을 일일이 세심하게 파악하고 상담할 수는 없었다. 그러다 보니 일부 교사는 사고를 막고 조기에 사고를 파악하기 위해 학생 사이에 정보원을 두기도 했다.

학생들이 특히 받아들일 수 없었던 것은 일상적인 대중문화 소비를 퇴폐로 낙인찍는 것이었다. 대표적인 것이 고고였다. 록이 한국에도 상륙하면서 고고도 소개되었다. 1965년 무렵에 한국에 상륙한 고고는 1968년 무렵 본격적으로 유행하기 시작해 중고등학생을 비롯한 젊은이 사이에 광풍이 되었다. 미국 본토 록이 유행했고, 한국에서도 하이오니어스·데블스·휘닉스·키브라더스 같은 록 밴드(당시에는 그룹 사운드라고 했다)가 활약했다. 김추자 같은 여가수들도 록이 가미된 강렬한 노래와 춤을 선보였다.

사실 록과 함께 유행한 고고는 스텝도 특별한 형식도 따로 없는 데다 파트너마저 필요 없는 막춤에 가까웠다. 그러나 끊임없이 몸을 흔들어대야 했으므로 신나게 춤출 수 있는 체력과 열정만큼은 많이 필요했다. 앞서 언급했듯이 고등학생들은 날씨 좋은 일요일 야외 전축을 들고 교외로 나가 그룹 C.C.R이나 탐 존스 등 당시 인기를 끌던 미국의 록 계열 음악에 맞춰 몸을 흔들었다. 나름대로 멋을 부려 챙 앞부분을 찢은 교모를 쓰고 교련복을 나팔바지로 만들어 입었다. 일탈의 표지였던 셈이다.

고고에 제대로 빠져들면 평소에도 춤을 추고 싶어진다. 그럼 시내의 고고클럽에 가야 했다. 기성세대가 보기에는 이 고고클럽이 탈선과 퇴폐의 온상이었다. 어두운 가운데 강렬하고 번쩍이는 조명이 난

무하고 장발의 청년들이 정신없이 몸을 흔들어대며, 즉석에서 만나
함께 즐기는 이 클럽들은 당연히 학생 출입금지 지역이었으나 많은
남녀 학생이 사복으로 갈아입고 가발을 쓰고 들어갔다. 한바탕 놀 수
있을 뿐 아니라 새로운 고고를 배워서 친구들에게 자랑할 수도 있었
다. 유명 호텔 고고클럽은 외국인 고객으로 관광 수입을 올린다는 명
분으로 밤새 영업을 했으나 춤추는 고객 대부분은 한국 젊은이였다.
고고도 다양한 터라 외국에서 갓 수입된 새로운 고고가 미군 부대와
가수들을 통해 선보여지면, 금방 고고클럽에서 젊은이 사이에 퍼져
나갔다. 알리고고니 샤프트, 블랙다운, 로보트 춤들이 청소년 사이에
서 번졌고, 이걸 응용해 만든 쿵후니 권총이니 팝콘, 포인트, 라이플
같은 새로운 춤도 생겼다. 소풍이나 수학여행 때 고고를 배운 고등학
생 중 일부는 가발을 쓰고 고고클럽에도 진출했다.[60]

고고클럽에 갈 돈과 시간이 없던 학생들은 다방을 빌려서 자기들
끼리 춤을 췄다. 그러나 고고다방은 단속 대상이었다. 1971년 5월 29
일 서울 동대문구 창신동 삼수다방에서 저녁 8시부터 남녀 고등학생
60여 명이 차를 마시고 밴드의 음악에 맞춰 고고를 추고 있었다. 20
분쯤 지나자 갑자기 경찰이 들이닥쳤다. 소란스럽다고 이웃에서 신
고를 했던 것이다. 30명이 경찰에 잡혀가 7명은 훈방되었으나 남녀
고등학생 20명은 시립아동보호소로 넘겨졌다. 졸지에 비행청소년으
로 낙인찍혔으나 실제로는 주변 탁구장에서 알게 된 청소년들이 다
방을 빌려 음악을 연주하고 잠깐 춤을 춘 것뿐이었다. 그야말로 재수

가 없었던 것이다. 호텔 고고클럽에서 가발을 쓰고 춤추다 경찰에 연행된 남고생이나 여고생도 엄청난 죄를 저지른 것이 아니기는 매한가지였다.[61]

그러나 정부는 일찍부터 고고를 퇴폐의 온상으로 보고 퇴출하려 했다. 1970년 봄 장발족이 고고를 췄다는 이유로 젊은이 대상 쇼 프로그램이 그대로 사라졌고, 그 후로 텔레비전 프로그램에서 고고를 출 수 없었다. 서울시는 1972년 10월 12일 시내 관광업소를 포함한 전 유흥업소에 고고음악과 춤을 절대 금지한다고 했다. 또 일제 단속으로 '퇴폐업소' 233곳에 행정처분을 내리기도 했고, 다방에서 동창회를 열고 고고파티를 벌인 대학생들이 연행되기도 했다.[62] 그러나 고고 열풍은 가라앉지 않았다. 중학생들도 소풍을 가면 록 밴드들의 연주에 맞춰 고고를 췄다. 고고 한두 가지를 추지 못하면 소풍 가서 놀지도 못했으니, 텔레비전의 가수들을 따라 하거나 친구들을 통해서라도 배워야 했다.

권력의 근엄한 '퇴폐' 단속에 억눌려 있기는 했으나 실제 1970년대 고고는 대중적 문화 현상이었다. 1975년 5월 남산에서 '청소년선도범시민대회'가 열렸다. 이후 여흥 행사에서 가수들이 노래할 때 춤을 춘 모양이다. 한 시민이 이를 보고 공원에서 학생들이 노래 부르고 춤을 추면 말려야 할 판에 청소년선도범시민대회에서 가수들이 고고를 추다니 이해할 수 없는 일이라고 비분강개하기도 했다.[63] 사실 국가권력이 특정한 춤을 추지 못하게 한다는 것 자체가 어불성설이었다. 소풍이나 수학여행에서, 여름방학 중에 놀러간 해수욕장 같은 곳에서 고등학생들은 음악을 틀어놓고 고고를 췄고, 교사들도 따라서 몸을 흔들었다. 연말에 다방이나 카바레를 빌려 고고파티를 여는 것도 흔했다. 1977년 겨울 명동의 다방 10여 곳은 '초저녁 고고' 광고판을 내걸었다.[64] 일찍 귀가해야 하는 중고등학생들이 방과 후 이른 저녁까지 고고를 출 수 있게 해준다는 것이었다.

사실 '불량' 학생이 되는 것은 순식간이었다. 고고파티는 별일도 아니었지만, 걸려서 학교에 명단이 통보되면 순식간에 '퇴폐업소'에 출입한 '불량 학생'이 되었다. 남자 고등학생들에게 몰래 담배를 피우거나 술집과 당구장에 출입하는 정도는 별일도 아닌 일탈이었다. 부산의 한 애연 고등학생은 〈졸업생 한마디〉에 "쓰고 싶은 모자는 '금관'이며, 가고 싶은 공원은 '파고다'공원, 갖고 싶은 유물은 '청자'고, 생활신조는 '희망'"이라고 했다. 모두 당시의 담배 상표였다.[65]

지나치게 강력한 금지와 엄격한 처벌은 실제로 학생들이 정말 해로운 일도 별다른 거리낌 없게 만들어 버렸다. 과잉 경쟁과 탈락 시스템은 이런 현상을 더욱 부추겼다. 입시에 실패하고 집안의 기대에 미치지 못하는 학교에 다니다 사소한 일탈이 학교에 적발되자 그대로 가출해 버리는 사례도 적지 않았다. 평준화 이후에도 마찬가지였다. 우열반 편성이나 성적 공개는 또 다른 방식으로 경쟁 탈락자들을 공개하는 것이었고, 학생들의 자존감을 떨어뜨렸다. 그들은 다른 집단 속에서라도 안정감을 찾고 싶어 했다.

학생들이 학교 안의 이른바 불량 서클에 가입하는 계기는 다양했다. 모범생으로 생활하고 싶지 않다는 욕망에서 시작하는 학생도 있었고, 친구 따라서 가는 경우도 있었으며, 우연히 불량 학생으로 낙인 찍힌 김에 빠져들기도 했다. 이른바 삼류 학교에만 불량 서클이 있지도 않았다. 거의 모든 학교에 불량 또는 폭력 서클이라고 불리는 비공식적인 동아리들이 있었다.

일부의 불량 서클은 원래 운동부나 정식 동아리에서 시작하기도 했다. 또 이런 동아리들도 나름 전통이 있어 그 인맥이 지금까지 이어지기도 한다. 경기고등학교나 서울고등학교 같은 일류 학교도 예외가 아니었다. 서울고등학교에는 역도부와 럭비부가 항상 으르렁댔다고 한다. 1960년 10월 한차례 패싸움을 벌여 3명이 퇴학당했고, 1961년과 1962년에도 싸움을 벌여 몇 명이 정학을 당했다. 학교 당국은 골치 아픈 두 동아리를 공식적으로는 해체했지만 여전히 서클을 유지한 것은 물론 신입회원들까지 끌어들였다. 1963년 역도부 2학년이 럭비부 3학년한테 경례를 안 한 사건이 빌미가 되어 두 서클 학생 30명이 학교 안에서 패싸움을 벌였다. 이날 사건은 이전과 좀 달랐다. 이전에 패싸움이 방과 후에 학교 아닌 곳에서 벌어졌다면 이번에는 학교에서 수십 명이 난투극을 벌이고 경찰이 출동하는 사태가 벌어졌던 것이다. 12명이 퇴학당했고, 경찰은 이 학생들을 무더기로 군사재판에 회부했다.[66] 이 중 6명은 심지어 구속 기소되어 소년원에 보내졌는데, 사실 이들의 불량한 행위 중 가장 나쁜 것이 서로 싸운 정도였다. 경기고등학교에도 학교 안에 두 개의 대립하는 비공식적인 동아리가 있었고, 이 동아리의 패싸움에 흉기가 동원되고 중상자가 생기는 바람에 형사처벌을 받거나 정학당하는 학생들이 생겼다.

그 외에는 서로 어울려 다니면서 음식점에서 술 마시고 학교에서 담배 피운 것이 고작이었다. 당연히 '일반' 학생과 구분하기 위해 복장 규정을 위반하기도 했지만, 교복이나 교모를 나름 불량한 티가 나게 고쳐서 입고 다니는 정도였을 뿐이었다. 이들이 일으키는 가장 큰 말썽은 서로 싸우는 것이었다. 한 학교 안의 두 불량 서클이 으르렁대거나 인접한 학교의 서클과 싸우는 일은 비일비재했지만 나름대로 지키는 선이 있었다. 꼭 지켜지는 않았지만, 학교의 불량 서클 구성원이라면 밖에서 자기 학교 학생을 괴롭히지 않는 것이 일반적이었다. 특히 극장에서 학생들 돈이나 뺏는 것 같은 일은 폭력배들이나 하는 짓이라고 생각했다. 1964년 경찰이 전국에서 한 해 동안 12만 9000건이 넘게 청소년 풍기 문란을 단속했다고 했지만, 그중 압도적 다수는 극장 출입이었고, 다음이 흡연과 음주, 흉기 소지였다. 흉기 소지라고 해도 주로 자전거 체인 정도였을 것이니 대부분 영화 보러 가다 단속당하거나 친구들과 어울려 술 마시다 걸렸다.[67]

1965년 서울특별시 경찰국(서울시경)이 서울 시내 학원 폭력 서클을 일제히 수사해서 적발한 사례가 흥미롭다. 서울 시내 명문 중 하나였던 용산고등학교에도 두 개의 서클이 있었는데 흑룡파(12명)와 꼬마파(10명)였다. 한양공업고등학교에서는 4개의 서클이 적발됐다. 깡크

리파(7명)·함마클럽(4명)·탱크클럽(5명)·쇼리단(14명)이었다. 성동고등학교에는 헤라클래스파와 덩클회가 있었고, 성남고등학교 독수리단도 신문에 이름이 나왔다. 그런데 성동고등학교의 덩클회는 3명, 한양공업고등학교의 함마클럽은 4명이 구성원의 전부다. 폭력 서클 치고는 너무 적은 조직원인데, 서클이 해체 중인 경우도 있었고 또 재학생과 퇴학생, 근처 다른 학교 학생들이 회원인 경우도 있었다. 경찰의 일제 수사를 가져온 것은 바로 성남고등학교 독수리단이었다. 독수리단원 6명은 2학년 한 학생이 서클에 들지 않는다고 복도에서 심하게 구타했고, 이 사건이 알려지며 3명은 구속되고 3명은 지명수배되었다. 이 사건 이후 경찰이 집중 단속해 여러 학교 폭력 서클들을 적발하면서 알려지게 되었다.[68]

여학생 폭력 서클도 있었다. 1969년 마포에서 여고생 9명이 연옥이파를 결성했는데, 골목에서 담배를 피우며 기다리다 지나가는 여중생들을 담뱃불로 지져 버리겠다고 위협하고 때리며 돈을 빼앗았다.[69] 또 1960년대 후반 의정부에서 지역 여자 중고등학생 40여 명이 모여 백바지클럽이라는 서클을 만들었다. 이들은 4년 동안 서클을 유지했으나, 1970년 클럽에서 탈퇴하겠다는 회원이나 가입을 거절한 학생들을 폭행하다 구속되었다.[70]

경찰과 교육 당국은 이런 폭력 서클에 대해서 엄벌주의로 일관했다. 경찰은 미성년자라도 서클을 만들거나 흉기를 들고 폭력을 행한 자는 '모조리 구속'한다거나 사고를 낸 학생은 가차 없이 처벌하고,

관계 직원도 엄중 문책하겠다는 것이었다.[71] 교육 당국은 학교별로 불량 학생들의 서클을 조사하고 명단을 작성해 감독을 철저히 하라고 했다.[72] 한마디로 학교에서 명단을 파악해 사고를 치지 않게 철저히 감시하라는 것이었고, 사고가 생기면 책임을 묻겠다는 것이었다. 1969년 교육 당국이 학교에 내린 생활지도지침은 교외 지도를 강화하되, 극장 및 음식점 출입을 금지하고 열차와 유원지에도 지도 교사를 고정 배치하라고 지시했다. 유원지는 그렇다 처도 교사들이 주말 내내 열차를 타고 다닐 수도 없는데 어떻게 고정 배치하라는 것인지 알 수 없는 노릇이다. 또 매주 2회 이상 학생들의 소지품 검사를 실시하라고 했다. 인권침해는 차치하고 소지품 검사만으로 날이 샐 노릇이었다. 결정적으로 사고가 발생했을 때는 교장 및 관계자를 문책하겠으며 최고 파면하겠다고 했다.[73]

한 번 폭력과 불량의 낙인이 찍힌 학생들이 찾아갈 곳은 거의 없었다. 퇴학당하고 고립된 학생들은 절망과 자포자기에 빠졌다. 갈 곳이 없었던 학생들은 막다른 길로 달려갔지만, 역설적이게도 그들이 선택한 장소는 학교 주변이었다. 1963년 서울고등학교 사태로 퇴학당한 한 학생은 학교 앞에서 등교하던 동급생에게 돈을 요구했다. 돈이 없다고 하자 종로2가 전당포까지 끌고 가 시계를 맡기고 돈 400원을 빼앗았다. 결국 그는 6월 10일 종로경찰서에 구속되었다.[74] 1962년 말 서울 용산에서는 17살 난 퇴학생들이 모여 티엔티TNT라는 폭력 서클을 만들었다. 누군가 이들에게 관심을 가졌다면 '여학생들과 모여 풍기를 문란케 하'거나 하교하는 학생들에게 시비를 거는 정도에 그쳤을 수도 있었을 것이다. 그러나 학교 밖으로 튀어나와 통제력을 잃어버린 이들은 결국 칼을 들고 학생을 위협하며 금품을 빼앗다가 찔러 중상을 입혔고, 모두 구속되는 사태를 면하지 못했다.[75] 1963년 숭실고등학교에서 성적 불량과 출석 미달로 제적된 2학년 퇴학생 둘은 학교 주변 탁구장을 배회하며 후배들에게 금품을 요구했다. 1963년 6월 하교하던 한 2학년이 인사를 하지 않는다고 골목으로 끌고 가서 때린 후 칼로 찔러 중상을 입혔다. 당연히 구속되어 처벌받았다.[76]

별것 아닌 잘못에도 무기정학과 같은 중징계를 받았다. '시범 케이스'의 희생자들은 어디나 있었다. 한 학생은 소지품 검사에서 담배 부스러기가 나왔다고 무기정학 처분을 받았다. 학부모가 호출당하고 2개월 정도 빵집·극장·음악감상실을 전전하면서 잘못을 반성할 리가 없었다. 학교에 복귀하고 진짜 불량 학생으로 전락했다.[77] 학기 중에 무기정학을 당해 2개월 정도 다니지 못하면 유급이 불가피했다. 하급생들과 함께 학교에 다녀야 하니 보통 학생은 견디기 힘들었고 상당수가 자퇴했다.

1970년대 학교의 규모가 커지고 학생들에 대한 통제와 폭력이 강화되었다. 그런데 이런 전체적인 통제의 강화가 불량 서클이나 일탈행위를 더욱 심각한 것으로 만들었다. 학교 안팎에서 학생들을 이른바 '면학 분위기'에 묶어 놓으려는 시도가 강해질수록 이 입시 경쟁의 대열에서 이탈하는 탈락자들의 절망과 분노도 커질 수밖에 없었다.

이들은 완전히 학교 밖으로 돌면서 폭력의 도를 더했다. 물론 1970년 대 불량 서클들의 폭력도 대개 주변의 다른 학교 서클들과 주도권 다툼이었다. 다방이나 술집을 아지트 삼아 술을 마시며 모이다가 마주치면 패싸움을 벌였다. 그러나 경우에 따라서는 점점 범죄의 수준으로 악화되기 시작했으니, 몽둥이·쇠파이프·칼과 같은 흉기를 휘두르고 행인들을 위협하며 돈을 뜯는 청소년 범죄 집단으로 비화하는 경우도 출현했다.[78] 갈수록 격화되는 경쟁과 억압의 학교 체제에서 순응하지 않은 학생들이 복귀할 방법은 많지 않았다. 학교는 점점 더 무자비하고 뒤돌아보지 않는 경쟁과 통제의 공간이 되고 있었다.

맺음말

1960~1970년대 급변하는 한국사회 속에서도 학교는 가장 크게 바뀐 사회적 공간이었다. 특히 고등학교는 소수의 엘리트를 위한 교육기관 또는 완결된 직업교육기관에서 보편적인 대중 교육기관으로, 대학 진학을 위한 준비 기관으로 완전히 변화했다. 가히 폭발적이라고 해야 할 정도로 공교육이 급격히 확산되었던 것이다. 더 많은 사람이 교육 받을 권리를 누릴 수 있다는 점에서 이 변화는 긍정적이었지만, 실제 그 속에서 경쟁과 서열화의 원리가 계속 강화되었다는 점에서 오늘날 한국의 교육, 나아가서는 한국사회의 문제점을 그대로 보여준다.

학력주의는 근대사회의 불평등 구조를 설명하는 일반 원리였다. 그러나 한국의 학력주의는 더 치열한 경쟁 속에서 더 강력하게 자리 잡았다. 더 상급의 교육기관에서 오랫동안 교육을 받는 것도 중요했지만, 어느 학교에 다녔는지가 결정적인 요소가 되었다. 중학교부터 대학까지 모든 학교에 1등부터 꼴찌까지 공인되다시피 등급이 매겨졌다. 급격한 산업화 과정에서 전통적인 네트워크가 이전처럼 작동하지 못했고, 위계화된 학교의 등급은 가장 강력한 사회적 자산이 되었다. 또 도시화와 공업화가 진행되자 청소년들이 직업을 얻기 위해서 더 많은 교육 경력이 필요했다. 결과적으로 학교는 계속해서 늘었지만 학력을 향한 사회적 수요를 채우기에는 충분하지 못했다. 한국의 교육 당국은 중학교 과정은 공립학교를 증설해 어느 정도 교육수요에 맞췄지만, 고등학교나 대학의 교육수요는 거의 사학의 증가에 의존해 충족했다.

중학교교육과 고등학교교육의 확산은 한쪽에서는 사회적 상승을 향한 욕망의 표출이었지만, 다른 쪽에서는 학력 자산의 인플레 속에서 강요된 생존 경쟁의 결과였다. 학교와 학생 수가 계속 늘었고 경쟁은 더 격화되었다. 과잉 경쟁의 폐해가 심해지자 정부는 중학교와 고등학교를 차례로 평준화했다. 그러나 학력에 대한 사회적 욕망이 격화되는 속에서 평준화는 실질적인 경쟁 완화의 효과를 가져올 수 없었다. 특히 고등학교평준화는 오히려 대학 입시를 최종 승부처로 만들면서 경쟁 기간을 연장하고, 대학 입시 경쟁을 더욱 격화했다. 입시의 성과로 명문이 결정되면서 모든 학교가 철저한 입시 기관화의 길을 선택했다. 이제 학교는 낙오자나 방관자를 허용하지 않았다. 본인의 의지나 처지에 상관없이 모든 학생이 입시를 위한 동원과 감시의 체제에 놓였다. 사소한 이탈이라도 시도하면 폭력적인 응징이 가해졌다.

　권력의 입장에서 학교는 집권층의 가치관과 이념을 확장하는 제도였지만, 교사와 학생에 대한 정치적 통제는 쉽지 않았다. 1960년 4·19혁명 이래 한일회담반대운동, 부정선거 반대와 삼선개헌반대, 〈유신헌법〉 반대까지 군사정권의 반민주적인 행태에 대한 저항은 계속되었다. 국가는 반공교육과 이념교육을 통해 학생들의 생활과 교사들에 대한 정치적 통제를 강화하면서 학교를 순치된 공간으로 전환하고자 했다. 한편 중등교육의 확대가 거의 반 이상 사립학교를 늘리는 방식으로 진행되면서 부실한 사학이 크게 늘었다. 평준화 이후에는 사학에 대한 국가의 지원이 늘었고, 그 부담은 국민이 지는 것이었지만 사학재단에 대한 통제는 제대로 이뤄지지 않았다. 재단의 부정이나 부패도 문제지만, 더 나은 입시 성적을 위한 비인간적인 교육 풍토에 저항할 수단을 없애 버린 것은 더욱 큰 문제였다. 학교의 방침에 동의하지 않는 교사나 학생은 학교에서 축출당하거나 침묵해야 했다.

　결국 경쟁 원리로 추동된 1960~1970년대 교육의 폭발적 확대는 오늘날까지도 제기되는 중대한 과제를 한국사회에 제시했다. 학교를 어떻게 민주화할 것이며, 학생의 권리를 어떻게 보장할 수 있는가 하는 문제였다. 많은 제안과 방법이 있겠지만, 역사를 돌이켜 유념해야 할 것은 문제의 본질이 과잉 경쟁과 서열화였다는 점이다.

　일부 상승에 성공하는 경우도 없지 않았지만, 대체로 학벌을 향한 경쟁은 처음부터 가난하고 소외된 계층에게 불리했다. 그러나 한국사회와 교육의 주도층은 사회 구성원 다수가 시험 성적으로 모든 것을 결정하는 것을 '공정'하다고 받아들이게 하는 데 성공했다. 모든 것을 시험으로 결정하면서, 학교는 시험이라는 결전장에 나서는 전사를 양성하는 훈련소가 되었다.

1960~1970년대 학교와 학생의 증가가 과잉 경쟁과 권력 지배의 확대만을 가져오지는 않았다. 중등교육이 보편적인 현상이 되면서 젊은이들은 확실히 거의 비슷한 경험을 공유했다. 이전의 어떤 세대보다 장기간의 교육을 받은 이 세대는 새로운 매체를 즐기고 활용하는 데 익숙했고, 곧 새로운 문화를 향유하는 소비자층으로 급부상했다. 1970년대 청년문화나 미국의 팝문화, 고고와 하이틴 영화 등 이들만의 독자적인 문화적 기호들이 등장했다. 극단적인 반공교육과 가부장적 이념, 일상화된 폭력 속에서도 학생들은 새로운 문화를 즐겼고, 자기들도 모르는 사이에 대중문화의 새로운 시대를 열었다.

학교에 대해서 우리는 좀 더 자유롭게 생각할 필요가 있다. 대체로 성장기와 청년기에 학교에 다니는 것이 옳을 것이다. 그러나 중학교-고등학교-대학을 계속 다녀야 할까? 근대 학제가 생겼을 때보다 인간의 평균 수명은 훨씬 늘었다. 1960~1970년대는 제도권 교육에 참여하지 못했던 많은 청소년이 점차 학생이 되는 과정이었다. 그 과정에서 학교가 매우 폭력적인 공간이었고 경쟁이 비인간적이었다고 해도 교육기회의 확산은 긍정적이다. 반대로 청소년들이 자유롭게 학교를 드나들 수는 없을까? 반드시 중학교를 졸업하고 바로 고등학교에 진학해야 하는가? 고등학교를 마치고 몇 년 있다 대학에 가는 것이 더 자연스럽지 않을까? 학교는 사회적 제도이며, 영구불변하지 않는다. 모든 청소년을 학교로 포섭하는 것이 한국의 근대였다면, 자유롭게 드나들 수 있는 학교가 더 바람직하지는 않을까? 성장은 반드시 진학이 아닐 수도 있고, 학년이 나이와 일치하지 않을 수도 있다. 학교를 이렇게 열린 공간으로 만들기 위해서 사회는 인내와 관용 그리고 폭넓은 시야를 가져야 할 것이다. 그리고 그 위에 서 있는 학교가 진정한 창의성을 가르칠 수 있을 것이다.

주

머리말

1   김진균·정근식 편저, 《근대주체와 식민지 규율권력》, 문화과학사, 1997; 윤해동 외 편, 《근대를 다시 읽는다》 1~2, 역사비평사, 2006.

2   이종재·김성열·돈 애덤스 편저, 《한국교육 60년》, 서울대학교 출판문화원, 2010, 271쪽.

3   김상봉, 〈교육과 권력〉, 《역사비평》 77, 2006; 한승희, 〈허울뿐인 공교육: 교육의 상 품화와 실패의 조직화〉, 《사회비평》 38, 2007.

4   한국교육학회 편, 《韓國敎育三十年史》, 교육출판사, 1984; 교육50년사편찬위원회 편, 《한국교육 50년》, 교육부, 1988; 김기석 외, 〈한국교육 100년: 학제 및 인구통계 적 변천〉, 《한국교육사고 연구보고》, 서울대학교 교육연구소 한국교육사고, 1996; 이 종재·김성열·돈 애덤스 편저, 《한국교육 60년》, 서울대학교 출판문화원, 2010.

5   한국교육개발원 편, 《한국교육 60년 성장에 대한 통계적 분석》, 한국교육개발원, 2005; 교육부·한국교육개발원 편, 《통계로 본 한국교육의 발자취》, 1997; 강성국 외, 《한국교육 60년 성장에 대한 교육 지표 분석》, 2005

6   김경근, 《한국의 사회변동과 교육》, 문음사, 2004; 김동춘, 《근대의 그늘》, 당대, 2000; 오욱환, 《한국사회의 교육열》, 교육과학사, 2000; 김종엽, 〈한국사회의 교육불 평등〉, 《경제와 사회》 59, 2003.

7   나윤경, 〈60~70년대 개발국가 시대의 학생잡지를 통해서 본 10대 여학생 주체형성 과 관련한 담론 분석〉, 《한국민족운동사연구》 56, 2008.

8   신주백, 〈국민교육헌장의 역사(1968-1994)〉, 《한국민족운동사연구》 45, 2005; 오성

철, 〈박정희의 국가주의 교육론과 경제성장〉, 《역사문제연구》 11, 2003; 오성철, 〈식 민지 학교 규율의 역사적 기원-조회를 중심으로〉, 《교육사학연구》 16, 2006; 정무용, 〈1970년대 중·고등학교 평준화 정책의 시행과 '교육격차'〉, 《역사문제연구》 29, 2013; 허은, 〈유신시대 학생, 모의 수류탄을 던지다: 총력안보체제 구축과 군사동원된 신체〉, 《역사비평》 99, 2012; 허은, 〈1970년대 박정희 정부의 총력안보체제 구축과 학교의 역할〉, 《한국사학보》 60, 2015.

9 김성보 외 기획, 오제연 외 저, 《한국현대생활문화사 1960년대》, 창비, 2016; 김성보 외 기획, 김경일 외 저, 《한국현대생활문화사 1970년대》, 창비, 2016.

10 마이클 애플 저, 최원형 역, 《교육과 권력》, 한길사, 1988; 피에르 부르디외·장클로드 파세롱 저, 이상호 역, 《재생산》, 동문선, 2000.

11 김동춘, 《근대의 그늘》, 당대, 2000, 142쪽.

1. 학교의 팽창과 경쟁의 신화

1 1996년 초등학교로 이름을 바꾸기 전까지 한국의 초등교육기관 명칭은 국민학교였으므로 이 책에서는 모두 국민학교라는 당시의 용어를 사용한다.

2 김인걸 외 편저, 《한국현대사강의》, 돌베개, 1998, 299~300, 337~346쪽.

3 《경향신문》 1963년 7월 4일.

4 《동아일보》 1956년 2월 18일, 1956년 9월 7일, 1960년 9월 14일.

5 정무용, 〈1970년대 중·고등학교 평준화 정책의 시행과 '교육격차'〉, 《역사문제연구》 29, 2013, 114~116쪽.

6 《경향신문》 1969년 8월 6일.

7 연도별 진학률은 해당 연도 국민학교 졸업생 중 중학교 진학생의 비율이다. 3년간 중학교 취학 연령의 청소년 집단 중에서 실제 중학교 재학생의 비율을 측정한 중학교 취학률에 비해서 높게 나올 수밖에 없다.

8 《경향신문》 1969년 7월 16일.

9 정범모·김호열, 〈청소년 인간 조류에 관한 연구〉, 《서울대학교 사범대학 1977년도 정책 과제연구논문》; 김기석, 〈유상중등교육의 팽창〉, 《한국교육의 현단계》, 1991, 교육

과학사, 129~138쪽.

10 《동아일보》 1973년 11월 26일.

11 정무용, 〈1970년대 중·고등학교 평준화 정책의 시행과 '교육격차'〉, 《역사문제연구》 29, 2013, 120~123쪽.

12 《동아일보》 1973년 6월 11일.

13 《동아일보》 1973년 6월 11일.

14 《경향신문》 1969년 5월 14일.

15 《경향신문》 1970년 12월 2일.

16 《경향신문》 1971년 9월 23일.

17 송기창, 〈사립 중등학교에 대한 재정결함 지원제도의 쟁점과 과제〉, 《교육재정경제연구》 24-2, 2015, 59쪽.

18 《동아일보》 1978년 10월 11일.

19 《동아일보》 1975년 4월 29일.

20 《동아일보》 1972년 8월 14일; 《경향신문》 1972년 8월 14일, 1972년 8월 16일.

21 《경향신문》 1973년 5월 24일.

22 《동아일보》 1976년 10월 8일.

23 현재의 교육법령은 고등학교를 일반계 고등학교, 특수목적 고등학교, 특성화 고등학교, 자율형 고등학교 등으로 구분한다(〈교육법 시행령〉 76조의 3). 그러나 1960~1970년대는 대학 진학을 목표로 하는 인문계 고등학교와 취업을 목표로 하는 실업계 고등학교(공업고등학교, 농업고등학교, 상업고등학교)로 구분했다. 현재의 학교 분류체계로 당시의 학교 현실을 설명할 수 없고, 이 호칭 자체가 당대의 교육 현실을 그대로 보여주므로 이 책에서는 인문계와 실업계 등 당시의 학교 구분과 호칭을 그대로 사용한다.

24 《동아일보》 1961년 7월 22일; 《경향신문》 1961년 8월 16일. 〈대학 정비안〉은 실제 원안대로 다 시행되지 않았기 때문에 대학생 수가 줄어들지는 않았다. 그래도 대학 정비의 정책 기조가 유지되어 1960년대 대학의 정원은 그다지 크게 늘지 않았다.

25 《동아일보》 1961년 8월 3일.

26 《경향신문》 1962년 1월 27일, 1962년 6월 30일.

27 장대홍, 〈한국 고등학생의 직업평가〉, 《산업과 경영》 5-28, 1967.

28 《경향신문》1962년 3월 1일, 1962년 10월 26일.

29 예를 들어 1964년 4월 농림부를 시찰한 박정희 대통령은 중농 정책의 강력한 추진을 지시했다(《경향신문》1964년 1월 17일).

30 《경향신문》1968년 2월 24일.

31 《경향신문》1966년 12월 26일.

32 《경향신문》1972년 5월 4일.

33 문교사십년사편찬위원회, 《文教40年史》, 문교부, 1988.

34 《매일경제》1970년 10월 22일.

35 《매일경제》1972년 6월 12일.

36 《경향신문》1976년 11월 19일.

37 《경향신문》1976년 11월 19일.

38 조재부, 〈농촌지역학생들의 의식구조에 관한 조사연구: 농업에 대한 태도를 중심으로〉, 이화여대 석사학위논문, 1975, 10~12, 16, 35, 80~83쪽.

39 《매일경제》1972년 5월 4일.

40 《동아일보》1978년 9월 7일.

41 《경향신문》1970년 3월 10일.

42 《동아일보》1976년 9월 27일.

43 《동아일보》1976년 9월 27일.

44 《매일경제》1972년 10월 16일.

45 이지연, 〈산업화 시기 한국 국가의 인력 양성 정책과 젠더 불평등: 1970년대 실업교육정책과 기술 담론을 중심으로〉, 《현상과 인식》39-1·2, 2015, 146~149쪽.

46 《경향신문》1975년 2월 18일.

47 《경향신문》1976년 10월 6일.

48 《동아일보》1977년 7월 6일, 1978년 5월 23일.

49 문교부, 《조국근대화의 기수》, 문교부, 1977, 68~69쪽.

50 임소정, 〈금오공업고등학교의 설립과 엘리트 기능 인력의 활용〉, 서울대 석사학위논문, 2015.

51 황병주, 〈기능 올림픽, 패자 부활의 잔혹사〉, 《1970, 박정희 모더니즘》, 천년의상상, 2015.

52 《경향신문》 1979년 3월 10일.

53 한국개발연구원 국민경제교육연구소, 《한국인의 장인의식》, 한국개발연구원 국민경제교육연구소, 1994, 96~125쪽.

54 《경향신문》 1989년 8월 3일.

55 한국개발연구원 국민경제교육연구소, 《한국인의 장인의식》, 한국개발연구원 국민경제교육연구소, 1994, 96~125쪽.

56 《경향신문》 1976년 9월 6일.

57 《동아일보》 1976년 11월 18일.

58 《경향신문》 1976년 8월 24일; 《동아일보》 1977년 4월 22일. 서울 지역 공업고등학교의 여학생 수는 점점 더 늘었으나, 여자공업고등학교가 설립된 것은 1993년 염광여자정보산업고등학교가 처음이다(《한겨레신문》 1992년 10월 16일).

59 《동아일보》 1978년 7월 11일.

60 이지연, 〈산업화 시기 한국 국가의 인력 양성 정책과 젠더 불평등: 1970년대 실업교육정책과 기술 담론을 중심으로〉, 《현상과 인식》 39-1·2, 2015, 152쪽.

61 《경향신문》 1975년 11월 21일.

62 《동아일보》 1976년 9월 27일.

63 문교사십년사편찬위원회, 《文敎40年史》, 문교부, 1988, 570~571쪽.

64 《경향신문》 1976년 9월 9일; 《동아일보》 1976년 3월 10일.

65 신경숙, 《외딴 방》, 문학동네, 1995.

66 문교사십년사편찬위원회, 《文敎40年史》, 문교부, 1988, 440쪽.

67 강창동, 〈한국 학력주의의 형성과정과 성격〉, 《교육사회학연구》 4-1, 1994, 3쪽.

68 랜들 콜린스 저, 정우현 역, 《학력주의 사회》, 배영사, 1989.

69 최봉영, 〈조선시대 유교문화와 한국인의 교육열〉, 《한국교육사회학회 학술대회 발표자료》, 1998.

70 정순우, 〈한국사회 교육열에 관한 역사·문화적 접근〉, 《교육사회학연구》 9-1, 1999년.

71 오성철, 《식민지 초등교육의 형성》, 교육과학사, 2000, 175~220쪽.

72 《동성학보》 12, 동성중고등학교, 1965, 103, 107쪽.

73 〈졸업작문〉, 《여의도》 4, 여의도고등학교, 1977, 210쪽.

74 오욱환,《한국사회의 교육열》, 교육과학사, 2000, 399쪽.

75 박환보·유나연, 〈1950~60년대 고등공민학교에 관한 연구〉,《교육연구논총》38-2, 2017, 11쪽

76 박환보·유나연, 〈1950~60년대 고등공민학교에 관한 연구〉,《교육연구논총》38-2, 2017, 16~18쪽: 박용기, 〈나의 고학생 투쟁기〉,《장훈》창간호, 장훈중고등학교, 1968.

77 《경향신문》 1975년 10월 31일.

78 《동아일보》 1972년 12월 23일.

79 《동아일보》 1972년 4월 20일.

80 이호철,《문단골 사람들》, 프리미엄북스, 1997, 244~245쪽.

81 《동아일보》 1972년 4월 20일.

82 김기석, 〈유상 중등 교육의 팽창〉,《한국교육의 현단계》, 교육과학사, 1989, 143쪽.

83 《경향신문》 1964년 2월 7일.

84 《경향신문》 1964년 12월 16일.

85 《동아일보》 1966년 12월 15일:《경향신문》 1966년 12월 16일.

86 《경향신문》 1967년 12월 5일.

87 《경향신문》 1967년 12월 5일, 1967년 12월 29일.

88 《경향신문》 1968년 12월 27일.

89 《경향신문》 1970년 6월 26일.

90 《경향신문》 1970년 3월 18일.

91 《동아일보》 1970년 9월 5일.

92 《매일경제》 1971년 1월 23일.

93 《매일경제》 1970년 4월 18일: 김경일, 〈산업전사에서 민주투사까지, 도시로 간 여공의 삶〉,《한국현대생활문화사 1970년대》, 창비, 73쪽.

94 《경향신문》 1976년 9월 23일, 1977년 2월 4일.

95 《동아일보》 1973년 2월 24일.

96 《동아일보》 1973년 2월 24일.

97 《경향신문》 1971년 3월 18일.

98 《동아일보》 1975년 3월 4일.

99 《동아일보》1977년 9월 13일.

100 경상남도 교육청,《경남교육 70년사 2》, 2017, 536쪽
밀성고등학교 홈페이지 http://milseong-h.gne.go.kr/?SCODE=S0000000792&
mnu=M001005002
밀양전자고등학교 홈페이지 http://jeonja-h.gne.go.kr/index.jsp?SCODE=S0000
000795&mnu=M001005002
밀양고등학교 홈페이지 http://milgo-h.gne.go.kr/?SCODE=S0000000786&mnu
=M001018005

101 〈연혁〉,《청양》, 청양중고등학교 문예부, 1967;《경향신문》1961년 2월 24일.

102 한국교육개발원 편,《敎育發展의 展望과 課題:1978~91:答申報告書》, 한국교육
개발원, 1978, 12~15쪽.

103 김경동, 〈농촌 사회의 변화와 쟁점〉, 한국사회학회 편,《70년대 한국사회》, 평민사,
1980, 177쪽.

104 《동아일보》1968년 9월 23일.

105 《경향신문》1962년 5월 5일.

106 《동아일보》1974년 10월 4일.

107 《경향신문》1971년 10월 23일.

108 《경향신문》1972년 6월 20일.

109 《동아일보》1977년 3월 19일.

110 《동아일보》1972년 10월 16일.

111 《경향신문》1971년 6월 11일.

112 《동아일보》1977년 2월 10일.

113 서울특별시 교육연구원 편,《서울교육사》, 서울특별시 교육위원회, 1981, 891~
893쪽.

114 박태균, 〈와우아파트, 경부고속도로, 그리고 주한미군 감축〉,《역사비평》, 93, 2010.

115 《경향신문》1973년 3월 7일.

116 김백영, 〈서울, 괴물의 얼굴에 가려진 '고도'〉,《내일을 여는 역사》 36, 2009;《경향신
문》1972년 9월 22일.

117 《동아일보》1977년 3월 9일;《경향신문》1977년 3월 9일.

118 전도산, 〈서울시 고등학교 제8학군 지역에 대한 지리학적 연구〉, 건국대 석사학위논문, 1990, 40쪽.

119 《경향신문》 1977년 3월 9일.

120 《동아일보》 1977년 12월 3일.

121 〈학생제반통계〉, 《서문》 창간호, 서문여자고등학교, 1975, 237~239쪽.

122 《동아일보》 1977년 11월 4일; 《경향신문》 1979년 3월 17일; 《동아일보》 1979년 2월 22일.

123 《동아일보》 1977년 1월 18일.

2. 1등부터 꼴찌까지: 입시와 '평준화'

1 이기훈, 〈다방, 그 근대성의 역정〉, 《문화과학》 71, 2012.

2 《경향신문》 1966년 12월 5일.

3 김종엽, 〈한국사회의 교육불평등〉, 《경제와 사회》 59, 2003.

4 보울즈·진티스 저, 이규환 역, 《자본주의와 학교 교육》, 사계절, 1986.

5 랜들 콜린스 저, 정우현 역, 《학력주의 사회》, 배영사, 1989.

6 조성준, 〈사학은 왜 타락하나?〉, 《신동아》 36호, 1967, 146쪽.

7 《매일경제》 1972년 5월 22일.

8 《경향신문》 1962년 9월 24일.

9 《매일경제》 1969년 12월 9일.

10 《경향신문》 1964년 2월 11일, 〈이류고 진학을 어떻게 보나 찬·반〉.

11 《경향신문》 1964년 2월 11일, 〈이류고 진학을 어떻게 보나 찬·반〉.

12 〈남녀 평등 유감〉, 《서라벌》 19, 서라벌중고등학교, 1975, 208쪽.

13 김광협, 〈재수생: 그 실태와 문제점〉, 《신동아》 36, 1967, 159쪽.

14 《경향신문》 1969년 11월 6일, 1969년 11월 15일.

15 〈감사와 당부〉, 《서라벌》 19, 서라벌중고등학교, 1975, 44쪽.

16 《서라벌》 14, 서라벌중고등학교, 1970, 87쪽.

17 박용기, 〈나의 고학생 투쟁기〉, 《장훈》 창간호, 장훈중고등학교, 1968.

18 〈질서·규율·예절로 다듬어지는 인격〉, 《서라벌》 17, 서라벌고등학교, 1973, 143쪽.

19 박용기, 〈나의 고학생 투쟁기〉, 《장훈》 창간호, 장훈중고등학교, 1968.

20 박용기, 〈나의 고학생 투쟁기〉, 《장훈》 창간호, 장훈중고등학교, 1968.

21 《경향신문》 1964년 2월 11일, 〈이류고 진학을 어떻게 보나 찬·반〉.

22 《경향신문》 1964년 2월 11일.

23 최샛별, 〈한국사회의 명문고교의 변천과 상류 계층 남성과 여성의 학연〉, 《한국사회
    학회 사회학대회논문집》, 2001.

24 삼당사락은 2003년 국립국어원의 신어편에 수록되어 있는데, 1968년에도 그리 낯선
    말은 아니었던 듯하다. 국내 신문에서는 1980년대 들어서 이 단어가 비로소 나오지
    만, 1960년대 교지에 출현하는 것을 보면 적어도 1960년대부터 살인적 입시 경쟁을
    나타내는 말로 사용되었음을 보여준다.

25 《산호수》 11, 진해여자고등학교, 1968.

26 《동아일보》 1966년 4월 19일.

27 강준만, 《입시전쟁 잔혹사》, 인물과 사상사, 2009.

28 《동아일보》 1966년 4월 21일.

29 《동아일보》 1969년 4월 16일.

30 《경향신문》 1972년 1월 11일.

31 〈꼭 하고 싶은 말〉, 《서라벌》 17, 서라벌중고등학교, 1973, 249~250쪽.

32 〈감사와 당부〉, 《서라벌》 19, 서라벌중고등학교, 1975, 44~46쪽.

33 《동아일보》 1966년 4월 12일.

34 박용기, 〈나의 고학생 투쟁기〉, 《장훈》 창간호, 장훈중고등학교, 1968.

35 이해민, 〈길에 의해 생성되는 마을 커뮤니티에 관한 연구: 이태원 보광동 지역을 중심
    으로〉, 한양대 석사학위논문, 2014.

36 《경향신문》 1962년 8월 29일.

37 《경향신문》 1971년 4월 16일.

38 《경향신문》 1971년 12월 10일.

39 〈가정교사들의 생활과 의견〉, 《신동아》 18, 1966.

40 〈무너지는 교육현장〉, 《신동아》 177, 1979.

41 〈무너지는 교육현장〉, 《신동아》 177, 1979.

42 《경향신문》 1971년 4월 9일.

43 《경향신문》 1978년 3월 10일.

44 〈무너지는 교육현장〉, 《신동아》 177, 1979, 214~215쪽.

45 〈가정교사들의 생활과 의견〉, 《신동아》 18, 1966.

46 《동아일보》 1977년 7월 30일.

47 《동아일보》 1972년 3월 6일.

48 《경향신문》 1974년 9월 27일.

49 《동아일보》 1966년 4월 21일.

50 〈무너지는 교육현장〉, 《신동아》 177, 1979, 217~218쪽.

51 《경향신문》 1972년 1월 28일.

52 허은, 〈유신시대 학생, 모의 수류탄을 던지다: 총력안보체제 구축과 군사동원된 신체〉, 《역사비평》 99, 2012.

53 《동아일보》 1971년 9월 7일.

54 《행단》 창간호, 밀성중고등학교, 1964.

55 《행단》 2, 밀성중고등학교, 1965.

56 《경향신문》 1968년 4월 27일.

57 정무용, 〈1970년대 중·고등학교 평준화 정책의 시행과 '교육격차'〉, 《역사문제연구》 29, 2013.

58 《동아일보》 1968년 9월 14일.

59 《동아일보》 1968년 9월 7일.

60 《동아일보》 1968년 9월 10일.

61 정무용, 〈1970년대 중·고등학교 평준화 정책의 시행과 '교육격차'〉, 《역사문제연구》 29, 2013.

62 《동맥》 창간호, 부산동고등학교, 1975, 135쪽.

63 전주고등학교에 합격한 K 씨의 회고. K 씨는 이후 서울의 명문 대학을 졸업하고 교수가 되었으며, 금오공업고등학교에 간 학생은 군 제대 후 다시 대학에 들어가 고등학교 교사가 되었다고 한다(면담자 이기훈, 2015년 1월 24일, 목포대학교 이기훈 교수 연구실).

64 이우영, 〈인창생들은 공부도 잘하는가?〉, 《인창》, 인창중고등학교. 20쪽.

65 김용택, 〈고교 평준화와 서라벌〉, 《서라벌》 19, 서라벌중고등학교, 1975 ; 김문섭, 〈고교 평준화의 일반적 득실〉, 《서라벌》 19, 서라벌중고등학교, 1975 ; 한청일, 〈평준화 2년과 서라벌〉, 《서라벌》 19, 서라벌중고등학교, 1975.

66 《경향신문》 1978년 2월 1일.

67 《매일경제》 1984년 1월 21일.

68 《동아일보》 1978년 2월 3일.

69 《동아일보》 1977년 1월 31일.

70 《동아일보》 1977년 1월 31일.

71 《동아일보》 1978년 4월 12일.

72 〈특집 교육의 새전통 자주학습〉, 《인창》 14, 인창중고등학교, 1973.

73 조승제 저, 《교과교육과 교수학습 방법론》, 양서원, 2006, 132~135쪽.

74 《동아일보》 1982년 4월 23일.

75 〈학생제반통계〉, 《서문》 창간호, 서문여자고등학교, 1975, 239쪽.

76 서울대학교 신입생 보호자의 학력은 《경향신문》 1979년 5월 10일.

77 《경향신문》 1976년 11월 19일.

78 〈학생제반통계〉, 《서문》 창간호, 서문여자고등학교, 1975, 239쪽. 전북 농업고등학교 학생 보호자 학력은 《경향신문》 1976년 11월 19일.

79 《동아일보》 1979년 1월 30일, 1980년 1월 26일.

80 《경향신문》 1972년 1월 11일.

81 《동아일보》 1975년 10월 9일, 1975년 10월 11일.

82 《동아일보》 1975년 10월 10일.

83 《동아일보》 1975년 10월 11일.

84 《동아일보》 1974년 10월 4일.

85 《동아일보》 1974년 1월 25일.

86 《인창》 10, 인창중고등학교, 1968, 302~305쪽 ; 《인창》 11, 인창중고등학교, 1969, 308쪽.

87 《인창》 10, 인창중고등학교, 1968, 304쪽.

88 《인창》 11, 인창중고등학교, 1969, 304쪽.

89 《인창》 7, 인창중고등학교, 1966, 300~302쪽(원래 1965년 12월에 발행해야 했으나

1966년 1월 발행했다).

90 《상문》 창간호, 상문고등학교, 1977, 214~218쪽.

91 《상문》 창간호, 상문고등학교, 1977, 224쪽.

92 《동맥》 창간호, 부산동고등학교, 1975, 223~230쪽.

93 《상문》 창간호, 상문고등학교, 1977, 222쪽.

94 《상문》 창간호, 상문고등학교, 1977, 205쪽.

95 《상문》 창간호, 상문고등학교, 1977, 211쪽.

96 《동맥》 창간호, 부산동고등학교, 1975

97 〈성모생의 의식 현장-별명〉, 《진원》 창간호, 대전성모여자중고등학교, 1975, 152~153쪽; 〈졸업생 앙케이트〉, 《혜화》 창간호, 혜화여자고등학교, 1974, 170쪽.

98 《동아일보》 1977년 11월 17일.

99 《경향신문》 1978년 11월 22일.

100 〈졸업생 페이지〉, 《동맥》 창간호, 부산동고등학교, 1975, 229쪽.

3. 학교 안의 권력, 학교 밖의 권력

1 《동아일보》 1961년 9월 3일, 1961년 9월 4일.

2 김종엽, 〈박정희 동원체제의 교육동원에 대한 분석〉, 상지대학교 민주사회정책연구원, 2004.

3 강일국, 〈해방 이후 초등학교의 교육개혁운동과 반공 교육의 전개과정〉, 《교육비평》 12, 2003.

4 홍윤기, 〈국민교육헌장, 왜 그리고 어떻게 만들어졌나〉, 《내일을 여는 역사》 18, 2004.

5 이상록, 〈'조국과 민족에 너를 바치라': 국민교육헌장 다시 읽기〉, 《내일을 여는 역사》 68, 2017.

6 박홍무, 〈(우리 학교의 반공교육 6): 충청북도 충북고교를 찾아서〉, 《북한》 79, 북한연구소, 1978, 218쪽.

7 김한종, 〈학교 교육을 통한 국민교육헌장 이념의 보급〉, 《역사문제연구》 15, 2005.

8 허은, 〈1970년대 박정희 정부의 총력안보체제 구축과 학교의 역할〉, 《한국사학보》 60, 2015.

9 〈73학년도 새마을 운동의 총 결산〉, 《인창》 15, 인창중고등학교, 1976, 304쪽; 〈우리 학교의 새마을 운동〉, 《인창》 17, 인창중고등학교, 1976, 79~81쪽.

10 〈혁명공약〉, 《새가정》 9-5, 1962, 128쪽

11 《경향신문》 1967년 3월 17일.

12 《경향신문》 1965년 3월 17일.

13 《경향신문》 1967년 12월 23일.

14 《경향신문》 1969년 3월 7일.

15 《경향신문》 1969년 2월 27일.

16 《고등학교 교육과정》, 〈교련〉, 1973, 38쪽(http://ncic.go.kr/mobile.kri.org4.inventory List.do#〈국가교육과정정보센터〉우리나라 교육과정 3차 시기〉고등학교(1973. 2)〉교련 참조)

17 허은, 〈유신시대 학생, 모의 수류탄을 던지다: 총력안보체제 구축과 군사동원된 신체〉, 《역사비평》 99, 2012.

18 〈좌담회-1969 학년도 학생회를 돌아본다〉, 《인창》 11, 인창중고등학교, 1969, 162~163쪽.

19 《동아일보》 1975년 5월 9일.

20 《경향신문》 1975년 5월 10일.

21 권윤달 외 저, 〈일선 교사들이 본 반공교육〉, 《북한》 4, 북한연구소, 1972, 129~131쪽.

22 오호숙, 〈(우리 학교의 반공교육 2): 경기도 가평 고교를 찾아서〉, 《북한》 74, 북한연구소, 1978, 223쪽.

23 박홍무, 〈(우리 학교의 반공교육 6): 충청북도 충북고교를 찾아서〉, 《북한》 79, 북한연구소, 1978, 218쪽.

24 오호숙, 〈(우리 학교의 반공교육 2): 경기도 가평 고교를 찾아서〉, 《북한》 74, 북한연구소, 1978, 223쪽.

25 백인학, 〈(우리 학교의 반공교육 10): 경북 대구고교를 찾아서〉, 《북한》 85, 북한연구소, 1979, 219쪽.

26 주근희, 〈(우리 학교의 반공교육 7): 충청남도 대전고교를 찾아서〉, 《북한》 80, 북한연구

소, 1978, 221쪽.

27 김성호, 〈(우리 학교의 반공교육 5): 전북전주고교를 찾아서〉, 《북한》 78, 북한연구소, 1978, 207쪽.

28 오성철, 〈식민지 학교 규율의 역사적 기원-조회를 중심으로〉, 《교육사학연구》 16, 2006.

29 허은, 〈1970년대 박정희 정부의 총력안보체제 구축과 학교의 역할〉, 《한국사학보》 60, 2015.

30 오호숙, 〈(우리 학교의 반공교육 2): 경기도 가평 고교를 찾아서〉, 《북한》 74, 북한연구소, 1978, 224쪽

31 오호숙, 〈(우리 학교의 반공교육 2): 경기도 가평 고교를 찾아서〉, 《북한》 74, 북한연구소, 1978; 주근희, 〈(우리 학교의 반공교육 7): 충청남도 대전고교를 찾아서〉, 《북한》 80, 북한연구소, 1978.

32 김성호, 〈(우리 학교의 반공교육 5): 전북전주고교를 찾아서〉, 《북한》 78, 북한연구소, 1978.

33 오호숙, 〈(우리 학교의 반공교육 2): 경기도 가평 고교를 찾아서〉, 《북한》 74, 북한연구소, 1978.

34 백인학, 〈(우리 학교의 반공교육 10): 경북 대구고교를 찾아서〉, 《북한》 85, 북한연구소, 1979.

35 백인학, 〈(우리 학교의 반공교육 10): 경북 대구고교를 찾아서〉, 《북한》 85, 북한연구소, 1979, 220쪽.

36 주근희, 〈(우리 학교의 반공교육 7): 충청남도 대전고교를 찾아서〉, 《북한》 80, 북한연구소, 1978, 223쪽.

37 이현우, 〈역사 앞에서〉, 《여의도》 4, 여의도고등학교, 1977, 273쪽.

38 이하나, 〈1950~60년대 반공주의 담론과 감성 정치〉, 《사회와 역사》 95, 2012.

39 〈격전지 순례 대행군을 마치고〉, 《동맥》 창간호, 부산동고등학교, 1975, 190쪽.

40 권윤달 외, 〈일선 교사들이 본 반공교육〉, 《북한》 4, 북한연구소, 1972.

41 권윤달 외, 〈일선 교사들이 본 반공교육〉, 《북한》 4, 북한연구소, 1972.

42 〈학도호국단 간부 수련회〉, 《동맥》 창간호, 부산동고등학교, 1975, 186~189쪽; 〈서울 교육원을 다녀와서〉, 《여의도》 4, 여의도고등학교, 1977, 286~288쪽.

43 〈학생수련원을 다녀와서〉, 《서라벌》 19, 서라벌중고등학교, 1975, 82~84쪽.

44 〈학도호국단 간부 수련회〉, 《동맥》 창간호, 부산동고등학교, 1975, 186~187쪽.

45 〈수련회를 마치고〉, 《동맥》 창간호, 부산동고등학교, 1975, 188쪽.

46 〈수련회를 마치고〉, 《동맥》 창간호, 부산동고등학교, 1975, 189쪽.

47 허은, 〈1970년대 박정희 정부의 총력안보체제 구축과 학교의 역할〉, 《한국사학보》 60, 2015.

48 〈졸업생이 남기고 싶은 말〉, 《서라벌》 17, 서라벌중고등학교, 1973, 57쪽.

49 《동아일보》 1970년 10월 7일.

50 《동아일보》 1979년 7월 19일.

51 《동아일보》 1967년 6월 13일.

52 《동아일보》 1971년 10월 11일.

53 《동아일보》 1975년 2월 4일.

54 김종엽, 〈박정희 동원체제의 교육동원에 대한 분석〉, 상지대학교 민주사회정책연구원, 2004.

55 《동아일보》 1975년 11월 3일.

56 《경향신문》 1970년 5월 12일.

57 박용기, 〈나의 고학생 투쟁기〉, 《장훈》 창간호, 장훈중고등학교, 1968.

58 《경향신문》 1963년 3월 12일.

59 《경향신문》 1963년 3월 12일, 1963년 3월 13일.

60 《경향신문》 1967년 4월 19일.

61 《경향신문》 1967년 9월 25일.

62 조성준, 〈사학은 왜 타락하나?〉, 《신동아》 36, 1967, 149쪽.

63 조성준, 〈사학은 왜 타락하나?〉, 《신동아》 36, 1967, 152쪽.

64 《경향신문》 1972년 5월 19일.

65 《동아일보》 1973년 11월 10일.

66 《경향신문》 1978년 8월 28일.

67 《경향신문》 1979년 4월 23일; 《동아일보》 1979년 4월 26일.

68 《산호수》 11, 진해여자중고등학교, 1968.

69 조채충, 〈향수가 주는 반항〉, 《계성》 21, 계성고등학교, 1964, 78쪽.

70 4H는 Head(두뇌), Heart(마음), Hand(손), Health(건강)를 의미한다. 20세기 초에 미국에서 시작된 농촌 젊은이들의 자발적인 농촌개발운동으로 한국에서는 해방 이후 본격적으로 시작되었다. 마을마다 소년 소녀들로 4H클럽을 조직하고 남녀 지도자를 두어 농촌계몽과 농업기술교육, 영농 과학화, 가정 생활 개선 등을 추진했다. 국가기록원 웹사이트 http://theme.archives.go.kr/next/koreaOfRecord/4H.do

71 정영달, 〈하기 농촌 계몽기〉, 《동성학보》 12, 부산동성고등학교, 1965. 정영달은 2학년으로 JRC 친선 차장이었다. 1960년 부산동성고등학교 2학년 진두성은 시위 도중에 총탄에 맞아 왼쪽 눈을 실명하는 큰 부상을 입기도 했다(《동아일보》 1983년 4월 19일).

72 《동아일보》 1966년 5월 10일, 1966년 5월 11일

73 《동아일보》 1966년 5월 11일.

74 《동아일보》 1966년 5월 7일.

75 《국원》 창간호, 부산진여자상업고등학교, 1966.

76 《행단》 창간호, 밀성중고등학교, 1964.

77 《서라벌》 13, 서라벌중고등학교, 1970.

78 1960~1970년대 중고등학교 동문 사이의 학맥은 가장 강력한 사회적 네트워크였지만, 동문 가운데서도 같은 동아리 출신들의 유대감은 더욱 강했다. 예를 들어 광주제일고등학교의 향토반 '광랑光郞'은 1960~1970년대 사회비판과 민족의식이 강한 학생들을 배출했으며, 졸업 후에도 선후배 사이에 튼튼한 유대를 유지해 광주·전남 지역 학생운동의 강력한 인적 기반이 되기도 했다(이영재, 《민주장정 100년, 광주·전남 지역 사회운동사》, 광주광역시·전라남도, 2016, 58쪽).

79 〈졸업생 앙케이트〉, 《혜화》 창간호, 혜화여자고등학교, 1974, 170쪽. 토인은 원래 특정 지역의 정착민들을 비하하는 말이다. 20세기 이후에는 주로 아프리카 선주민들을 '야만'으로 서술하는 용어로 정착했다. 토인이라는 말 자체가 인종차별적 용어지만, 당시의 세계 인식을 잘 보여주는 말이므로 그대로 인용했다.

80 〈중앙학도 호국단 결단식 전달보고서〉, 《동맥》 창간호, 부산동고등학교, 1975, 192~193쪽.

81 〈특별활동 발표회 결산〉, 《서라벌》 (권호 누락), 서라벌중고등학교, (연도 누락), 125~130쪽.

82 조채충, 〈향수가 주는 반향〉, 《계성》 21, 1964, 77~79쪽.

83 《경맥》24, 경북고등학교, 1978.

84 《경맥》24, 경북고등학교, 1978.

85 《진원》창간호, 대전 성모여자중고등학교, 1976, 104~105쪽.

86 《동아일보》1966년 4월 12일.

87 《동아일보》1966년 5월 12일.

88 《동아일보》1966년 4월 19일.

89 《동아일보》1966년 5월 3일.

90 《동아일보》1966년 5월 3일.

91 《동아일보》1966년 5월 3일.

92 《동아일보》1966년 4월 19일.

93 《동아일보》1966년 5월 18일.

94 《경향신문》1979년 12월 8일.

95 이영재,《민주장정 100년, 광주·전남 지역 사회운동사》, 광주광역시·전라남도, 2016.

96 이재오,《해방 후 한국학생운동사》, 형성사, 1984.

97 이재오,《해방 후 한국학생운동사》, 형성사, 1984; 민주화운동기념사업회 한국민주주의연구소 편,《한국민주화운동사》2, 돌베개, 2009.

98 《동아일보》1965년 4월 17일.

99 강대민,《부산지역 학생운동사》, 국학자료원, 2003.

100 《동아일보》1969년 9월 20일.

101 민주화운동기념사업회 편,《3선개헌반대운동 사료집 일지》1~2, 민주화운동기념사업회, 2016.

102 〈좌담회-1969 학년도 학생회를 돌아본다〉,《인창》11, 인창중고등학교, 1969, 161~162쪽.

103 《동아일보》1969년 9월 23일.

104 이영재,《민주장정 100년, 광주·전남 지역 사회운동사》, 광주광역시·전라남도, 2016, 57~59쪽.

105 이영재,《민주장정 100년, 광주·전남 지역 사회운동사》, 광주광역시·전라남도, 2016, 62~64쪽.

1   김영우, 〈해방 이후 우리나라 교원 양성제도 변천사〉, 《(초등) 우리교육》, 1993, 42쪽.

2   《경향신문》, 1968년 12월 14일, 1968년. 12월. 18일.

3   김영우, 〈해방 이후 우리나라 교원 양성제도 변천사〉, 《(초등) 우리교육》, 1993, 43쪽.

4   《경향신문》 1963년 1월 16일.

5   《동아일보》 1969년 12월 19일.

6   《동아일보》 1968년 12월 5일.

7   김 선생의 일상과 1978년 교사들의 업무·처우는 《동아일보》 1978년 10월 18일 기사를 재구성했다.

8   《무궁화》 16, 서울여자고등학교, 1967.

9   한국교육개발원 편, 《한국교육 60년 성장에 대한 통계적 분석》, 한국교육개발원, 2005.

10   《경향신문》 1963년 1월 16일.

11   《경향신문》 1968년 5월 15일.

12   민혜기, 〈기독교 남녀 고등학생 생활 관심 조사〉 1~3, 《기독교사상》 8·10·11, 1968, 1969, 1970

13   《동아일보》 1977년 7월 21일.

14   《동아일보》 1975년 11월 11일.

15   《동아일보》 1977년 7월 30일.

16   《동아일보》 1965년 5월 20일.

17   《동아일보》 1977년 8월 8일.

18   《동아일보》 1977년 9월 9일.

19   《건국》 1, 건국중상업고등학교, 1971, 화보.

20   1970년대 말 1980년대 초에 서울 시내 중학교는 한 반 70명을 가까스로 유지했고, 자칫 80명대로 늘어날 수 있다는 우려가 컸다 (《동아일보》 1981년 3월 19일).

21   《무궁화》 15, 서울여자고등학교, 1967.

22   《서문》 창간호, 서문여자고등학교, 1975.

23   〈진학실의 이모저모〉, 《동맥》 창간호, 부산동고등학교, 1975, 199~201쪽.

24 《동아일보》1972년 11월 15일.

25 1977년까지 중학생들의 머리길이는 1센티미터로 제한되었다. 1977년 문교부가 중학생들도 학교장 재량에 따라 스포츠형을 허용할 수 있게 했다(《동아일보》1977년 5월 20일). 전남도교육위원회는 까까머리가 "외관상 보기 흉하고 일제 잔재이며 직사광선을 피하기 어려울 뿐 아니라 각국에서 찾아보기 힘든 관례"라고 했다(《경향신문》 1977년 5월 18일). 그러나 1980년대까지 많은 중학교가 스포츠 머리를 허용하지 않았다.

26 《상문》창간호, 상문고등학교, 1977, 211, 224쪽.

27 《경향신문》1969년 11월 1일.

28 허윤, 〈박정희 체제의 통치성과 여성노동자의 주체화: 잡지 《여학생》을 중심으로〉, 《현대문학의 연구》52, 2014.

29 신지식(이화여고 교사), 〈여학생과 사랑〉, 《여학생》 2-2, 1966.

30 허윤, 〈박정희 체제의 통치성과 여성노동자의 주체화: 잡지 《여학생》을 중심으로〉, 《현대문학의 연구》52, 2014.

31 〈떠나면서 한마디를〉, 《진원》 창간호, 대전성모여자중고등학교, 1976, 167~169쪽.

32 〈현모양처란?〉, 《봉포》1, 창문여자고등학교, 1976, 190~192쪽.

33 〈우리의 생활 이모저모〉, 《인창》2, 인창중고등학교, 1959, 148~153쪽.

34 민혜기, 〈기독교 남녀 고등학생 생활 관심 조사〉1~3, 《기독교사상》8·9·10, 1968· 1969·1970.

35 〈추억의 페이지〉, 《동맥》 창간호, 부산동고등학교, 1975, 148쪽.

36 《여학생》5-4·5-12, 1969.

37 〈책가방 조사〉, 《동맥》창간호, 부산동고등학교, 1975, 31쪽.

38 진선영, 〈최인욱 신문연재 중편소설 연구〉, 《한국문학논총》63, 2013.

39 《동아일보》1978년 4월 12일; 이성욱, 《쇼쇼쇼: 김추자, 선데이서울 게다가 긴급조치》, 생각의 나무, 2004, 83쪽.

40 〈수학여행을 마치고〉, 《무궁화》14, 서울여자중고등학교, 1966, 159~161쪽; 〈수학여행을 마치고〉, 《무궁화》15, 서울여자중고등학교, 1967, 58~60쪽.

41 《유신》1, 유신고등학교, 1975.

42 《동아일보》1970년 10월 14일.

43 《동아일보》1970년 10월 16일, 1970년 10월 21일.

44 《동아일보》1971년 10월 13일.

45 이기훈, 〈학교와 재난: 한국 근대의 두 얼굴〉, 《문화과학》89, 2017.

46 〈인생수업〉, 《인창》7, 인창중고등학교, 1965, 223~226쪽.

47 〈강원도 기행〉, 〈28박 29일〉, 《상문》창간호, 상문고등학교, 1977, 194~199쪽.

48 〈우리의 생활 이모저모-통계로 본 인창〉, 《인창》2, 인창중고등학교, 1959, 153쪽.

49 〈좌담회-전진하는 서라벌〉, 《서라벌》18, 서라벌중고등학교, 1974, 37쪽.

50 이성욱, 《쇼쇼쇼: 김추자, 선데이서울 게다가 긴급조치》, 생각의 나무, 2004.

51 《경향신문》1977년 3월 28일.

52 오승욱, 〈한국 여배우 열전 6: 영원한 여고생 임예진〉, 《신동아》638, 2012.

53 박민정, 〈70년대 하이틴 영화, 좌절된 전복의 가능성〉, 《씨네포럼》5, 2002.

54 《경향신문》1977년 4월 25일.

55 《경향신문》1977년 4월 25일.

56 〈졸업생 페이지〉, 《동맥》창간호, 부산동고등학교, 1975, 222~239쪽.

57 《경향신문》1975년 12월 9일.

58 《동아일보》1978년 8월 25일.

59 〈뼈 있는 잡설〉, 《동맥》창간호, 부산동고등학교, 1975, 92쪽.

60 〈이대로가 좋은가?-청소년의 실태를 파헤친다〉, 《인창》17, 인창중고등학교, 114~116쪽.

61 《경향신문》1971년 5월 31일.

62 《동아일보》1973년 10월 20일.

63 《동아일보》1975년 6월 2일.

64 《경향신문》1975년 12월 16일.

65 〈졸업생 한마디〉, 《동맥》창간호, 부산동고등학교, 1975.

66 《경향신문》1963년 5월 29일.

67 《동아일보》1964년 12월 26일.

68 《동아일보》1965년 1월 27일, 1965년 2월 1일.

69 《동아일보》1969년 8월 29일.

70 《동아일보》1970년 1월 31일.

71 《동아일보》1963년 6월 14일.

72 《동아일보》1971년 3월 12일.

73 《경향신문》1969년 4월 1일

74 《동아일보》1963년 6월 10일, 1963년 6월 12일.

75 《경향신문》1963년 6월 7일.

76 《경향신문》1963년 6월 6일.

77 《경향신문》1969년 11월 1일.

78 《동아일보》1971년 11월 24일.

참고문헌

자료

신문과 잡지

《경향신문》《동아일보》《매일경제신문》《신동아》《여고시대》《여학생》《학생중앙》《학원》

교지

《건국》1, 건국중상업고등학교, 1971

《경맥》24, 경북고등학교, 1978

《경복인의 대화》, 경복고등학교, 1981

《계성》21~27, 계성중고등학교, 1964~1970

《국원》, 부산진여자상업고등학교, 1966

《금매》, 경남여자고등공민학교, 1958

《대일》1, 대일고등학교, 1975

《동맥》창간호, 부산동고등학교, 1975

《동성학보》12, 부산동성중고등학교, 1965

《동아탑》, 동아중학교, 1964

《동일》10~12, 동일여자중고등학교, 1980~1982

《무궁화》14~15, 서울여자중고등학교, 1966~1967

《백장미와 한 평생》, 신광여자중고등학교 동창회, 1975

《백조》, 남인천여자중학교·인천여자상업고등학교, 1967

《봉포》1, 창문여자중고등학교, 1976

《산호수》 11, 진해여자고등학교, 1968

《상문》 창간호, 상문고등학교, 1977

《상원》 창간호, 상명여자사범대학부속고등학교, 1974

《서라벌》 13, 서라벌중학교, 1970

《서라벌》 17~20, 서라벌중고등학교, 1973~1976

《서문》 창간호, 서문여자고등학교, 1975

《신경》 1, 신경여자중학교·신경여자상업고등학교, 1978

《여의도》 4, 여의도고등학교, 1977

《영우》 창간호, 영남상업고등학교, 1956

《용마성》 1, 경성종합고등학교, 1976

《유신》 1, 유신고등학교, 1975

《이사벨》 2, 이사벨여자고등학교, 1968

《인창》 2~17, 인창중고등학교, 1959~1976

《장훈》 창간호, 장훈중고등학교, 1968

《진원》 창간호, 대전성모여자중고등학교, 1976

《청양》, 청양중고등학교 문예부, 1967

《충암》 창간호, 충암중고등학교, 1971

《행단》 창간호~2, 밀성중고등학교, 1964~1965

《혜화》, 창간호, 혜화여자고등학교, 1974

《휘경》 6~8, 휘경중학교, 1977~1979

통계와 자료

《교육통계연보》, 교육인적자원부·국립교육평가원, 1997~2012

《문교통계연보》, 문교부, 1965~1996

전라남도 교육위원회, 《전남교육통계연보연보》, 전라남도교육청, 1972~1981

《북한》 73~89, 북한연구소, 1972~1974

단행본

강대민, 《부산지역 학생운동사》, 국학자료원, 2003

강성국·이광현·박현정·김기석, 《한국교육 60년 성장에 대한 교육지표 분석》, 한국교육개
발원, 2005

강준만, 《입시전쟁 잔혹사》, 인물과 사상사, 2009

교육50년사편찬위원회 편, 《한국교육 50년》, 교육부, 1988

교육부·한국교육개발원 편, 《통계로 본 한국교육의 발자취》, 교육부·한국교육개발원,
1997

권보드래·김성환·김원·천정환·황병주, 《1970 박정희 모더니즘》, 천년의상상, 2015

김경근, 《한국의 사회변동과 교육》, 문음사, 2004

김동춘, 《근대의 그늘》, 당대, 2000

김동훈, 《한국의 학벌 또 하나의 카스트인가》, 책세상, 2001

김성보 외 기획, 김경일 외 저, 《한국현대생활문화사 1970년대》, 창비, 2016

김성보 외 기획, 오제연 외 저, 《한국현대생활문화사 1960년대》, 창비, 2016

김신일 외, 《한국교육의 현단계》, 교육과학사, 1991

김영우, 《한국중등교원양성교육사》, 교육과학사, 1989

김인걸 외 편저, 《한국현대사강의》, 돌베개, 1998

김진균·정근식 편저, 《근대주체와 식민지 규율권력》, 문화과학사, 1997

랜들 콜린스 저, 정우현 역, 《학력주의 사회》, 배영사, 1989

류방란·김성식, 《교육격차: 가정배경과 학교교육의 영향력 분석》, 한국교육개발원, 2006

마이클 애플 저, 최원형 역, 《교육과 권력》, 한길사, 1988

문교부, 《조국근대화의 기수》, 문교부, 1977

문교사십년사편찬위원회, 《文敎40年史》, 문교부, 1988

민주화운동기념사업회 편, 《3선개헌반대운동 사료집 일지》 1~2, 민주화운동기념사업회,
2016

민주화운동기념사업회 한국민주주의연구소 편, 《한국민주화운동사》 1, 돌베개, 2008

_____, 《한국민주화운동사》 2, 돌베개, 2009

_____, 《한국민주화운동사》 3, 돌베개, 2010

보울즈·진티스 저, 이규환 역, 《자본주의와 학교 교육》, 사계절출판사, 1986

서울대학교 교육연구소 편, 《한국교육사》, 교육과학사, 1997

──────, 《서울교육사》, 서울특별시 교육위원회, 1981

신경숙, 《외딴 방》, 문학동네, 1995

오성철, 《식민지 초등교육의 형성》, 교육과학사, 2000

오욱환, 《한국사회의 교육열》, 교육과학사, 2000

윤해동 외 편, 《근대를 다시 읽는다》1~2, 역사비평사, 2006

이성욱, 《쇼쇼쇼: 김추자, 선데이서울 게다가 긴급조치》, 생각의 나무, 2004

이영재, 《민주장정 100년, 광주·전남 지역 사회운동사》, 광주광역시·전라남도, 2016

이재오, 《해방 후 한국학생운동사》, 형성사, 1984

이정규, 《한국사회의 학력·학벌주의》, 집문당, 2003

이종각, 《교육열 올바로 보기》, 원미사, 2003

이종재·김성열·돈 애덤스 편저, 《한국교육 60년》, 서울대학교 출판문화원, 2010

이호철, 《문단골 사람들》, 프리미엄북스, 1997

조한혜정, 《학교를 거부하는 아이 아이를 거부하는 사회), 또 하나의 문화, 1996

──────, 《학교를 찾는 아이 아이를 찾는 사회》, 또 하나의 문화. 2000

최영표·한만길·이혜영, 《고학력화 현상의 진단과 대책: 재수생과 대졸 실업 문제를 중심
    으로》, 한국교육개발원, 1998

폴 윌리스 저, 김찬호·김영훈 역, 《교육현장과 계급재생산》, 민맥, 1989

피에르 부르디외·장클로드 파세롱 저, 이상호 역, 《재생산》, 동문선, 2000

한국개발연구원 국민경제교육연구소, 《한국인의 장인의식》, 한국개발연구원 국민경제교육
    연구소, 1994

한국교육개발원 편, 《敎育發展의 展望과 課題: 1978~91 : 答申報告書》, 한국교육개발
    원, 1978

한국교육개발원 편, 《한국교육 60년 성장에 대한 통계적 분석》, 한국교육개발원, 2005

──────, 《한국 근대 학교 교육 100년사 연구》3, 한국교육개발원, 1998

한국교육학회 편, 《韓國敎育三十年史》, 교육출판사, 1984

홍석률, 《민주주의 잔혹사》, 창비, 2017

논문

강일국, 〈해방 이후 초등학교의 교육개혁운동과 반공 교육의 전개과정〉,《교육비평》12, 2003

강창동, 〈한국 학력주의의 형성과정과 성격〉,《교육사회학연구》4-1, 1994

계운경, 〈《파수꾼》과 〈말죽거리 잔혹사〉의 학교공간과 상징폭력의 재생산〉,《문학과 영상》 13-2, 2012

고선, 〈센서스 자료를 이용한 초·중·고 취학결정요인 분석, 1960~1990〉,《한국교육》39-4, 2012

김광협, 〈재수생: 그 실태와 문제점〉,《신동아》36, 1967

김기석 외, 〈한국교육 100년: 학제 및 인구통계적 변천〉,《한국교육사고 연구보고》, 서울대 학교 교육연구소 한국교육사고, 1996

김덕근, 〈역대 정부의 사립학교법 개정과정에서 나타난 교육정책결정구조 분석〉,《한국교 원교육연구》23-3, 2006

김동춘, 〈한국교육 위기의 뿌리와 그 처방〉,《(중등)우리교육》241, 2010

김백영, 〈서울, 괴물의 얼굴에 가려진 '고도古都'〉,《내일을 여는 역사》36, 2009

김상봉, 〈교육과 권력〉,《역사비평》77, 2006

김영우, 〈해방 이후 우리나라 교원 양성제도 변천사〉,《(초등)우리교육》36, 1993

김종엽, 〈박정희 동원체제의 교육동원에 대한 분석〉, 상지대학교 민주사회정책연구원,, 2004.

김종엽, 〈한국사회의 교육불평등〉,《경제와 사회》59, 2003

김한종, 〈학교 교육을 통한 국민교육헌장 이념의 보급〉,《역사문제연구》15, 2005

나윤경, 〈60~70년대 개발국가 시대의 학생잡지를 통해서 본 10대 여학생 주체형성과 관 련한 담론 분석〉,《한국민족운동사연구》56, 2008

민혜기, 〈기독교 남녀 고등학생 생활 관심 조사〉1~3,《기독교사상》8·10·11, 1968·1969·1970

박민정, 〈70년대 하이틴 영화, 좌절된 전복의 가능성〉,《씨네포럼》5, 2002

박지웅, 〈한국 중등교육의 팽창과 분화에 관한 분석〉, 한국교원대 석사학위논문, 2010.

박태균, 〈와우아파트, 경부고속도로, 그리고 주한미군 감축〉,《역사비평》, 93, 2010

박환보·유나연, 〈1950~60년대 고등공민학교에 관한 연구〉, 《교육연구논총》 38-2, 2017

방하남, 〈베이비붐 세대: 그들은 누구인가?〉, 《노동리뷰》 71, 2011

송기창, 〈사립 중등학교에 대한 재정결함 지원제도의 쟁점과 과제〉, 《교육재정경제연구》 24-2, 2015

송혜정·강태중, 〈고등학교 팽창과 실업계 교육 쇠퇴〉, 《한국교육문제연구소 논문집》 17, 1989

신주백, 〈국민교육헌장의 역사(1968-1994)〉, 《한국민족운동사연구》 45, 2005

오성철, 〈박정희의 국가주의 교육론과 경제성장〉, 《역사문제연구》 11, 2003

_____, 〈식민지 학교 규율의 역사적 기원-조회朝會를 중심으로〉, 《교육사학연구》 16, 2006

오승욱, 〈한국 여배우 열전 6: 영원한 여고생 임예진〉, 《신동아》 638, 2012

이기훈, 〈다방, 그 근대성의 역정〉, 《문화과학》 71, 2012

_____, 〈학교와 재난: 한국 근대의 두 얼굴〉, 《문화과학》 89, 2017

이상록, 〈'조국과 민족에 너를 바치라': 국민교육헌장 다시 읽기〉, 《내일을 여는 역사》 68, 2017

이영대, 〈농촌주민의 교육에 대한 의식과 자녀취학률의 변화 분석〉, 《농촌경제》 12-1, 1989

이지연, 〈산업화 시기 한국 국가의 인력 양성 정책과 젠더 불평등: 1970년대 실업교육정책과 기술 담론을 중심으로〉, 《현상과 인식》 39-1·2, 2015

이하나, 〈1950~60년대 반공주의 담론과 감성 정치〉, 《사회와 역사》 95, 2012

이해민, 〈길에 의해 생성되는 마을 커뮤니티에 관한 연구: 이태원 보광동 지역을 중심으로〉, 한양대 석사학위논문, 2014

임소정, 〈금오공업고등학교의 설립과 엘리트 기능 인력의 활용〉, 서울대 석사학위논문, 2015

장대홍, 〈한국 고등학생의 직업평가〉, 《산업과 경영》 5-2, 1967

장미혜, 〈사회계급의 문화적 재생산〉, 《한국사회학》 36-4, 2002

전도산, 〈서울시 고등학교 제8학군 지역에 대한 지리학적 연구〉, 건국대 석사학위논문, 1990

정광주, 《중년기 교사의 교직 생활에 대한 생애사 연구: 생애 사건, 전문성, 승진을 중심으로》, 전남대 박사학위논문, 2009

정무용, 〈1970년대 중·고등학교 평준화 정책의 시행과 '교육격차'〉, 《역사문제연구》 29, 2013

정범모·김호열, 〈청소년 인간 조류에 관한 연구〉, 《서울대학교 사범대학 1977년도 정책 과제연구논문》

정순우, 〈한국사회 교육열에 관한 역사·문화적 접근〉, 《교육사회학연구》 9-1, 1999

조성준, 〈사학은 왜 타락하나?〉, 《신동아》 36호, 1967

조재부, 〈농촌지역학생들의 의식구조에 관한 조사연구: 농업에 대한 태도를 중심으로〉, 이화여대 석사학위논문, 1975

진선영, 〈최인욱 신문연재 중편소설 연구〉, 《한국문학논총》 63, 2013

차재영, 〈고교평준화 시책이 고등학교 교육기회의 불균등 해소에 미친 영향〉, 이화여대 석사학위논문, 1981.

최봉영, 〈조선시대 유교문화와 한국인의 교육열〉, 《한국교육사회학회 학술대회 발표 자료》 124, 1998

최샛별, 〈한국사회의 명문고교의 변천과 상류 계층 남성과 여성의 학연〉, 《한국사회학회 사회학대회논문집》, 2001

한승희, 〈허울뿐인 공교육-교육의 상품화와 실패의 조직화〉, 《사회비평》 38, 2007

허윤, 〈박정희 체제의 통치성과 여성노동자의 주체화: 잡지 《여학생》을 중심으로〉, 《현대문학의 연구》, 2014

허은, 〈1970년대 박정희 정부의 총력안보체제 구축과 학교의 역할〉, 《한국사학보》 60, 2015

____, 〈유신시대 학생, 모의 수류탄을 던지다: 총력안보체제 구축과 군사동원된 신체〉, 《역사비평》 99, 2012

홍윤기, 〈국민교육헌장, 왜 그리고 어떻게 만들어졌나〉, 《내일을 여는 역사》 18, 2004

찾아보기